A LUTA PELA DEMOCRACIA NA EDUCAÇÃO

CB000039

Dados Internacionais de Catalogação na Publicação (CIP)
(Câmara Brasileira do Livro, SP, Brasil)

Apple, Michael W.
A luta pela democracia na Educação : lições de realidades sociais / Michael W. Apple com Luís Armando Gandin, Shuning Liu, Assaf Meshulam e Eleni Schirmer ; tradução Marcus Penchel. Petrópolis, RJ : Vozes, 2020.

Título original: The struggle for democracy in education : lessons from social realities
Bibliografia
ISBN 978-85-326-6469-3

1. Educação e Pedagogia 2. Democracia e Educação – Aspectos sociais 3. Educação e Estado 4. Educação e Estado – Estados Unidos 5. Pedagogia 6. Política educacional I. Gandin, Luís Armando. II. Liu, Shuning. III. Meshulam, Assaf e Schirmer, Eleni. IV. Título. V. Série.

20-33909   CDD-379

Índices para catálogo sistemático:
1. Educação e Estado   379

Maria Alice Ferreira – Bibliotecária – CRB-8/7964

Michael W. Apple
Com Luís Armando Gandin, Shuning Liu,
Assaf Meshulam e Eleni Schirmer

A LUTA PELA DEMOCRACIA NA EDUCAÇÃO
Lições de realidades sociais

Tradução de Marcus Penchel

EDITORA VOZES

Petrópolis

© 2018 Taylor & Francis
Primeira publicação 2018 by Routledge.
Tradução autorizada a partir da edição inglesa publicada pela Routledge, membro do Grupo Taylor & Francis LLC.

Título do original em inglês: *The Struggle for Democracy in Education – Lessons from Social Realities*

Direitos de publicação em língua portuguesa – Brasil:
2020, Editora Vozes Ltda.
Rua Frei Luís, 100
25689-900 Petrópolis, RJ
www.vozes.com.br
Brasil

Todos os direitos reservados. Nenhuma parte desta obra poderá ser reproduzida ou transmitida por qualquer forma e/ou quaisquer meios (eletrônico ou mecânico, incluindo fotocópia e gravação) ou arquivada em qualquer sistema ou banco de dados sem permissão escrita da editora.

CONSELHO EDITORIAL

Diretor
Gilberto Gonçalves Garcia

Editores
Aline dos Santos Carneiro
Edrian Josué Pasini
Marilac Loraine Oleniki
Welder Lancieri Marchini

Conselheiros
Francisco Morás
Ludovico Garmus
Teobaldo Heidemann
Volney J. Berkenbrock

Secretário executivo
João Batista Kreuch

Editoração: Elaine Mayworm
Diagramação: Sheilandre Desenv. Gráfico
Revisão gráfica: Jaqueline Moreira
Capa: Ygor Moretti

ISBN 978-85-326-6469-3 (Brasil)
ISBN 978-1-138-72115-9 (Estados Unidos)

Editado conforme o novo acordo ortográfico.

Este livro foi composto e impresso pela Editora Vozes Ltda.

Sumário

Agradecimentos, 7

1   A luta pela democracia na Educação, 9
Michael W. Apple

2   As contradições de uma escola criticamente democrática, 39
Assaf Meshulam e Michael W. Apple

3   A luta local – Dinheiro, poder e as possibilidades de vitórias na política educacional, 73
Eleni Schirmer e Michael W. Apple

4   Como a "democracia" pode levar à desigualdade – Relações de classe e a realidade da reforma educacional, 123
Shuning Liu e Michael W. Apple

5   A democracia crítica é durável? – Porto Alegre e a luta pela democracia "densa" na Educação, 179
Luís Armando Gandin e Michael W. Apple

6   A luta continua – Lições aprendidas e o que pode ser feito, 227
Michel W. Apple

Os autores, 269

Índice remissivo, 271

Agradecimentos

Gostaríamos de expressar nossa gratidão e solidariedade aos educadores, trabalhadores da cultura, integrantes de comunidades, jovens, ativistas sindicais, movimentos sociais e governos progressistas que hoje trabalham e no passado trabalharam tanto para criar e defender uma democracia mais crítica na educação e na sociedade em geral. Muitos são conhecidos e muitos mais têm pouca visibilidade pública. Mas seus compromissos e realizações permanecem.

1
A luta pela democracia na Educação

Michael W. Apple

Vendo as contradições

Quero começar este livro com uma história sobre as complexas realidades da luta pela democracia crítica na Educação. Por alguns anos eu e minha mulher, Rima, trabalhamos com ativistas, grupos comunitários, o Ministério da Educação, educadores críticos e outros num dos estados mais progressistas da Índia, sabidamente detentor de altos índices de alfabetização. O governo de inclinação esquerdista declarava-se expressamente comprometido a melhorar a situação econômica da população, em especial das camadas inferiores da estrutura de classes e castas e das comunidades consideradas "tribais". O respeito às diferentes tradições religiosas e culturais era visto também como modelo para outras regiões.

Não quero de modo algum minimizar esses compromissos; nem criticar o trabalho duro e os evidentes sacrifícios envolvidos na criação e execução dessa agenda. Tais compromissos e sacrifícios foram, na verdade, uma das razões principais que nos fizeram aceitar o trabalho com aqueles grupos.

O Ministério da Educação fora influenciado por teorias e práticas pedagógicas críticas, inclusive a poderosa obra de Paulo Freire e parte do meu próprio trabalho. Tinha também desenvolvido ligações com grupos engajados em movimentos como a "ciência popular", que visava difundir e organicamente relacionar a ciência à vida das pessoas comuns, e estratégias educacionais semelhantes de orientação crítica e local que construíam programas educativos "contra-hegemônicos", tanto de baixo para cima quanto de cima para baixo.

Havia um compromisso bastante claro em melhorar a vida das moças e meninas, iniciativa de interesse considerável para Rima, respeitada historiadora da saúde da mulher, e também para mim. Queríamos ver como isso era realmente realizado. Observar as coisas de perto é fundamental para nós. Estávamos cansados de experiências reformistas retóricas – incluindo políticas e programas supostamente bem radicais – que parecem excelentes de longe, mas cujo discurso com frequência difere um bocado da realidade.

Uma iniciativa primordial era dar muito mais acesso às qualificações e conhecimentos tecnológicos nas escolas destinadas a estudantes pobres e marginalizados. Acreditava-se que isso beneficiaria não apenas as crianças pobres mas também as mulheres, que eram duplamente marginalizadas, não só em termos de classe e de casta mas também, e de forma profunda, em função do gênero e das normas patriarcais ainda muito presentes em suas comunidades.

As comunidades eram consultadas sobre os novos programas. Apesar da verdadeira escassez de recursos para a educação, o ministério trabalhava duro para assegurar que as escolas nessas áreas recebessem grande quantidade de computadores. Reservava-se tempo para sua utilização e integração nas atividades escolares diárias. Foram preparados currículos que instigavam os professores a ligar as novas ferramentas e habilidades à vida e às experiências cotidianas dos estudantes.

Tendo anteriormente descrito minha preocupação com "soluções tecnológicas" para desigualdades educacionais (APPLE, 2014), estava inclinado a um certo ceticismo em relação a tudo isso. Mas tínhamos aprendido, Rima e eu, a confiar na seriedade do ministério e dos ativistas que trabalhavam em conjunto com o governo no esforço consciente de interromper o papel da Educação como reprodutora de desigualdade social. Por isso entramos no projeto de cabeça aberta, combinando solidariedade com os compromissos críticos e progressistas seriamente assumidos, mas ainda assim com algumas questões sobre o currículo e a dependência em relação à tecnologia.

O que vimos levou-nos a uma maior compreensão das complexas contradições que podem envolver a educação crítica, contradições que nos fizeram redirecionar a atenção e focar não tanto no currículo e na pedagogia escolar, mas nas realidades materiais de especificidades da vida cotidiana ligadas ao gênero.

O sol castigava quando andávamos do carro até a escola. A temperatura era de quase 38ºC e a umidade relativa do ar beirava os 100%. E o calor não aliviou muito dentro da escola. Nas paredes da sala de aula alinhavam-se computadores novos. Os professores trabalhavam duro com grupos de alunos ou com estudantes individualmente, a maioria entre 11 e 14 anos de idade. Estavam conscientes de que nos encontrávamos ali, mas em pouco tempo as rotinas de aula dominavam as atividades.

Logo os estudantes estavam diante dos computadores. À primeira vista, mesmo com o calor e a umidade sufocantes, tudo parecia normal. Mas depois de observar e interagir por algum tempo com professores e alunos, Rima e eu nos olhamos e percebemos que ambos haviam chegado à mesma conclusão sobre o que estava acontecendo por baixo das aparências progressistas visíveis. Agora a história adquire mais substância sobre as contradições e a política de intercessão das dinâmicas de poder na vida cotidiana.

O que havíamos percebido quase ao mesmo tempo é que praticamente todos os estudantes que trabalhavam com afinco nos computadores eram meninos. O que não tinha nada de "planejado". Não é que os professores fossem sexistas no sentido usual da palavra. Era mais complicado que isso.

A escola não tinha banheiros limpos para as meninas. Os meninos enfrentavam situação semelhante, mas podiam urinar atrás dos prédios da escola e normalmente faziam isso, ato que tinha significados e implicações muito diferentes para as meninas. Urinar em público, num "espaço aberto", era se arriscar a ser vista como "suja" e, também, como sexualmente "disponível". Os perigos que isso representava num ambiente de dominação masculina e subordinação feminina não eram nada abstratos, mesmo com um governo profundamente comprometido em vencer os preconceitos. Eram perigos bem reais, fundados em inúmeras experiências.

Por isso, para "proteger sua modéstia", muitas meninas não iam à escola. As que iam faziam grande esforço para não beber coisa alguma enquanto estavam lá, para não ter que urinar. Com o calor e a umidade altíssimos, muitas meninas sentiam-se sem energia e algumas até adormeciam nas carteiras.

Nada disso era planejado. O ministério, junto com os ativistas e educadores críticos, havia priorizado um processo de escolaridade que visava interromper a dominação masculina, com um currículo e uma série de instrumentos que levavam a resultados mais democráticos para os estudantes pobres e marginalizados, abertamente buscando alcançar esse objetivo para as meninas e as jovens. Verdadeiros sacrifícios econômicos foram feitos para disponibilizar aos estudantes os recursos técnicos, o currículo e a qualificação dos professores para propiciar-lhes experiências que aos pais e comunidades afluentes pareciam simplesmente garantidas. Em termos de classes sociais, isso era de fato uma atitude progressista. Mas os estudantes têm o gênero definido no corpo. E a política corporal, inserida na própria materialidade dos ambientes físicos, bloqueava de forma poderosa a tentativa oficial de romper com a dominação sexista. Coisas "simples", como banheiros e a dinâmica de gênero nas escolas e na vida cotidiana, contrariavam a política bem intencionada em relação a classes e castas de um ministério que tentava com muito esforço levar a cabo os seus compromissos e democratizar os processos e resultados da Educação. Por que há uma opção econômica entre computadores e banheiros?

Começo este livro com essa história não por cinismo, que não tem lugar na luta para criar uma Educação digna desse nome. Ao contrário, meu objetivo é lembrar que a realidade contra-ataca e precisamos estar conscientes de que a construção de um sistema educacional crítico e democrático duradouro exige uma compreensão de que a obra esbarrará por vezes em uma série de tensões e contradições. É uma política complicada, que envolve um misto de alegria e, às vezes, lamento. Ignorar esses percalços não tornará a tarefa mais fácil. Estamos falando da vida real de professores, estudantes, comunidades e tantos outros grupos de pessoas que se dedicam ao futuro das nossas sociedades. Por mais que desejemos que assim não fosse, não podemos nos esconder das políticas visíveis e invisíveis e dos conflitos que implicam na construção e defesa de uma Educação que corresponda ao que há de melhor em nós.

Democracia e uma educação transformadora

A história com que iniciei este capítulo introdutório tem muito a ver com as razões pelas quais escolhemos uma palavra-chave para o título deste livro. A luta pela democracia na Educação foi e ainda é exatamente isso – uma luta. Com uma história longa e valiosa. Uma história que compreende inúmeros movimentos para transformar as instituições educacionais de modo que seus meios e fins respondam às vivas necessidades e aspirações dessa experiência contínua de criar cidadãos críticos e informados. Isso justamente exige de nós que sejam levadas a sério as demandas daqueles que não se beneficiam da atual organização de nossas sociedades – aqueles "marcados" por visões dominantes de classe, raça, gênero, sexualidade, deficiência e tantas outras (cf. APPLE et al., 2009; APPLE & AU, 2014). Também exige um constante questionamento crítico de quem somos "nós" antes de mais nada. Tudo isso coloca uma série de responsabilidades éticas e políticas, além de educacionais, para os que se preocupam a fundo com o papel da educação na sociedade em geral, uma série de responsabilidades que são ainda mais prementes para aqueles que trabalham na própria área educacional.

Em *Can Education Change Society?* (APPLE, 2013), defendo que os educadores exerçam um papel ativista. E detalho uma série de tarefas em que educadores criticamente democráticos devem nesse processo se engajar como "intelectuais públicos". Falarei muito mais a esse respeito neste livro, mas por ora enumero entre essas tarefas: dar testemunho do que é negativo – isto é, dizer a verdade sobre o que acontece na educação e na sociedade em geral; mostrar os espaços possíveis de florescimento de práticas e políticas criticamente democráticas; e agir como secretários críticos dessas efetivas possibilidades à medida que as pessoas forem construindo no mundo real tais práticas e políticas mais progressistas.

Can Education Change Society? elabora uma série de argumentos sobre os papéis possíveis que a educação pode desempenhar na transformação social. Também examina as histórias de uma série de tentativas nossas de responder a essa difícil questão e dá exemplos concretos de educadores, ativistas comunitários e outras pessoas que hoje lutam e lutaram no passado para construir uma educação criticamente democrática. Houve vitórias antes e há vitórias agora.

No entanto, uma das coisas mais importantes a ter em mente é o fato de que, se precisamos ser otimistas sobre a possibilidade de realizar transformações duradouras, não devemos ser românticos. Educadores, movimentos progressistas e membros comunitários criticamente democráticos não são os únicos indivíduos e grupos agindo nesse terreno. Como demonstro bem mais extensamente em *Educating the "Right" Way* (APPLE, 2006), neoliberais, neoconservadores, movimentos religiosos populistas autoritários e novos regimes administrativos de poder também estão trabalhando duro para mudar a Educação de modo a satisfazer seus próprios interesses.

Essencialmente, há uma disputa em andamento entre diferentes versões de democracia. Visões "densas" de democracia que buscam uma plena participação coletiva para alcançar o bem comum e a formação de cidadãos críticos defrontam-se com versões "magras" voltadas para o mercado e a opção de consumo, de posse individualista e uma educação largamente valorizada enquanto instrumento para satisfação de uma série limitada de necessidades econômicas definidas pelos poderosos. Isso tem importantes implicações para os que, como nós, estão comprometidos com formas mais robustas de democracia e uma educação que seja mais rica nas concepções de sua utilidade.

Por isso, temos que entender melhor o que efetivamente acontece quando essas diferentes noções de democracia se confrontam nas escolas e comunidades. O que requer a honestidade de reconhecer que esta é uma época em que visões, pressupostos e compromissos ideológicos de direita estão poderosamente presentes, são bem financiados e se tornam cada vez mais parte nuclear do senso comum predominante em inúmeras nações. Num contexto social desse tipo, certas questões são ainda mais essenciais. Formas mais densas de educação crítica e democrática podem permanecer fiéis a seus valores e princípios? Podem ser duradouras? O que de fato é essa "democracia" na realidade? Que forças estão atuando para desafiá-la? Que compromissos se fizeram? E o que podemos aprender com esses conflitos e comprometimentos?

É aí que entra *A luta pela democracia na Educação* com uma contribuição importante. É um projeto coletivo, produto de muita discussão entre todos os coautores. Sob vários aspectos, é uma continuação dos meus livros anteriores, *Educating the "Right" Way* e *Can Education Change Society?* Aqui fazemos exame detalhado tanto de lutas locais quanto mais gerais do ponto de vista sistêmico entre as versões mais densas e mais magras de democracia. É uma obra ao mesmo tempo nacional e internacional, dando assim aos leitores uma visão muito melhor de como as diferenças de políticas e tradições governamentais, de histórias de mobilizações políticas e dos diversos atores e movimentos, têm impactos importantes na definição de quem vence e quem perde nesses conflitos. Quem são os atores faz aí uma enorme diferença. Por um lado, eles incluem: movimentos sociais de base; associações de professores; educadores e membros comunitários ativistas; ativistas estudantis; governos progressistas; e integrantes das direções escolares, todos dispostos a apoiar políticas e práticas educacionais mais decisivas, sensíveis e reativas. Mas, por outro lado, também incluem: pais de classe média que mudam a natureza e os objetivos das reformas progressistas ao buscar vantagens para seus filhos, tanto nos Estados Unidos quanto em outros países; grupos e fundações de direita bem organizados e financiados; grupos de pressão corporativos; ativistas antissindicais; e modelos administrativos dentro dos governos e da organização escolar cujos compromissos envolvem o apoio ao que tem sido chamado "culturas de auditoria", de eficiência e corte de despesas acima de tudo. Todos esses atores serão examinados aqui.

    Trata-se, portanto, de uma situação complicada, com múltiplos atores e múltiplas agendas. Mas ignorar a sua complexidade não nos ajudaria a criar e defender uma educação criticamente democrática. Como indicam as análises detalhadas que constituem a maioria dos capítulos deste livro, há lições cruciais a serem aprendidas – e batalhas cruciais a serem travadas. *A luta pela democracia na Educação* nos chama a encarar essas forças e atores, tanto progressistas quanto reacionários, e a indagar o que podemos fazer para assegurar que a Educação que se produz seja digna desse nome.

O Estado e o conhecimento oficial

Em muitas das análises que empreendemos neste livro, o foco será sobre os movimentos, educadores e membros comunitários críticos. Mas um dos elementos que também precisamos enfatizar é o governo (que chamaremos de "Estado") nos níveis local, regional e nacional. Na maioria das nações, grande parte da educação é função do Estado, com agências e políticas governamentais desempenhando um papel fundamental em diversos níveis. São várias e muitas vezes complicadas as teorias sobre o papel do Estado na vida social e cultural. Embora sejam muito importantes, muitas dessas teorias são também mais do que apenas um pouco abstratas (cf., p. ex., STEWART, 2001; JESSOP, 2002). Uma das percepções mais importantes sobre o Estado, no entanto, é que com frequência vem a ser uma arena de intenso conflito sobre as políticas e práticas de distribuição, reconhecimento e representação (FRASER, 1997). Assim, é um lugar em que competem entre si visões conflitantes de classe, gênero, raça, "capacidade" e outras relações de dominação e subordinação, assim como sobre as políticas de defesa ou mudança dessas relações (APPLE et al., 2003). Como pode ver qualquer um que preste atenção à política atual dentro e fora da Educação, esses conflitos nem sempre opõem forças em igualdade de condições. E, dados o poder e os recursos desiguais, é mais comum que grupos dominantes saiam dessas disputas com mais vitórias que derrotas. No entanto, os grupos dominantes são com frequência forçados a compromissos, a ceder algo aos grupos oprimidos a fim de manter o controle. Por vezes, são até derrotados. Mas essas derrotas só podem ocorrer após anos de contestação. São, de qualquer forma, derrotas reais, como são os espaços que tais disputas e derrotas parciais abrem para novos progressos ao longo do tempo. É parte do que vamos documentar aqui.

Uma das mais importantes percepções nas abordagens mais gerais para entender o que faz o Estado é a de que muitas vezes os Estados se baseiam na seleção negativa. Isto é, excluir coisas, mantê-las de fora, é tão importante quanto incluir outras. Referimo-nos aqui ao poder dos grupos dominantes de criar o que melhor se denomina "nevoeiro epistemológico" (DAVIS, 2006). Assegurar que o público e mesmo os próprios grupos dominantes não sabem ou não enxergam alguma coisa é crucial para a manutenção das relações existentes de poder. Produzir uma compreensão crítica dessas relações e tornar visível a sua história é submeter-se às demandas sociais. Quando grupos dominantes são pressionados a dar espaço a tais compreensões e conhecimento de oposição, fazem-no de modo a que os compromissos resultantes não ameacem seu controle geral do espaço de conflito (cf. FRASER, 1997). Às vezes têm sucesso nisso, mas nem sempre.

Em geral, isso envolve lutas em torno de alguma outra coisa que é visível nas histórias que contamos aqui. O próprio conteúdo do que é ensinado nas escolas é também um lugar de lutas que, como veremos, desempenha um importante papel na maneira como a democracia é efetivamente vivida nas escolas, na definição de qual visão de democracia é ali difundida e na formação, por vezes, de movimentos de base em oposição à visão dominante. Aí também haverá compromissos e derrotas, mas também verdadeiras vitórias às vezes (APPLE, 2014). Historicamente, portanto, o conteúdo curricular tem sido importante tanto para manter um nevoeiro epistemológico quanto para criar uma arena de mobilizações e ganhos bem-sucedidos.

Isso tem não apenas uma significação histórica. As batalhas sobre o conhecimento oficial não arrefeceram. Sob muitos aspectos, intensificaram-se. São inúmeros os exemplos. No Arizona, ativistas conservadores conseguiram banir do currículo escolar os cursos de Estudos Étnicos por supostamente "criarem tensão racial". Livros bem conhecidos e respeitados, de ficção ou não, muitos deles ganhadores de prêmios, foram removidos das salas de aula. Professores foram submetidos a ameaças e criou-se um clima de medo e resistência. No Texas, houve pressão sobre a comissão de manuais do ensino público e da própria comissão para que não fossem aprovados livros escolares que mencionassem a mudança climática como fato estabelecido, que legitimassem a evolução, que dissessem coisas positivas sobre sindicatos trabalhistas, e assim por diante. Um dos textos aprovados chega a afirmar que pessoas escravizadas são basicamente "trabalhadores imigrantes" que foram para os Estados Unidos em busca de emprego.

É um tipo de material que pode ser muito perturbador, angustiante. Mas, ao mesmo tempo, há uma rica história de movimentos que desafiam essas posições ideológica e eticamente problemáticas. Desafios que nos ajudam a tomar pé nessa história de educação "contra-hegemônica" e a lembrar das tradições (o plural é importante) em que nos apoiamos. Neste ponto devo mencionar alguns exemplos que documentei em *Can Education Change Society?*

A educação contra-hegemônica incluiu muitas formas e orientações institucionais e ideológicas, todas elas voltadas para uma política de interrupção das práticas dominantes. Surgiram no país algumas escolas anarquistas (AVRICH, 1980). Escolas Dominicais Socialistas, Escolas Operárias e outros tipos de escolas elementares radicais disseminaram-se por lugares tão diversos quanto Mineápolis, Cleveland, Harlem e outros bairros de Nova York, Filadélfia, Boston, Chicago, Milwaukee, Baltimore, Rochester, Newark, e assim por diante (TEITELBAUM, 2009, p. 320-321; cf. tb. TEITELBAUM, 1993). Essas escolas, e especialmente as Escolas Dominicais Socialistas, desafiaram abertamente formas dominantes de conhecimento e ideologia.

Na sua convincente descrição e análise dessas escolas e das pessoas que as criaram e trabalharam nelas, Teitelbaum (1993, 2009) aponta as possibilidades e limitações das opções curriculares e pedagógicas adotadas. As práticas educacionais em geral incorporavam o que então se considerava uma educação socialmente sensível, responsiva: métodos baseados em projetos comunitários, trabalho em equipe, ligando o currículo às realidades socioeconômicas e culturais fora da escola e ao que agora chamaríamos de "bases de conhecimento" que as crianças já trazem consigo. Era uma educação visando conscientemente a transformação social, com um currículo que desafiava o que era tido geralmente como "conhecimento oficial" e que o substituía pelo conhecimento fundado numa compreensão mais precisa do mundo, de modo que os estudantes e professores pudessem responder a esse mundo.

As influências desses interesses transformadores não se limitavam, no entanto, a esforços individuais dos professores ou a instituições contra-hegemônicas como as Escolas Dominicais Socialistas. Eram também bastante evidenciadas em documentos e materiais curriculares oficiais, difundidos com frequência em lugares surpreendentes. Por exemplo, antes e durante a década de 1940, mesmo nas escolas oficialmente segregadas de partes do Sul dos Estados Unidos, o curso de estudos oficial para as escolas elementares da Virgínia incluía certas definições impressionantes sobre o tipo de compreensão que tanto os estudantes negros quanto os brancos deviam alcançar. Após dois anos de estudo de milhares de professores e, em seguida, uma série de encontros e conferências com cinco semanas de duração da qual participaram o superintendente do governo e outros integrantes da administração central da Educação, mestres de instituições locais e nacionais e representantes de professores e administradores "pretos" e brancos das escolas segregadas do estado, elaborou-se um curso de estudos que enfatizava coisas que mesmo hoje seriam consideradas mais do que um pouco radicais (VIRGINIA STATE BOARD OF EDUCATION, 1943).

Por exemplo, sob a meta geral de "Compreensão de que as massas humanas lutam constantemente para se libertar da dominação de uns poucos", destacavam-se como submetas as seguintes:

- Indivíduos e minorias poderosas sempre buscaram controlar e subjugar as massas.
- Muitos dos movimentos significativos da história tiveram como causa os esforços dos homens para livrar-se do jugo da opressão e da escravidão.
- A atual ordem social não é fixa nem permanente. O homem continua a modificá-la em sua busca de justiça e liberdade.

Sob outras metas abrangentes, há outras definições que convocam claramente a uma compreensão de que a sociedade precisava ser reconstruída de maneira fundamental, com as escolas desempenhando um papel-chave nessa reconstrução:

- A perpetuação do governo democrático depende da educação universal do povo governado.
- Minorias organizadas para favorecer todo tipo de interesses egoístas tentam controlar o governo, mas as que têm maiores recursos financeiros levam vantagem.

O documento prossegue listando outras metas poderosas que as escolas deveriam ter na formação de cidadãos críticos que possuam uma compreensão mais fundamental do mundo em que vivem e das relações de dominação que o organizam e desorganizam. Entre elas, as seguintes:

- A minoria rica gerada pelos negócios e a indústria sucedeu à aristocracia fundiária.
- Poderosas minorias garantem o controle do governo em defesa dos seus interesses especiais subsidiando partidos políticos, investindo em propaganda e controlando as autoridades escolares, a Igreja e a imprensa.

Essas metas de compreensão estabelecidas para os estudantes das escolas elementares eram por vezes colocadas lado a lado de agendas econômicas, intelectuais e morais mais conservadoras, por exemplo, encarando o capitalismo no essencial como um grande criador de riqueza, enfatizando a pontualidade e a família tradicional, falando dos "homens", os seres masculinos, como modelo da experiência humana, e assim por diante. Mesmo assim, ao ler as metas mais críticas, ficamos quase sem fôlego face à sua abrangência. Os impulsos que as orientam parecem ter vindo diretamente da pena de educadores que encontraram a satisfação de grande parte dos seus objetivos nas concepções tão bem defendidas na obra de Howard Zinn (2015) e em publicações da importância de *Repensando as escolas [Rethinking Schools]*.

É mais do que interessante o fato de que esse material constitui um curso de estudos oficial, discutido e mediado pelos interesses de pessoas em um sistema de *apartheid* que existia no Sul dos Estados Unidos. O próprio Estado tinha-se tornado um local de conflito e de compromissos, o que indica mais uma vez a importância de pressionar contra as políticas costumeiras que podem vir do Estado (APPLE, 2012; APPLE et al., 2013). A pressão constante e organizada sobre as políticas de governo e sobre pressupostos ideológicos tidos como verdades pode – e neste caso claramente conseguiu – fazer uma diferença real. Muitos dos compromissos alcançados abriram espaço para compreensões radicais sobre a natureza da desigualdade, sobre a relação entre a economia e o governo e sobre a importância da luta coletiva para transformar a sociedade (cf. tb. EAGLES, 2017).

O fato de que os estudantes negros teriam acesso a perspectivas poderosamente críticas e de maneira oficialmente organizada era um reconhecimento da crescente influência dos protestos e movimentos insurgentes contínuos no Estado e na sociedade civil contra uma série de estruturas profundamente opressivas. Ocorreram assim vitórias que não devem passar despercebidas. O conhecimento oficial foi radicalmente transformado. Foram incluídas vozes e perspectivas vindas de baixo. E a escola era uma das instituições fundamentais para o aprendizado de como reagir contra uma série de formas-chave de dominação.

A história continua até os dias de hoje, com um enfoque ampliado nos movimentos que envolvem raça, sexualidade, "capacidade", imigração e muito mais. E novamente a revista *Rethinking Schools* é, entre outras, um importante lugar para a descrição desses movimentos e a documentação de políticas e práticas educacionais factíveis que respondam às necessidades dos estudantes e comunidades marginalizados e oprimidos (cf. tb. APPLE & BEANE, 2007; ASHBY & BRUNO, 2016; EMDIN, 2010; STOVALL, 2017; WATSON et al., 2012; LAES, 2017; KALLIO, 2015; KNOESTER, 2012; NICHOLS, 2002; UETRICHT, 2014; VERNA, 2017). Ressaltaremos também mais adiante neste livro a importância dos conflitos sobre o currículo e seu papel nas vitórias progressistas.

Os autores deste livro acreditam que precisamos de mais estudos de casos de conflitos e movimentos de hoje e do passado. Uma das preocupações que temos sobre os estudos de casos, no entanto, é que muitas vezes não deixam clara a ligação entre as especificidades dos casos e as questões mais amplas que envolvem a política do conhecimento oficial e a dinâmica econômica, política e cultural mais abrangente que formam o contexto em que se inserem esses casos. A resposta que damos neste livro é situar cada capítulo no contexto da situação histórica e atual das lutas que se travam pela democracia e suas tensões e significados diversos. Essas lutas e tensões podem ter certas similaridades entre as várias histórias que contamos, embora sejam também diferentes sob importantes aspectos. Estados fortes diferem de estados fracos. São diferentes as histórias nacionais e internacionais dos movimentos sociais. A crescente influência do "dinheiro obscuro" e das correntes de direita (MacLEAN, 2017; MAYER, 2016; SCHIRMER & APPLE, 2016; ANDERSON & MONTORO DONCHIK, 2016) é peculiar a certas nações mas não a outras. A dinâmica da racialização com suas histórias, embora quase sempre presente em muitas nações, ainda que de forma pouco visível, tem diferentes papéis. Assim, varia a dinâmica diferencial de poder dentro e fora da Educação. E este é um ponto crucial. Interromper essa dinâmica exige mais do que simples palavras de ordem. Requer que pensemos sobre as histórias e contextos e que nos lembremos de não reduzir tudo a uma só causa de maneira super simplificada (APPLE, 2013).

Isso exigiu que andássemos numa corda fina. Tentamos reconhecer a complexidade, a existência e as interseções de dinâmicas múltiplas, ao mesmo tempo sem minimizar o poder de certas dinâmicas como a de classe. Na verdade, ficarão visíveis em todo o livro questões envolvendo relações de classe e estratégias para mudança de classe (BOURDIEU, 1984; WRIGHT, 1989; EDER, 1993; cf. tb. ISENBERG, 2016). Estão presentes, assim, os métodos com que agendas neoliberais abrem espaços para atores mais poderosos de classe cavarem esferas de influência. As questões raciais também são elemento central de uma série de histórias, como tem que ser por razões históricas e bem contemporâneas (p. ex., BAPTIST, 2014; BERREY, 2015; HALEY, 2016; ROTHSTEIN, 2017; MILLS, 1997; OMI & WINANT, 2014; GILLBORN, 2008; DIXSON et al., 2016; EAKIN, 2017; ROTH-GORDON, 2017). É exposta a ideia de uma democracia robusta e da luta para mantê-la viva como um processo denso de plena participação coletiva – ao mesmo tempo em que há uma constante pressão econômica e ideológica para minimizar sua influência e para mudar o seu próprio sentido para uma opção de consumo.

Esse último ponto tem importantes consequências para nossas análises. Seu poder fica bem visível atualmente com a crescente ênfase neoliberal na democracia para a Educação traduzida em planos de financiamento, na inserção das escolas e professores em um mercado competitivo e na transformação das escolas em centros para a geração de lucro. Há pouco suporte empírico para tais políticas e muitas vezes os perigos ultrapassam em muito os ganhos (neste ponto é vasta a literatura; cf., p. ex., APPLE, 2006; LUBIENSKI & LUBIENSKI, 2014; BALL, 2012, 2007, 2003; BURCH, 2009; WELNER, 2008). Não queremos simplesmente testar de novo os dados aqui, mas, ao lidar com as razões pelas quais essa visão bem magra de democracia tem se tornado cada vez mais poderosa, precisamos ser honestos sobre o que acontece, uma vez que isso tem virado senso comum.

Identifiquemos abertamente uma das principais razões estruturais para o crescimento e a manutenção de uma concepção específica do mundo sociocultural e do nosso lugar nele. Se muitos educadores podem sentir-se bem pouco à vontade em usar a palavra "capitalismo", a lógica básica do sistema precisa de fato ser indicada. O capitalismo sob sua forma neoliberal age como uma série de estruturas de classe, de raça e de gênero, tidas com frequência como inquestionáveis, que reorganizam nossas sociedades de formas verdadeiramente penetrantes (HARVEY, 2007; LEYS, 2003; LYNCH et al., 2012; ROOT, 2007). Isso dificulta as perspectivas para a criação de condições igualitárias de florescimento humano e democrático denso. De modo que qualquer projeto igualitário sério tem que levar em conta o poder da natureza "comum" dessas relações e de que maneira até mesmo a melhor das reformas pode ser incorporada sob o guarda-chuva da lógica e das ações dominantes (WRIGHT, 2010, p. 34). Talvez possa se ver melhor isso, por exemplo, no modo como os processos e a lógica da mercantilização e do lucro exercem imensa pressão sobre a visão das pessoas de como deve ser a democratização e, de forma igualmente importante, do que significa a própria democracia. Esses processos e essa lógica encarnam profundamente a maneira com que forças econômicas, relações, ideologias e identidades dominantes canalizam nossos justificados esforços na busca de estruturas mais democráticas e as maneiras como essas estruturas são entendidas e construídas – ou não.

Vejamos os processos de mercantilização. Sabemos que a mercantilização corrói a comunidade. Ela desvaloriza as normas morais de solidariedade, reciprocidade, preocupação e cuidados mútuos (WRIGHT, 2010, p. 79; cf. tb. LYNCH et al., 2009). Além disso, estimula identidades e motivações antitéticas à comunidade ao cultivar "disposições que contradizem de forma acentuada os tipos de motivações necessárias para uma comunidade forte" (WRIGHT, 2010, p. 80). Como documentam Lynch et al. (2009), as normas e identidades associadas ao individualismo possessivo e às "culturas de auditoria" substituem historicamente normas vitais de cuidado, amor e solidariedade. Os efeitos são profundos nos ataques aos trabalhadores, aos sindicatos de professores, a pessoas que integram minorias, à vida e à remuneração das mulheres, às instituições públicas que têm sido fontes de apoio e mobilização e, na verdade, a toda a esfera pública (cf. LIPMAN, 2011; ANYON, 2014; FABRICANT & FINE, 2012; BAKER et al., 2004).

Não estou supondo automaticamente que se deveria rejeitar de forma absoluta qualquer tipo de mercado (WRIGHT, 2010, p. 262). Mas precisamos ter uma discussão ampla, um debate realmente honesto em que todos e cada um deveriam participar, sobre a possibilidade de os mercados serem usados como um mecanismo básico de justiça social. Minha posição é de que, dados os riscos e a evidência na Educação dos efeitos negativos dos mercados e da mercantilização (cf. APPLE, 2006), deveríamos ter realmente uma posição de ceticismo em relação a quaisquer propostas que se baseiem em tais estruturas e processos sob a alegação de que buscam a "democratização". Dada a escolha entre democracia densa e magra, devemos lutar pela opção densa sempre que possível – e batalhar coletiva e individualmente para mudar as condições que tornam difícil essa opção.

Em que nos apoiamos

As análises incluídas neste livro não se fundam apenas numa avaliação negativa da visão magra de democracia e da lógica e processos mercantilistas. Baseiam-se também num conjunto particular de princípios positivos. Como grupo, nós, os autores, somos guiados por um conjunto amplo de compromissos morais e políticos, pelo que foi denominado "igualitarismo democrático radical" (WRIGHT, 2010). Como argumentei em outro livro (APPLE, 2013), essa posição repousa na convicção de que um "forte igualitarismo" é necessário para o florescimento de uma vida social e pessoal satisfatória. Orienta-se, assim, por um impulso crítico, que busca desafiar as políticas e práticas sociais, econômicas e culturais que geram desigualdades nas condições materiais e sociais da vida das pessoas e que limitam a possibilidade daquele florescimento. Ela busca remover as barreiras que limitam "a liberdade individual e a democracia coletivamente empoderada", iluminando os caminhos possíveis para construir políticas e práticas mais responsivas (WRIGHT, 2010, p. 33; cf. tb. WILLIAMS, 1989; SOLNIT, 2016).

Tal conjunto de compromissos tem suas raízes na tradição da "democracia radical" e envolve a participação livre e igualitária de todas as pessoas na constituição de suas vidas. Embora a política eleitoral desempenhe um importante papel em nossa discussão sobre como a direita coloniza os espaços eleitorais em nível local e sobre a importância de ainda participar dessa política eleitoral, nosso enfoque vai muito além do ato de votar em alguém que nos represente nos mecanismos formais de governo. Ele se estende, ao contrário, a todas as esferas da vida social – aos locais de trabalho remunerado ou não, às instituições educacionais e culturais, aos grupos comunitários, às organizações religiosas e espirituais, aos movimentos sociais, aos lares e toda parte. Dahlberg detalha as condições desse posicionamento da seguinte forma:

> O desenvolvimento da democracia radical a partir de uma cultura de participação política limitada requer não apenas ganhar e instituir proteções legais (tais como a liberdade de expressão), mas a formação de uma cidadania politicamente ativa que nasce através de um ativismo político bem-sucedido, em que os cidadãos encaram seus compromissos como contribuições à sua própria autoconstituição e à de suas sociedades (em contraste com uma cidadania desencorajada e passiva) (DAHLBERG, 26/02/2013, p. 3).

Como John Dewey e muitos outros reconheceram, as escolas foram e são lugares em que essa "autoconstituição" democrática pode ser aprendida e praticada – ou, infelizmente, tornada invisível e mais difícil de vivenciar (cf., p. ex., DEWEY, 1997; APPLE & BEANE, 2007; HESS & McAVOY, 2015; ARNOT & DILLABOUGH, 2000; HANNAN, 1985; DELPIT, 2012; LADSON-BILLINGS, 2009; FREIRE, 1971). As diversas tradições de atuação em prol de uma Educação mais densamente democrática são vastas e é um risco para nós esquecê-las. Pois nos ajudam a manter vivo o reconhecimento dos "ombros em que nos apoiamos" e dos indivíduos e grupos que tanto se sacrificaram para manter viva a visão de uma escola criticamente democrática.

Essas tradições assemelham-se bastante aos movimentos de crítica social existentes na democracia deliberativa, tanto do ponto de vista teórico quanto como um conjunto de instituições e práticas, e estamos conscientemente ligados a isso. Como colocam Cohen e Fung: "A meta ambiciosa de uma democracia deliberativa, em poucas palavras, é passar da união e do poder movidos pela barganha e o interesse para a razão comum de cidadãos iguais como força dominante na vida democrática" (COHEN & FUNG, 2004, p. 24).

De novo, não se trata simplesmente de um clamor retórico. Sabemos que tais instrumentos participativos e deliberativos contribuem para a igualdade política ao aumentar o papel da mobilização e deliberação popular sobre questões que são cruciais para a vida cotidiana das pessoas (COHEN & FUNG, 2004, p. 30; cf. tb. WRIGHT, 2010, p. 155-167). Além disso, também sabemos que muita coisa pode ser ganha através da autogestão. Instituições participativo-deliberativas estimulam a autogestão ao submeter "a uma regra de razão comum" as políticas e ações de órgãos governamentais que afetam a vida das pessoas. Quando uma política ou decisão de governo "não é considerada razoável ou inteligente, é alterada por esses dispositivos sociais. Mas quando essa política se revela razoável ao ser por eles examinada, sua justificação torna-se publicamente manifesta" (COHEN & FUNG, 2004, p. 31).

Tornar sistêmicas essas práticas deliberativas não é nem será fácil. Assim, um dos maiores desafios que enfrentamos é estender o âmbito da democracia radical a todas as instituições que são fundamentais em nossas vidas diárias. Poderão essas formas de democracia participativa ser mobilizadas para além do nível local e ajudar a democratizar deliberações essenciais em coisas tão prementes quanto a guerra e a paz, as desigualdades econômicas, a reestruturação dos sistemas de saúde, um sistema educacional mais sensível que efetivamente interrompa a reprodução de trajetórias raciais, e assim por diante? Em resposta a isso, Cohen e Fung sugerem o seguinte:

> Uma maneira de abordar essas questões maiores é conectar as deliberações disciplinadas, práticas e participativas acerca da solução de problemas específicos – p. ex., digamos, esforços para reduzir os índices de asma numa comunidade de baixa renda – à esfera pública mais ampla de debate e formação de opinião – sobre os custos dos cuidados de saúde e do acesso a eles e a importância da saúde em relação a outros bens básicos. Os participantes em deliberações diretas são informados pelas discussões dispersas na esfera pública informal e, por sua vez, as deliberações mais focadas investem a discussão pública da praticabilidade que de outra forma lhe faltaria. A esperança ambiciosa é que os cidadãos que participam na construção de soluções de problemas concretos na vida pública local possam, por sua vez, envolver-se de maneira mais profunda na deliberação informal na esfera pública mais ampla e, igualmente, nas instituições políticas formais (COHEN & FUNG, 2004, p. 12).

São importantes esses pontos levantados por Cohen e Fung. Ainda que documentemos uma série de ganhos, preocupações e tensões contraditórias ligadas ao estabelecimento e defesa de formas mais densas de democracia na Educação, precisamos ter em mente que difícil não significa impossível. Por essa razão mesmo, como será visto em seguida, dispomos os capítulos do livro numa ordem específica. Os movimentos que se desenvolvem para institucionalizar formas robustas de ação participativa e deliberativa ficarão mais visíveis no último caso que examinamos. Trata-se de análise detalhada de um caso forte de democracia densa na Educação e nas práticas e políticas do Estado em geral, um caso que não é só de significado local mas muito maior. Mas queremos também ressaltar que devemos estar cientes da necessidade de ter cuidado para não romantizar esses modelos de formas participativas e deliberativas, que podem assumir um caráter utópico. Podem fazer supor que modelos "racionais" de deliberação pública podem levar e levarão a "soluções" não conflituosas. Os conflitos não podem ser eliminados pelo mero desejo e, por vezes, não há "soluções negociadas" para diferenças muito arraigadas (APPLE, 2004). Além disso, a concepção dominante de "racionalidade" pode ser limitada e basear-se numa visão a-histórica da esfera pública que sempre esteve submissa a distinções de raça, gênero e classe (cf., p. ex., FRASER, 1989; MOUFFE, 2000; MILLS, 1997; LYNCH et al., 2009. Para uma discussão disso especificamente do ponto de vista educacional, cf. tb. GOTTESMAN, 2016).

Por essa razão mesma, o último caso que examinamos no capítulo 5 fornece um exemplo não de "racionalidade" abstrata, mas de um projeto conjunto de "raciocínio coletivo" construído também por e através de mobilizações sociais que visavam especificamente valorizar o conhecimento vindo de baixo. É um exemplo de formas democráticas densas que agem não para reproduzir uma nebulosidade epistemológica, mas são parte de um projeto contínuo de reivindicação de respeito epistemológico e político-educacional. Também exigiu não apenas deliberação, mas um longo e persistente esforço de mobilização contra as forças e estruturas que tornavam visíveis e inaceitáveis as desigualdades e opressões dentro e fora da Educação.

O livro todo representa, naturalmente, um conjunto complicado de projetos. Um dos seus objetivos é dar assistência à criação de novas possibilidades e novas instituições. Mas isso com frequência requer também a defesa e democratização de instituições existentes no processo de transformá-las para dar suporte a uma nova rede de práticas democráticas densas em vários setores e instituições (MURRAY, 2014). Pretendemos dar exemplos fortes de ambos os objetivos.

Escola e lutas reais

Até aqui o foco deste capítulo introdutório foi sobre as linhas gerais que orientam as nossas discussões. É o momento agora de "falar da realidade", de examinar de perto algumas das realidades em que se expressam os conflitos sobre o significado de democracia e suas práticas nas escolas e comunidades. Os capítulos centrais deste livro, do 2 ao 5, constituem os exemplos nucleares de como a política da democracia em suas várias formas opera nas condições atuais. A democracia na Educação é vista como um terreno contestado. Em geral, é uma disputa em que forças e movimentos neoliberais, neoconservadores, populistas autoritários e novas tendências administrativas (que podemos chamar de "modernização conservadora") se envolvem em tentativas bem financiadas para mudar a nossa compreensão de senso comum de democracia em variantes de opção consumista e formas curriculares e pedagógicas dominantes. Em oposição a isso estão grupos e movimentos que têm como objetivo a transformação de nossas instituições e formas de conhecimento, de modo que incorporem uma democracia coletiva e mais plenamente participativa e igualitária.

O livro tem um caráter recursivo. Começa no nível mais local de todos, numa escola e em salas de aula, com as lutas raciais e de classe para criar uma educação social e culturalmente crítica. Prossegue então para um nível mais elevado, para a política das direções das escolas e suas decisões que têm efeitos bem reais sobre as escolas, salas de aula e professores. Vai em seguida para o nível nacional e como as escolas e pais, num contexto sociopolítico muito diferente, interagem com as políticas nacionais de maneiras criativas que podem parecer "democráticas", mas infelizmente não de uma forma que interrompa o neoliberalismo. Por fim, todos esses níveis se juntam num exemplo robusto de democracia em que a escola e a comunidade locais interagem com o Estado para criar políticas e práticas financeiras, pedagógicas e curriculares que desafiam a dominação.

Mais especificamente, o capítulo 2 começa examinando por dentro uma escola que é expressamente comprometida com algo em que também estão profundamente comprometidos todos os envolvidos neste livro – um ambiente educacional verdadeiramente cuidadoso, professores extremamente dedicados, com envolvimento comunitário e ensino culturalmente sensível, currículos de orientação crítica, preocupação antirracista e anti-homofóbica, e assim por diante. É uma escola que merece sua reputação como exemplo importante de educação contra-hegemônica, uma escola que todos nós apoiamos. Mas, ao descrever o que acontece lá, o capítulo examina as contradições e compromissos raciais e de classe que ali surgiram com o tempo. Levantamos então uma série de questões que guiam este livro, entre as quais esta: Pode a educação "densa" criticamente democrática ser duradoura? E qual é a natureza dos compromissos feitos para mantê-la viva?

O capítulo 3 nos tira da sala de aula para examinar como a democracia local funciona nos mecanismos dos sistemas escolares que estabelecem políticas para o financiamento das escolas, para os currículos e avaliações, para os direitos e responsabilidades dos professores, e assim por diante. Ele mostra como as eleições para as direções das escolas tornaram-se cada vez mais altamente políticas. Elas viraram arenas em que grupos direitistas bem organizados e bem financiados buscam assegurar o predomínio de políticas e práticas antissindicais, neoliberais, neoconservadoras e decisivamente acríticas. O capítulo examina especificamente dois lugares, um onde os conservadores foram vitoriosos e outro onde posições mais progressistas foram defendidas com sucesso, derrotando uma direção escolar dominada por neoliberais e neoconservadores. Indagamos que lições podemos aprender com essas lutas em defesa de formas mais densas de democracia.

Os últimos dois capítulos da seção central do livro abordam propositalmente exemplos internacionais. São análises críticas de duas lutas muito diferentes sobre a democracia. O capítulo 4 examina recentes políticas de opção educacional na China e como funcionam tanto abertamente quanto de forma encoberta. Mostra como versões mais magras de democracia surgem do contexto histórico específico dos programas estatais e da economia política do financiamento educacional – e das demandas de facções classistas com mobilidade ascendente que se apropriam dessas políticas em benefício dos seus filhos. Também nos leva para dentro de uma escola que se beneficia dessas opções, demonstrando tanto o que isso significa em termos de quem a frequenta quanto do que é ensinado lá. O capítulo lembra o que está em jogo nessas políticas supostamente mais "democráticas" e como os compromissos que lhes dão origem constroem um sistema que privilegia quem possui formas específicas de capital econômico, social e cultural. O Estado desempenha um papel central aí, mas não pode totalmente controlar as consequências de suas políticas, uma vez que reproduz um nevoeiro epistemológico ao fazer-se de "cego" para alguns dos resultados ocultos bem "magros" dessas políticas.

Se queremos ser honestos sobre alguns dos resultados internacionais de políticas neoliberais como as da China, também queremos que o exemplo final enfoque um caso mais positivo de políticas e práticas que são fortemente igualitárias. Assim, o segundo desses capítulos internacionais, o de número 5, fornece uma pedra angular a essas análises, dando-nos um quadro honesto de possibilidades e esperança (não românticas) que exigem lutas contínuas para se defender e avançar.

Assim, o capítulo 5 dirige a nossa atenção para resultados mais progressistas que, como a discussão da experiência chinesa, são também consequência de um contexto histórico específico e de movimentos sociopolíticos nacionais e regionais. Nossa atenção se volta para o Brasil, especificamente para Porto Alegre, no estado do Rio Grande do Sul, onde as lutas bem-sucedidas por versões mais densas de democracia desempenharam um papel crucial na criação de formas participativas muito mais coletivizadas. Aí também o Estado foi um ator importante – mas como aprendiz, não apenas como condutor. Suas políticas educacionais e sociais muitas vezes desenvolveram-se a partir de movimentos de base. Surgiram de demandas de comunidades pobres, oprimidas e marginalizadas de que apenas através da plena participação a transparência poderia ser mais do que simplesmente retórica. Só dessa forma pôde satisfazer-se a exigência de que não houvesse "nevoeiro".

O capítulo final, de número 6, pede-nos para refletir sobre as implicações das quatro análises centrais. O que podemos aprender com elas? Há razões para otimismo? Que papéis deveriam desempenhar os educadores críticos na política de construção e defesa de formas mais densas de democracia dentro e fora da Educação? Apontamos uma série de lições importantes e detalhamos um conjunto de tarefas individuais e coletivas contínuas a serem assumidas pelos educadores criticamente democráticos.

O capítulo conclui lembrando-nos que uma coisa é certa: não existem garantias. A construção e expansão de formas densas de democracia socialmente crítica é um projeto de longo prazo – o que Raymond Williams tão eloquentemente chamou de longa revolução (WILLIAMS, 1961). Mais uma vez, as respostas não serão fáceis. Mas como demonstra a longa história da Educação criticamente democrática, tem havido e pode haver vitórias. Não é simples banalidade repetir uma frase que também tem uma longa história nos movimentos por justiça social: a luta continua.

Referências

ANDERSON, G. & MONTORO DONCHIK, L. (2016). Privatizing schooling and policy making – The American Legislative Exchange Council and new political and discursive strategies of education governance. In: *Educational Policy*, 30 (2), p. 322-364.

ANYON, J. (2014). *Radical Possibilities*. 2. ed. Nova York: Routledge.

APPLE, M.W. (2014). *Official Knowledge*. 3. ed. Nova York: Routledge.

_____ (2013). *Can Education Change Society?* Nova York: Routledge.

_____ (2012). *Education and Power*. Ed. rev. Nova York: Routledge.

_____ (2006). *Educating the "Right" Way* – Markets, Standards, God, and Inequality. 2. ed. Nova York: Routledge.

_____ (2004). *Ideology and Curriculum*. 3. ed. Nova York: Routledge.

APPLE, M.W. & BEANE, J.A. (eds.) (2007). *Democratic Schools* – Lessons in Powerful Education. 2. ed. Portsmouth, NH: Heinemann.

APPLE, M.W. & AU, W. (eds.) (2014). *Critical Education*. Vol. 1-4. Nova York: Routledge.

APPLE, M.W.; AU, W. & GANDIN, L.A. (eds.) (2009). *The Routledge International Handbook of Critical Education*. Nova York: Routledge.

APPLE, M.W.; AASEN, P.; CHO, M.K.; GANDIN, L.A.; OLIVER, A.; SUNG, Y.-K.; TAVARES, H. & WONG, T.-H. (2003). *The State and the Politics of Knowledge*. Nova York: Routledge.

ARNOT, M. & DILLABOUGH, J. (eds.) (2000). *Challenging Democracy* – International Perspectives on Gender, Education and Citizenship. Nova York: Routledge Falmer.

ASBY, S. & BRUNO, R. (2016). *A Fight for the Soul of Public Education*. Ithaca, NY: ILP/Cornell University Press.

AVRICH, P. (1980). *The Modern School Movement*. Princeton, NJ: Princeton University Press.

BAKER, J.; LYNCH, K.; CANTILLION, S. & WATCH, J. (2004). *Equality* – From Theory to Action. Nova York: Palgrave Macmillan.

BALL, S. (2012). *Global Education Inc*. Nova York: Routledge.

_____ (2007). *Education plc*. Nova York: Routledge.

_____ (2003). *Class Strategies and the Education Market*. Nova York: Routledge Falmer.

BAPTIST, E. (2014). *The Half Has Never Been Told* – Slavery and the Making of American Capitalism. Nova York: Basic Books.

BERREY, S. (2015). *The Jim Crow Routine*. Chapel Hill, NC: University of North Carolina Press.

BOURDIEU, P. (1984). *Distinction*. Cambridge, MA: Harvard University Press.

BURCH, P. (2009). *Hidden Markets*. Nova York: Routledge.

COHEN, J. & FUNG, A. (2004). Radical democracy. In: *Swiss Journal of Political Science*, p. 23-34 [Disponível em www.archongfung.net/papers/Cohen_Fung_Debate_SPSR2004.pdf – Acesso em 01/07/2017].

DAHLBERG, L. (2013). Radical democracy in contemporary times. In: *E-International Relations* (26-fev.) [Disponível em www.e-ir.info/2013/02/26/radical-democracy-in-contemporary-times – Acesso em 31/05/2017].

DAVIS, M. (2006). *Planet of Slums*. Nova York: Verso.

DELPIT, L. (2012). *"Multiplication is for White People"* – Raising Expectation for Other People's Children. Nova York: The New Press.

DEWEY, J. (1997). *Democracy and Education*. Nova York: Free Press.

DIXSON, A.; ROUSSEAU ANDERSON, C. & DONNOR, J. (eds.) (2016). *Critical Race Theory in Education*. 2. ed. Nova York: Routledge.

EAGLES, C. (2017). *Civil Rights Culture Wars*. Chapel Hill, NC: University of North Carolina Press.

EAKIN, M. (2017). *Becoming Brazilians*. Nova York: Cambridge University Press.

EDER, K. (1993). *The New Politics of Class*. Londres: Sage.

EMDIN, C. (2010). *Urban Science Education for the Hip-Hop Generation*. Nova York: Sense Publishers.

FABRICANT, M. & FINE, M. (2012). *Charter Schools and the Corporate Makeover of Public Education*. Nova York: Teachers College Press.

FRASER, N. (1997). *Justice Interruptus*. Nova York: Routledge.

_____ (1989). *Unruly Practices*. Mineápolis, MN: University of Minnesota Press.

FREIRE, P. (1971). *Pedagogy of the Oppressed*. Nova York: Herder & Herder.

GILLBORN, D. (2008). *Racism and Education*. Nova York: Routledge.

GOTTESMAN, I. (2016). *The Critical Turn in Education*. Nova York: Routledge.

HALEY, S. (2016). *No Mercy Here*. Chapel Hill, NC: University of North Carolina Press.

HANNAN, B. (1985). *Democratic Curriculum*. Sydney: George Allen and Unwin.

HARVEY, D. (2007). *A Brief History of Neoliberalism*. Nova York: Oxford University Press.

HESS, D. & MacAVOY, P. (2015). *The Political Classroom*. Nova York: Routledge.

ISENBERG, N. (2016). *White Trash*. Nova York: Viking.

JESSOP, B. (2002). *The Future of the Capitalist State*. Cambridge: Polity Press.

KALLIO, A. (2015). *Navigating (Um)popular Music in the Classroom*. Helsinki: The Sibelius Academy/University of the Arts.

KNOESTER, M. (ed.) (2012). *International Struggles for Critical Democratic Education*. Nova York: Peter Lang.

LADSON-BILLINGS, G. (2009). *The Dreamkeepers* – Successful Teachers of African American Children. 2. ed. Nova York: Jossey-Bass.

LAES, T. (2017). *The (Im)possibility of Inclusion*. Helsinki: The Sibelius Academy/University of the Arts.

LEYS, C. (2003). *Market-Driven Politics*. Nova York: Verso.

LIPMAN, P. (2011). *The New Political Economy of Urban Education*. Nova York: Routledge.

LUBIENSKI, C. & LUBIENSKI, S. (2014). *The Public School Advantage*. Chicago: University of Chicago Press.

LYNCH, K.; BAKER, J. & LYONS, M. (2009). *Affective Equality* – Love, Care and Injustice. Nova York: Palgrave Macmillan.

MacLEAN, N. (2017). *Democracy in Chains* – The Deep History of the Radical Right's Stealth Plan for America. Nova York: Viking.

MAYER, J. (2016). *Dark Money* – The Hidden History of the Billionaires Behind the Rise of the Radical Right. Nova York: Doubleday.

MILLS, C. (1997). *The Racial Contract*. Ithaca, NY: Cornell University Press.

MOUFFE, C. (2000). *Deliberative Democracy or Agonistic Pluralism*. Viena: Institute for Advanced Studies.

MURRAY, D. (2014). Prefiguration or actualization? Radical democracy and counter-institution in the occupy movement. In: *Berkeley Journal of Sociology* (03-nov.) [Disponível em http://berkeleyjournal.org/2014/11/prefiguration or-actualization-radical-democracy-and-counter-institution-in-the-occupy-movement/ – Acesso em 09/06/2017].

NICHOLS, J. (2002). *Uprising*. Nova York: Nation Books.

OMI, M. & WINANT, H. (2014). *Racial Formation in the United States*. 3. ed. Nova York: Routledge.

ROOT, A. (2007). *Market Citizenship*. Londres: Sage.

ROTH-GORDON, J. (2017). *Race and the Brazilian Body*. Berkeley, CA: University of California Press.

ROTHSTEIN, R. (2017). *The Color of Law*. Nova York: Liveright.

SCHIRMER, E. & APPLE, M.W. (2016). Capital, power, and education. "Dark money" and the politics of common-sense. In: *Education Review*, 23 [Disponível em http://dx.doi.org/10.14507/er.v23.2145].

SOLNIT, R. (2016). *Hope in the Dark*. Nova York: Nation Books.

STEWART, A. (2001). *Theories of Power and Domination*. Thousand Oaks, CA: Sage.

STOVALL, D. (2017). *Born Out of Struggle* – Critical Race Theory, School Creation, and the Politics of Interruption. Albany, NY: SUNY Press.

TEITELBAUM, K. (2009). Restoring Collective Memory – The Pasts of Critical Education. In: APPLE, M.W.; AU, W. & GANDIN, L.A. (eds.). *The Routledge International Handbook of Critical Education*. Nova York: Routledge, p. 312-326.

_____ (1993). *Schooling for Good Rebels*. Filadélfia, PA: Temple University Press.

UETRICHT, M. (2014). *Strike for America* – Chicago Teachers Against Austerity. Nova York: Verso.

VERMA, R. (2017). *Critical Peace Education and Global Citizenship*. Nova York: Routledge.

VIRGINIA STATE BOARD OF EDUCATION (1943). Course of study for Virginia Elementary Schools. In: *Bulletin State Board of Education*, 25 (10), p. 506-515.

WATSON, N.; ROULSTONE, A. & THOMAS, C. (eds.) (2012). *The Routledge Handbook of Disability Studies*. Nova York: Routledge.

WELNER, K. (2008). *NeoVouchers*. Lanham, MD: Rowman and Littlefield.

WILLIAMS, R. (1989). *Resources of Hope*. Nova York: Verso.

_____ (1961). *The Long Revolution*. Londres: Chatto and Windus.

WRIGHT, E.O. (2010). *Envisioning Real Utopias*. Nova York: Verso.

_____ (1989). *The Debate on Classes*. Nova York: Verso.

ZINN, H. (2015). *A People's History of the United States*. Nova York: Harper Perennial Modern Classics.

2

As contradições de uma escola criticamente democrática

Assaf Meshulam e Michael W. Apple

Introdução

Os sistemas de educação pública estão no coração das lutas culturais, políticas e econômicas sobre a consciência, a identidade social e a distribuição das posições sociais (MESHULAM & APPLE, 2010; WONG, 2002). Dentre os muitos participantes dessas lutas estão educadores, pais e ativistas que batalham para criar e defender uma educação para uma sociedade mais justa socialmente. Tais esforços, no entanto, são especialmente difíceis hoje em dia com o insistente assalto neoliberal à educação pública. Qualquer objetivo com um compromisso social no sistema público de ensino enfrenta contínuas limitações orçamentárias e cortes de recursos, preconceitos incrustados no Estado e a mercantilização intensiva da Educação com suas esperadas alterações no senso comum (APPLE, 2006). Mesmo diante de todas essas pressões, no entanto, algumas instituições contra-hegemônicas conseguem sobreviver. Fazem-no por meio de uma combinação de vitórias parciais, compromissos aparentemente necessários e, por vezes, derrotas parciais. Mas conseguem perdurar.

Neste capítulo examinamos uma escola pública de nível fundamental nos Estados Unidos conhecida por sua tentativa de construir e defender uma educação criticamente democrática e socialmente transformadora que busca desafiar as relações de dominação e subordinação existentes em uma variedade de condições de diferença. Durante suas três décadas de vida, essa escola distinguiu-se por duas bandeiras: um programa bilíngue (inglês e espanhol) e um alicerce no multiculturalismo crítico. Este último, em especial, organiza-se em torno de um conjunto de metas abertamente antirracistas. Independente dessas metas, porém, a escola vive no mundo real. Suas experiências podem nos ensinar bastante sobre muitos dos desafios que hoje enfrenta a educação crítica. Ela pode mostrar de que forma as escolas atuam como um lugar de luta e compromisso constantes entre diferentes interesses, agentes e ideologias, às vezes contraditórios. E ao mesmo tempo pode revelar algumas das poderosas forças do Estado (racial) e da sociedade civil que tornam difícil educar para a igualdade e a justiça sociais, mesmo numa escola profundamente comprometida em interromper a reprodução entre suas paredes da estrutura desigual de relações raciais e de classe.

Este capítulo começa apresentando os contextos histórico e sociopolítico em que a escola se estabeleceu e o pano de fundo de sua agenda bilíngue, multicultural e antirracista. Examinamos então os desafios para implementar a visão antirracista da escola, decorrentes de demandas e pressões neoliberais a que é submetida. Analisamos os complexos fatores e a dinâmica das concessões que ela fez em resposta a esses desafios e como e por que, mesmo nesta que é a mais antirracista das escolas, persistem questões de raça e o racismo e são reproduzidas desigualdades culturais, raciais e de classe[1].

Os contextos sócio-históricos da escolarização antirracista

Uma compreensão substancial dos contextos sócio-históricos que enfocamos aqui deve basear-se em duas realidades interligadas da estruturação racial dos Estados Unidos. Primeiro, poderosas formas de segregação persistem na sociedade norte-americana em geral e nas escolas públicas em particular, que hoje são mais segregadas do que nunca (ORFIELD, 2009). Segundo, a própria raça e as políticas e práticas de racialização, dentro e fora da Educação, são fatores primordiais dessa segregação no setor educacional. Com efeito, "[q]uestões de raça e o racismo permeiam a cultura dos Estados Unidos – através da lei, da língua, da política, da economia, dos símbolos, da arte, das

---

1 As análises apresentadas neste capítulo são de um estudo mais amplo sobre escolas multiculturais e bilíngues que educam para a democracia e a justiça social em diferentes contextos nacionais, políticos e culturais (MESHULAM, 2011). Esta escola foi selecionada para o estudo devido à sua reputação como exemplo de educação democrática "densa" em busca de justiça e igualdade sociais. Os nomes tanto da escola quanto dos seus integrantes são mantidos em sigilo para protegê-los. Métodos etnográficos foram usados para coletar dados durante dois meses de intensa pesquisa na escola em 2009. Foram realizadas 22 entrevistas individuais semiestruturadas e flexíveis com a direção, professores, um grupo multirracial de pais e membros fundadores, incluindo pessoal atual e antigo. A pesquisa também incluiu observações em e fora de classe (atividades de aula, reuniões docentes, conselhos escolares, atividades de recesso, viagens de campo e várias atividades extracurriculares) e análise de documentos, sobretudo uma série de livros de autoria do pessoal da escola e ativistas comunitários com um resumo dos quatro anos iniciais de funcionamento do projeto. Todas as entrevistas foram gravadas em áudio e transcritas. Todos os dados coletados foram triangulados e organizados para dar uma descrição densa dos temas centrais do estudo. As entrevistas focalizaram de forma ampla questões sobre os contextos histórico e sociopolítico da criação da escola, sua estrutura e gestão, sua concepção e objetivos – especialmente no tocante aos modelos bilíngue, multicultural e antirracista –, sua pedagogia e currículo e a identidade democrática crítica que buscou cultivar. Além das entrevistas e observações, houve exame detalhado de documentos relacionados à história da escola e ao contexto social da cidade em que se localiza.

políticas públicas – e o predomínio da raça não se dá meramente nos espaços considerados racialmente definidos" (LADSON-BILLINGS, 2004, p. 5). Mais de meio século após uma decisão da Suprema Corte dos Estados Unidos que foi um marco em 1954, no Caso Brown contra o Board of Education, em que a segregação oficial foi considerada anticonstitucional, o sistema de ensino público continua sendo um espaço em que as relações raciais de desigualdade são amplamente reproduzidas e reforçadas.

Como isso funciona, no entanto, é sempre matéria para conjeturas. Como nos lembra Stuart Hall (1996), raça e racialização – e de que maneira o Estado opera como um "Estado racial" – não são sempre as mesmas, nem operam da mesma maneira em todos os contextos (cf. tb. MILSS, 1997). Os contextos dessa cidade e dessa escola específicas esclarecem por que a observação de Hall é tão crucial e exige que dediquemos algum tempo para examinar criticamente suas histórias raciais.

A cidade em que se localiza a escola, assim como o seu sistema público de ensino, dá um ótimo exemplo das complexas condições sócio-históricas em que escolas desse tipo funcionam. Cidade portuária industrial do Meio-oeste americano, tradicionalmente ela atraiu imigrantes do mundo todo e dos próprios Estados Unidos, que com eles trouxeram a diversidade cultural e social. Em 2008-2009, o ano em que pesquisamos a escola, a população da cidade era 40% branca, 38% negra, 15% hispânica, 3% asiática e cerca de 1% nativa americana (US CENSUS BUREAU, 2008). Apesar de sua forte tradição social progressista e de ativismo, a cidade também se tornou notória por uma arraigada segregação e desigualdade racial. O que dá crédito ao argumento de Mills (1997) de que a democracia social se baseia num contrato racial, contrato que pode ser enfraquecido e mesmo cancelado quando o "outro" entra no espaço geográfico e político. Assim, o racismo, a discriminação e a desigualdade prevalecem até hoje, sofridos de forma mais aguda pelos afro-americanos, mas também pela população latina da cidade (MINER, 2013).

Dois movimentos sociopolíticos proeminentes na cidade serviram em conjunto de terreno fértil e cenário para a escola e sua agenda antirracista, multicultural e bilíngue: a batalha, desde a década de 1960, dos ativistas dos direitos civis contra a segregação habitacional e educacional, por um lado, e a demanda da comunidade hispânica pela educação pública bilíngue, por outro.

Apesar da aprovação de uma lei federal de abertura habitacional em 1968 e uma decisão local que essencialmente tornou ilegal a segregação habitacional, a segregação residencial continuou na cidade. Agências imobiliárias, leis de zoneamento urbano e instituições de financiamento impediram que os afro-americanos se mudassem para os bairros brancos, enquanto o processo de desenvolvimento residencial dos subúrbios levou ao abandono do centro da cidade para os afro-americanos e outros grupos minoritários. O resultado foi uma intensificação da segregação de vizinhança, o que inevitavelmente produziu e exacerbou a segregação nas escolas. Pelo fato de a cidade ser tão segregada geograficamente, suas escolas não produziram a integração na sequência do Caso Brown de 1954. Só em 1976 uma decisão da justiça federal definiu como ilegal a segregação nas escolas da cidade e determinou sua imediata integração, mas só em 1979 a direção do ensino público seguiu essa determinação, adotando um plano de não segregação de cinco anos. Mesmo assim, quando a escola que pesquisamos foi fundada, em 1988, a cidade era listada entre as cinco mais racialmente segregadas dos Estados Unidos (YEAR ONE, 1989). O que levou a mobilizações ainda maiores, especialmente na comunidade afro-americana (MINER, 2013).

Paralelamente aos esforços para não segregar os bairros e as escolas, um amplo movimento sobre a necessidade de educação bilíngue nas escolas da cidade surgiu entre a comunidade latina. Em 1968 foi baixada a Lei da Educação Bilíngue, destinando financiamentos federais para "estimular distritos escolares locais a experimentar abordagens que incorporem instrução em língua nativa" (HISTORY OF BILINGUAL EDUCATION, 1998, p. 1). Essa legislação e a sua não implementação pela cidade serviram de ímpeto para protestos e passeatas de pais e estudantes mexicanos e porto-riquenhos, que exigiam a criação de programas bilíngues inglês-espanhol nas escolas da cidade.

Além disso, surgiu um movimento propondo a criação de novas escolas secundárias em comunidades minoritárias, formando-se nesse sentido uma coalizão entre afro-americanos, mexicano-americanos e grupos de trabalhadores brancos. Tais mobilizações conjuntas são incomuns em muitas partes dos Estados Unidos, onde a solidariedade interétnica é muitas vezes obstada pelo trabalho ideológico de grupos dominantes que usam discursos racializantes para insuflar as diferenças.

Nos níveis da cidade e do estado, assim como nas comunidades afetadas, o movimento antissegregacionista, o bilinguismo e visões multiculturais críticas ganharam impulso político durante esse período. Mas, apesar de sua força crescente, esse ativismo não teve um impacto significativo sobre a segregação no sistema de ensino público municipal ou na igualdade educacional dentro das escolas. O sistema permaneceu desigual, segregado e aparentemente indiferente às necessidades e direitos das populações minoritárias a que servia. No ano escolar de 1986-1987, um ano antes da abertura da escola que pesquisamos, a média de notas para os estudantes negros das escolas secundárias foi de 1,46 e para os estudantes hispânicos de 1,67, de um total máximo de 4,0. O índice de conclusão dos que ingressaram no 9º ano na cidade foi de 46% para os negros e 49% para os hispânicos, contra 62% para os brancos (YEAR ONE, 1989). A escola bilíngue (inglês-espanhol) e multicultural foi imaginada contra um cenário generalizado de ativismo social e político face às desigualdades e o racismo persistentes no ensino público. "Começamos a sonhar com uma escola que desse uma educação da mais alta qualidade para nossas crianças, negras, brancas e hispânicas", contou um pai e representante comunitário (YEAR ONE, 1989, p. 68).

O que é escola democrática

Antes de descrever como os pais, integrantes da comunidade e educadores trabalharam para realizar esse sonho, explicaremos de forma breve o que entendemos por escolas democráticas para deixar claro porque escolhemos esta escola específica como um bom exemplo. Para começar, as lutas, alianças e mobilizações de pais, educadores e membros da comunidade como as aqui descritas são aspectos cruciais da escolarização democrática como movimentos indispensáveis para a criação e sustentação dessas escolas. Segundo, é essencial na nossa concepção de escolas democráticas que elas tenham, por um lado, estruturas e processos, currículos, sistema pedagógico e de avaliação de natureza democrática e, por outro, uma composição caracterizada pela diversidade (cf. APPLE & BEANE, 2007). São dois aspectos entrelaçados. Uma escola não pode ser democrática, na nossa concepção, com uma dessas coisas mas sem a outra.

A natureza democrática da estrutura e dos processos de uma escola depende de quem participa de seus processos decisórios e de que forma. A capacidade de todos os membros da comunidade escolar – professores, estudantes e pais – de participar do estabelecimento de regras e políticas que governem a vida escolar é fundamental. Essa participação, especialmente dos estudantes, não pode ser relegada a um mero caráter simbólico e tem que garantir voz plena e igual para todos. Mas isso ainda não é suficiente para que uma escola seja democrática no sentido "denso" que defendemos e que achamos representar a deste capítulo. Não basta que uma escola seja internamente governada por processos e estruturas democráticos se é externamente seletiva quanto às famílias e educadores que têm acesso a ela. Escolas particulares bem conhecidas, como a de Summerhill, no Reino Unido, e o modelo de Sudbury, adotado nos Estados Unidos e em outros lugares, podem satisfazer o primeiro requisito da gestão democrática mas não o segundo, que é o da diversidade e inclusão. Apesar de suas estruturas e processos democráticos, essas escolas são menos densamente democráticas do que escolas públicas não seletivas que representam e servem à diversidade econômica e cultural de suas comunidades.

O segundo aspecto crítico das escolas democráticas está na natureza e no conteúdo dos seus currículos e sistemas pedagógicos. A cultura e a história de quem, quais identidades estão presentes e são valorizadas no currículo e na pedagogia? A escola produz o "conhecimento oficial" da cultura dominante (APPLE, 2014)? Em termos pedagógicos, as "melhores práticas" da escola são moldadas, como geralmente acontece, em benefício sociocultural da classe média (LADSON-BILLINGS, 2014) ou estão voltadas para um corpo discente de composição diversa, que inclui grupos minoritários e marginalizados? O currículo e o sistema pedagógico de uma escola democrática são inclusivos e diversificados na estrutura e no conteúdo, mostrando aos estudantes uma multiplicidade de histórias, culturas e identidades?

Ligado a isso, um outro aspecto da escola democrática extrapola os seus muros, a saber: o desenvolvimento nos estudantes de uma consciência crítica de sua realidade social e o reconhecimento de sua capacidade para realizar mudanças no mundo. Isso é o que Freire (1970) chama de "conscientização" e Ladson-Billings (1995) de "consciência sociopolítica".

Como veremos do que será exposto adiante, a escola que examinamos aqui segue claramente, tanto pela concepção quanto pela prática, as linhas dessa nossa visão de educação democrática em todos os aspectos: estrutura, gestão, pedagogia e currículo.

Construindo uma escola comunitária com base na colaboração

A escola abriu suas portas em setembro de 1988 como estabelecimento público com as cinco primeiras séries fundamentais, em um bairro operário habitado pelas comunidades mais impactadas por discriminação e desigualdade generalizadas na cidade. A diversidade e a integração raciais e culturais que persistem no bairro, apesar de uma "série de mudanças" demográficas nas últimas décadas (TOLAN, 2003), sempre foram ali características únicas na cidade. O censo de 2000 mostra essa comunidade como "uma das mais integradas da cidade e do estado", como "um de apenas quatro bairros no estado com proporções quase iguais de moradores negros, brancos e hispânicos" (TOLAN, 2003, p. viii). O que foi vital tanto para o sucesso da mobilização comunitária na luta para criação da escola quanto para a capacidade desta de servir e promover a diversidade. No seu primeiro ano de funcionamento, 42% dos alunos eram negros, 37% hispânicos e 21% de "outras" identidades. Aproximadamente 90% dos estudantes matriculados tinham direito a merenda gratuita (YEAR ONE, 1989). Duas décadas mais tarde, no ano letivo de 2008-2009, a diversidade persistia mas com mudanças no quadro demográfico. A maioria era agora latina (59%) – dado central do nosso relato, mais adiante neste capítulo, de como opera a questão da "raça". Seguiam-se 19% de americanos de origem africana e 12% de brancos, o restante com americanos de origem asiática ou nativa. Do total, 74% dos estudantes qualificavam-se para merenda gratuita ou com desconto.

Na sua configuração anterior, a escola estava em 1988 "fadada à extinção", mas acabou se tornando um "Centro de Ensino Exemplar" na classificação educacional do município (YEAR ONE, 1989, p. 68). Valorizando a diversidade comunitária, um pequeno grupo de professores, pais e ativistas do bairro organizou-se para resistir e contrariar a previsão, propondo, ao contrário, a criação de "uma escola bilíngue, multicultural, de gestão e base locais" (ibid.). O caminho que levou da proposta à abertura da escola foi de luta política árdua, face à resistência inicialmente forte da diretoria de ensino e da administração municipal. Mas a escolha do momento foi correta. O ativismo comunitário foi favorecido pelo sucesso de duas batalhas políticas que na época eram travadas na cidade, pressionando a diretoria a finalmente apoiar a iniciativa. Uma das batalhas era pela autogestão e um modelo linguístico local, abordagens que a diretoria de ensino endossava. A outra fonte de pressão sobre a diretoria era a crítica cada vez maior à sua aparente falta de disposição em dialogar com os pais afro-americanos que reivindicavam uma gestão escolar distrital independente sob controle da comunidade municipal de origem africana. A junção das duas lutas levou a diretoria de ensino, que lutava por sua própria legitimidade política, a aprovar a proposta de criação da nova escola.

O bilinguismo e, sob certos aspectos, ainda mais os currículos e opções pedagógicas abertamente críticos diferenciavam a escola das demais. Desde o início houve uma firme percepção do seu papel missionário. Como diz o documento "Nossa visão de escola", seus fundadores visavam educar os estudantes em espanhol e inglês "com um programa de excelência acadêmica" e desenvolver um programa multicultural fundado numa perspectiva antirracista. Um requisito básico do modelo bilíngue adotado era um número optimal misto equilibrado de estudantes com o inglês ou o espanhol como línguas-mães. Isto, de um lado, garantiria exposição significativa à diversidade para os dois grupos. Mas importante também era reforçar para os estudantes de língua-mãe espanhola a chance de desenvolver sua identidade multicultural e a autoestima através do coleguismo (SKUTNABB-KANGAS & GARCÍA, 1995) e adquirir "proficiência acadêmica e entendimento cognitivo profundos através de sua primeira língua para competir de forma bem-sucedida com os falantes originais da segunda língua", equalizando assim as relações culturais de poder (BAKER, 2006, p. 270; THOMAS & COLLIER, 2002). A necessidade de equilibrar na escola os falantes nativos de espanhol com os de inglês levou, por fim, à participação da comunidade hispânica externa, com importante impacto na demografia escolar.

É fundamental para a identidade e a missão da escola manter a ligação e a colaboração orgânicas com os pais, a comunidade local, os movimentos de base e as organizações sociais, forças condutoras do ativismo original que levou à sua criação. Como explicou numa entrevista um dos fundadores, havia "um compromisso ideológico [...] de atender à população em geral". Alinhada à abordagem da autogestão, a escola é gerida de forma democrática e colaborativa por educadores, pais e a comunidade. Vários grupos e comissões formados por pais, funcionários da escola e membros comunitários decidem em conjunto sobre a maioria das questões mais importantes, incluindo finanças, pessoal, destinação orçamentária e política curricular.

Além disso, a escola sempre procurou estimular e facilitar a participação e representação dos pais, nunca uma tarefa fácil. Uma professora explicou a perda de impulso: "Assim que ganhamos a escola, muitos pais disseram, bem, agora é a vez dos funcionários [...] assumirem a responsabilidade. Era meio que um relaxamento natural do envolvimento". Para estimular o envolvimento, em especial dos pais trabalhadores afro-americanos e latinos, foram criadas duas posições pagas de meio expediente para coordenadores de pais dessas comunidades. Mas ainda assim continuou sendo um desafio a diversificação representativa dos pais na gestão escolar. Se comparado ao que ocorre em "muitas outras escolas da parte central da cidade", disse um administrador escolar, "o envolvimento dos pais é impressionante. Mas, quando se trata da tomada de decisões, há uma desigualdade, uma disparidade entre os pais de classe média de todas as raças, embora a tendência é que sejam na maioria brancos".

A abordagem curricular da escola também reflete seu objetivo e orientação colaborativos. O currículo original "foi resultado de um processo dinâmico no qual pais, professores e membros da comunidade se uniram para criar uma escola que sirva às necessidades de uma vizinhança integrada e da cidade como um todo" (YEAR ONE, 1989, p. 33). Isso serviu de modelo para o desenvolvimento curricular na escola. Processo orgânico contínuo, é um ponto nuclear do programa multicultural, fundado no diálogo, no apoio mútuo e numa abordagem integrada. Foi também, no entanto, o que tornou o programa mais vulnerável na luta por recursos e prioridade. Embora os programas multicultural e bilíngue tivessem a mesma importância na concepção e agenda originais, com o tempo suas necessidades – estruturais, de recursos e financiamento – e, sobretudo, seus objetivos evoluíram de maneira tal que resultaram em choques. E, como veremos, isso ocorreu em geral às expensas do multiculturalismo e do antirracismo na escola.

Construindo uma educação antirracista multicultural

Uma noção crítica e transformadora do multiculturalismo (BANKS & BANKS, 1997; LADSON-BILLINGS, 2004; McLAREN, 1994) foi fundamental na agenda educativa da escola desde a proposta original. Os fundadores abraçaram uma ampla concepção de educação multicultural democrática que vai muito além das relações humanas, incorporando um forte compromisso de desafio direto ao poder diferencial racista. Ele também enfoca abertamente outras formas e categorias de diferença, tais como as desigualdades de gênero e as políticas que envolvem a sexualidade (cf. LADSON-BILLINGS, 2003). O objetivo é ensinar os estudantes não apenas a entender o que é ser antirracista, contra preconceitos e multicultural, mas a colocar esses valores em prática: "Não é apenas falação [...]. Essa visão efetivamente orienta o currículo [...]. E algo vamos tirar disso. Felizmente, a escola não é algo que se passa num vácuo", disse um professor.

Nas entrevistas, o currículo da escola foi descrito pelos professores como recheado de lições sobre cultura, poder, identidade e vida comunitária. O que reflete a concepção de Nieto (2004, p. xxii) sobre educação multicultural como sendo muito mais do que a "preservação cultural e linguística", na qual se confrontam não apenas "questões de diferenças" mas também "questões de poder e privilégio na sociedade. O que significa desafiar o racismo e outros preconceitos, assim como as estruturas, políticas e práticas desiguais nas escolas e, em última instância, na própria sociedade". A escola enfrenta essas desigualdades, como explicou uma professora veterana, "tirando essas questões postas debaixo do tapete e colocando-as sobre a mesa para serem vistas e discutidas". Isso permite que os estudantes reconheçam e confrontem suas manifestações nas vidas, culturas e comunidades deles próprios e dos outros. Eles aprendem a ver e enfrentar os preconceitos e estereótipos, identificando suas origens em outras fontes que não a raça e a etnia. Em última análise, essa abordagem entende a escola como "um sistema social que consiste de partes e variáveis altamente interligadas" cujos principais componentes devem ser impactados de forma substancial para que se construa uma instituição fundada na realidade e não apenas na teoria da igualdade educacional e do antirracismo (BANKS & BANKS, 1997, p. 26).

Essa compreensão antirracista e multicultural é subjacente a todos os aspectos curriculares e pedagógicos da escola. "Penso que todo o nosso currículo se baseia numa visão multicultural, contra os preconceitos e o racismo. É algo integrado e entrelaçado em tudo o que ensinamos. Isso é primordial aqui", afirmou uma professora. O que foi reiterado em várias entrevistas com o corpo docente e os funcionários: "Isso determina o que lemos e por que lemos". Essa visão exige que as experiências das pessoas de cor figurem de forma proeminente e que a história, a literatura, a arte e a música de vários grupos (não apenas sua comida, festejos e feriados, a que muitas vezes se limitam os compromissos escolares) sejam integradas no currículo em diferentes formas e contextos. A escola procura assim transmitir uma mensagem transformadora e ativista através do currículo. Como disse um dos fundadores: "As ideias e ideais que estão aprendendo aqui são coisas que os estudantes levarão para a cultura, para a cultura predominantemente branca, e que talvez venham a produzir algumas mudanças". A concepção multicultural está na base da visão original definidora da escola:

> A educação antirracista multicultural é mais do que apenas familiarizar os nossos alunos com alguns fatos, personagens e a comida das várias nacionalidades que vivem em nosso país. As crianças devem ser "alfabetizadas etnicamente" (BANKS, 1981) para entender, analisar e respeitar suas próprias raízes culturais, para entender a natureza da opressão racial em nosso país e a vantagem de uma sociedade multicultural plurilinguística (YEAR ONE, 1989, p. 48-49).

Por mais poderosos, abrangentes e elevados que sejam esses princípios, professores veteranos admitem que nem sempre eles proporcionam linhas de ação concretas o bastante para que se possa desenvolver o currículo com coerência e consistência. "É uma boa definição como ponto de partida e ajuda a orientar novos funcionários e pais", mas não o suficiente para que entendam o que é o "ensino multicultural" (PETERSON, 1995, p. 68). Perceberam que para tornar realidade as ambiciosas perspectivas da escola era fundamental um processo de construção e implementação curricular "em mão dupla", no qual os professores disseram que "aprendem uns com os outros [...] e com as crianças".

Tal abordagem depende tanto da colaboração quanto da iniciativa independente e criatividade dos professores. Logo, tomaram a decisão explícita de só utilizar manuais escolares de forma seletiva e que impor material pronto aos professores seria "meio que sem sentido", como observou uma veterana entrevistada. Isso fez com que os professores fossem em última análise responsáveis por desenvolver os currículos e a pedagogia, com uma liberdade significativa e atuante na criação de seus conteúdos curriculares, recursos e métodos de ensino. Ao mesmo tempo, deviam trabalhar intimamente entre si e com os pais e a comunidade para desenvolver um modelo básico e reinstrumentalizá-lo ao longo dos anos.

Essas duas facetas do desenvolvimento curricular criaram uma forte cultura e prática do diálogo, da colaboração e da orientação como rotinas na escola. Como disse uma professora, "sem um diálogo contínuo, qualquer currículo se torna moribundo". Quase todos os professores ressaltaram o apoio e orientação mútuos nas reuniões semanais ou informalmente "no refeitório" como indispensáveis para garantir a consistência e coerência curriculares: "[Há] unidade na equipe, todos estão dispostos a se ajudar, a dar ideias e colaborar e acho que isso é muito útil, incomparável".

Para dar apoio aos professores, especialmente aos novatos, a programação original da escola reservava todo um dia da semana para o planejamento curricular de cada série, permitindo o ensino e o desenvolvimento de conteúdos em equipe. Isso facilitava um cronograma consecutivo de aulas de arte, música e educação física de modo a liberar os professores de turma para colaborarem no planejamento. Crucial para isso, no entanto, era dispor de fundos para remunerar os instrutores daquelas disciplinas especiais em tempo integral, o que mais tarde sofreu um forte impacto com cortes orçamentários municipais. Outras técnicas foram usadas de forma suplementar a essa para educar os professores especiais segundo o programa multicultural e antirracista: "Por exemplo, a diretora tem reuniões extras com eles, que trabalham geralmente na sala de aula com outra pessoa mais experimentada da equipe. E, claro, recebem material. São também encorajados a participar de oficinas".

Fundamental para a evolução dessa abordagem do desenvolvimento curricular foi o rápido reconhecimento pela escola do desafio que era passar de forma consistente e eficaz aos "novatos" a visão antirracista e multicultural dos fundadores, como um destes explicou:

Se você é um recém-chegado, praticamente desconhece a linha-mestra. Acha que tem uma ideia dela, mas essa linha tem todo tipo de nuanças e se revela de diversas formas. Por isso temos realmente que trabalhar para garantir que os novos integrantes sejam orientados e a equipe escolar possa de fato se desenvolver, especificamente no tocante à visão multicultural e antirracista e ao funcionamento do modelo bilíngue.

Para confrontar "duplicações e omissões desnecessárias" nos currículos entre as turmas e séries (PETERSON, 1995, p. 68), generalidades e ambiguidades tiveram que ser eliminadas, criando-se diretrizes mais claras. A escola definiu um contínuo de prioridades para o seu programa multicultural (BANKS, 1981; MINER, 1991; PETERSON, 1995), começando com o ensino das contribuições das pessoas de cor, passando às culturas não europeias e chegando, por fim, a uma fase de pensamento crítico em que são submetidas à crítica as mensagens de fora – da mídia, dos livros, dos manuais escolares. Para manter a coerência dos conteúdos e mensagens, quatro temas escolares amplos foram desenvolvidos como moldura abrangente para o ensino do multiculturalismo em todas as séries. Essas molduras curriculares visavam o treinamento dos professores para melhor ensinar o antirracismo e o multiculturalismo transformadores.

Ao amarrar o multiculturalismo ao antirracismo e se posicionar pela educação multicultural, a escola rompeu com a opção excludente entre o que Fraser chama de "falsas antíteses" da "igualdade social e do multiculturalismo". Ela mescla de forma igualitária a redistribuição e o reconhecimento, entendendo que nem uma nem outro é suficiente por si só (1997, p. 3). Mas, como mostraremos, surgiram poderosas pressões que minaram a plena realização desses admiráveis ideais e aspirações. A tentativa de desenvolver, transmitir e concretizar a agenda multicultural e antirracista foi apenas parcialmente bem-sucedida, prejudicada pela mudança na ideologia municipal (e nacional) rumo a objetivos e políticas neoliberais. Não menos significativo, no entanto, foi que a escola mostrou não estar imune à onipresença da estrutura desigual das relações raciais na sociedade norte-americana. É disso que nos ocuparemos agora.

O que aconteceu à raça?

O que aconteceu à raça nessa escola antirracista e multicultural? A que pode ser atribuída a incapacidade que revelou de aplicar uma abordagem multicultural realmente crítica e tornar igualitária a estrutura racial de poder?

Essa, como todas as escolas públicas, é um local de conflito e tensão entre diferentes forças, ideologias e interesses. O avanço da agenda neoliberal na educação pública impactou o orçamento e a alocação de recursos na escola, forçando compromissos no programa e um ajuste de prioridades. Políticas nacionais como o Nenhuma Criança Deixada para Trás (NCLB, na sigla em inglês) e o sistema de exames que impôs (APPLE, 2006) criaram uma corrente em que a ideologia neoliberal fluiu de forma lenta mas persistente para dentro da escola. O apelo do programa bilíngue às estratégias de mobilidade necessárias em um mercado capitalista neoliberal prejudicou seriamente a orientação antirracista da escola, levando a um processo de mercantilização do conhecimento. Mas o ataque frontal do neoliberalismo à educação democrática "densa", transformadora, é apenas um dos fatores da erosão do programa e da configuração antirracistas da escola. Não menos significativa e igualmente interligada ao fracasso dessa escola em produzir igualdade educacional entre as raças é a desigualdade profundamente arraigada na estrutura racial dos Estados Unidos, difícil de remover da educação (LADSON-BILLINGS, 2004; cf. tb. APPLE, 2013).

A sabotagem ao declarado antirracismo da escola ocorreu em três planos interligados. O primeiro foi o impacto direto da adoção municipal de políticas educacionais neoliberais de formas de responsabilidade e "eficiência" fiscais restritivas. Isso levou a cortes e realocação de recursos orçamentários e à mudança para um regime de exames e padrões. O segundo foi o processo de mercantilização a que foram submetidos a escola e seu programa bilíngue, o que levou a priorizar este em detrimento do programa multicultural antirracista. O que está intimamente ligado ao terceiro plano de impacto: a reprodução na escola da estrutura de desigualdade racial, com a exclusão dos afro-americanos e suas necessidades específicas enquanto comunidade, como também da necessidade geral de produção de uma experiência educacional igualitária. Nos três contextos, as mudanças foram sobretudo em detrimento da relação da comunidade afro-americana com a escola e sua representação nela.

Os frequentes cortes orçamentários para a educação pública municipal na última década prejudicaram de modo significativo a capacidade da escola de realizar sua concepção original de um programa multicultural. Embora tivesse, pelo sistema de autogestão, pleno controle sobre a alocação do seu orçamento, a escola tinha pouca influência sobre o total de recursos a ela destinados pelo município ou sobre os cortes financeiros. Além disso, a necessidade crescente de satisfazer os padrões e metas municipais criava uma pressão extra sobre a distribuição dos recursos disponíveis. Assim, forçada a fazer compromissos, tanto em termos de escolha quanto de alocação de recursos, a escola sofreu um aumento de tensão entre as necessidades de suas metas fundamentais.

Um dos principais choques de prioridades ocorreu com os cortes de pessoal. Várias funções vitais à manutenção do programa antirracista e a representação da comunidade afro-americana foram logo cortadas quando surgiram as restrições fiscais. Com destaque para a eliminação dos cargos de pais coordenadores e uma redução significativa das equipes de apoio e paraprofissionais. A escola originalmente tinha dotação orçamentária para manter dois pais coordenadores comunitários, um afro-americano e um latino, que trabalhavam em conjunto com os dois grupos sociais de participação menor na gestão da escola. Com a perda de dotação para esses cargos, optou-se pela extinção da coordenadoria afro-americana. A lógica dessa decisão era clara: como escola bilíngue, a coordenação bilíngue foi preferida. Mas essa decisão exacerbou a subparticipação e o subatendimento gerais na escola da comunidade afro-americana e refletiu a priorização da representação latina. Infelizmente, nenhum outro esquema de ligação com os pais afro-americanos foi criado para substituir a posição de coordenador comunitário. Como disse uma professora, "isso foi um verdadeiro golpe contra a nossa escola", que também pôs às claras os efeitos de caráter racial das decisões econômicas neoliberais. Tais decisões agravam as diferenças e tensões raciais não apenas entre as populações dominantes e marginalizadas, mas também entre os próprios grupos marginalizados.

O segundo choque significativo foi a perda, ao longo dos anos, da maioria dos assistentes e paraprofissionais da escola. Ela também teve que desistir dos professores em tempo integral de matérias especiais, o que levou à eliminação do dia inteiro dedicado toda semana ao planejamento e colaboração curriculares em cada série. O resultado foi um aumento acentuado do trabalho dos professores regulares (cf. APPLE, 2012). Como muitos outros professores de escolas públicas nos Estados Unidos e outros países, os docentes contaram como foram forçados a planejar o currículo "fora do horário escolar normal", uma vez que o apoio de que desfrutavam "foi encolhendo e encolhendo cada vez mais" ao se verem isolados dos colegas e de profissionais que poderiam treiná-los e orientá-los. O grave impacto sobre o tempo e a qualidade do planejamento de ensino foi uma das principais reclamações nas entrevistas: "Praticamente não temos dinheiro nenhum para aprimoramento profissional. E estamos todos trabalhando mais tempo, fazendo hora extra, pode-se dizer. É uma luta contínua que enfrentamos". Logo foi também eliminado o encarregado de aprimoramento do programa, que supervisionava o desenvolvimento e implementação de um currículo coerente e abrangente. O que foi especialmente grave, dada a necessidade de garantir consistência e diálogo no currículo antirracista e multicultural. A falta de apoio adequado para orientação, diálogo e colaboração com os professores somada à incompreensão prática e teórica de novos membros da equipe sobre o ensino multicultural crítico – "Temos pessoal novo formado nas universidades que realmente não conhece muito sobre isso" – levou a variações e inconsistências curriculares entre as turmas e séries (cf. BHOPAL & PRESTON, 2012). Esse desnível foi logo reconhecido na escola e se revelou tanto nas entrevistas quanto nas observações de aula. Alguns professores manifestavam e ensinavam uma noção ampla e variada de multiculturalismo em diversas camadas. Uma professora da primeira série descreveu assim sua maneira de integrar empoderamento, racismo e sexismo enquanto ligados à vida das crianças: "Eu falo sobre racismo. Falamos sobre sexismo. Estudamos os direitos das mulheres [...] porque as crianças vivem isso. Elas sabem [...]. Então, por que vou fingir que tais coisas não são para alunos da 1ª série?"

Outros professores articulavam uma compreensão mais estrita, com descrições enfocando questões e dimensões culturais mais óbvias. Não estendiam o racismo a uma interseção com outros "ismos" e a uma complexa exploração pouco evidente de justiça social, poder e outras desigualdades. Como observa Ladson-Billings (2003, p. 51), "[d]istinções etnorraciais [são] uma forma limitada de falar sobre multiculturalismo e educação multicultural". Pelas variadas descrições dadas pelos professores sobre o currículo e o programa multiculturais, ficou evidente a tensão entre, por um lado, uma consciência da multiplicidade de formas e maneiras de opressão e identidade e, por outro, uma visão mais limitada em que as diferenças étnicas e raciais ocupam lugar central. Nas entrevistas, líderes da escola mostraram-se claramente preocupados e críticos quanto à preparação multicultural do pessoal novo e a alocação de recursos para garantir coerência e continuidade da concepção fundadora. O entendimento deles é de que as realidades atuais os impedem de realizar suas aspirações e uma professora disse com franqueza: "Não estamos fazendo um bom trabalho".

Para exacerbar essa situação, foi introduzido o regime de exames do NCLB, focado em padrões, notas de testes e avaliações do progresso do aluno. Na montagem do currículo, esperava-se que os professores seguissem as diretrizes e satisfizessem as metas municipais. Muitos falaram das pressões e frustrações em ter que lidar com exigências e objetivos conflitantes após a adoção do NCLB, o que impactou enormemente as prioridades de tempo e recursos e prejudicou bastante a busca do antirracismo e do multiculturalismo na escola. Como disse uma das educadoras numa entrevista,

> Muitos docentes que vêm à nossa escola – muitos, mas não todos – sabem das nossas crenças e vêm porque se sentem atraídos. Esse, porém, não é sempre o caso e mesmo aqueles que vêm atraídos podem ter versões realmente problemáticas de justiça social e multiculturalismo antirracista. Não que a minha versão seja perfeita, mas precisamos de diálogo, precisamos conversar. O que isso significa nas nossas salas de aula? O que isso significa na nossa relação com os pais? O que isso significa nas nossas relações entre nós? São desafios que exigem tempo para discussão, porque o município pressiona para que utilizemos o tempo que temos em comum para falar sobre notas e avaliações de testes.

Estratégias para ascensão de classe

A pressão para conformar a escola ao regime de testes, padrões e avaliações foi apenas uma das formas pelas quais o neoliberalismo entrou e impactou o projeto. Menos direta foi a hegemonização da escola e seu programa bilíngue. O sucesso da escola e a reputação que angariou foram vitais para justificar o apoio contínuo do município ao programa que ela adotava. Mas isso tinha um preço: "Especialmente à medida que a escola se tornou mais conhecida, passamos a ter uma longa lista de espera de gente de classe média que quer entrar, em geral com o inglês dominante", disse um veterano administrador. Atrair e servir sobretudo famílias brancas de classe média significa também que a escola tem que lidar com as demandas do senso comum dessa população, demandas moldadas pela realidade material dessas pessoas (cf. BALL, 2003). Esse é um ponto crucial. O modelo bilíngue tem sua capital cultural própria no mercado capitalista globalizado. Para alguns pais, o domínio da língua espanhola é uma vantagem em termos de "poder aquisitivo". Se alguns pais brancos diziam que mandavam seus filhos para aquela escola porque apoiavam plenamente a agenda e currículos antirracistas voltados para a justiça social, outros explicavam sua escolha como uma boa "opção de consumo" num supermercado de produtos em que a educação bilíngue era um meio de aumentar o capital cultural e as oportunidades dos filhos num mercado competitivo global, dentro de uma estratégia de ascensão de classe (cf. APPLE, 2004, 2006; BOURDIEU, 1984). Uma mãe que se identificou como branca e de classe média explicou: "À medida que o mundo vai mudando cada vez mais, acho que é importante ser bilíngue de alguma forma, para poder funcionar". Sua aspiração de que o filho fosse bilíngue não era motivada por um compromisso de transformação da sociedade ou de redução dos preconceitos e desigualdades raciais e culturais. Não, apenas refletia a mudança neoliberal do senso comum sobre a escolarização, entendendo-a como um "bem privado" e o domínio bilíngue como forma de "incremento" pessoal, para fazer do filho um "indivíduo bem equilibrado" dentro das perspectivas hegemônicas.

Isso fica evidente ao examinarmos a opção dos pais pelos programas bilíngues (cf., adiante, MESHULAM, 2001), o que pode em parte explicar seu recente aumento de popularidade (cf. CENTER FOR APPLIED LINGUISTICS, 2016) e a tendência emergente da classe média branca em preferir certas escolas urbanas (BILLINGHAM & KIMELBERG, 2013; CUCCHIARA, 2013; POSEY-MADDOX, 2014). Além disso, o fenômeno ilustra a observação feita por Reay et al. sobre a opção "contra a corrente" da classe média de escolher escolas socialmente mistas como "um ato de apropriação voltado para 'o consumo do outro desejado'" (2007, p. 1.054).

Para manter o sucesso, então, a escola teve que acomodar as demandas e o senso comum hegemônicos da classe média, forçada a manobrar entre o programa bilíngue e o programa multicultural crítico. Foi um fator adicional para que priorizasse o modelo bilíngue às necessidades e objetivos da educação igualitária, antirracista e multicultural, a saber, o acesso, reconhecimento e representação de grupos sociais e culturais minoritários. Ao apoiar e endossar o modelo bilíngue – tornando-o, por um lado, mais fácil de "ensinar" e, por outro, uma mercadoria desejada –, a agenda neoliberal da educação no município e as necessidades de legitimação do governo local criaram um contexto em que a subordinação dos aspectos multiculturais antirracistas da vida da escola parece um comprometimento necessário e inevitável. Assim, quando tiveram que optar entre um programa bilíngue e a transformação das relações raciais, aquele levou vantagem na maioria das frentes.

A presença ausente da "raça"

Isso leva ao terceiro elemento abrangente dos desafios que a escola enfrenta para a realização de um multiculturalismo transformador: seu fracasso parcial em impedir a reprodução das estruturas de desigualdade racial que dominam a sociedade e a educação nos Estados Unidos. O que se manifestou mais claramente na quebra da representação afro-americana na gestão e composição funcional da escola e no ofuscamento da identidade de grupo dos estudantes afro-americanos.

Não apenas as tentativas de diversificar e fortalecer a participação dos pais na escola fracassaram na perspectiva da comunidade afro-americana, como vimos, mas também, ao mesmo tempo em que se realizava este estudo, a equipe profissional da escola foi completamente destituída de qualquer integrante afro-americano[2]. Um professor criticou severamente essa ausência gritante de afro-americanos no corpo docente como manifestação de racismo inerente: "Não acho que a população afro-americana está bem servida. Há só um assistente afro-americano, ninguém mais. Como pode ser isso? Só os serventes da limpeza ou da cozinha são afro-americanos. É um grave, um imenso problema que estamos reproduzindo". Esse "grave problema" indica o papel das "concessões necessárias" na reprodução dentro da escola das relações de poder raciais e de classe dos Estados Unidos em geral. Com o passar dos anos, a esmagadora maioria dos afro-americanos acabou exercendo apenas, na melhor das hipóteses, funções de baixa remuneração na escola. Quase não há mais modelos profissionais de classe média com educação superior para os estudantes afro-americanos, mas apenas cargos de trabalho não qualificado ou semiqualificado na limpeza e na cozinha. Isso mina de modo fundamental um dos lemas-chave para a criação da escola: desafiar a opressão e o racismo na sociedade americana em geral e, especificamente, a segregação e a discriminação na própria cidade e na escola (cf. APPLE, 2013; LIPMAN, 2011).

As necessidades do programa bilíngue foram as responsáveis, segundo os administradores da escola, por essa marginalização. Foi dada prioridade à contratação de professores bilíngues num contexto em que é difícil encontrar docentes afro-americanos com fluência em espanhol. Os professores mostraram-se cientes desse problema profundamente arraigado e admitiram ter optado por não comprometer o modelo bilíngue da escola com a contratação de colegas não

---

[2] Atualmente há apenas uma pessoa afro-americana no corpo docente.

fluentes nas duas línguas: "É um problema [a ausência de professores afro-americanos]. Tivemos alguns antes, mas eles precisam falar espanhol [...]. Sem querer dar desculpas, é assim que a coisa funciona". A consequência foi o fracasso no reconhecimento e serviço da necessidade dos estudantes afro-americanos em ter modelos e representação na escola. Numa realidade em que mais de 80% dos professores das escolas públicas dos Estados Unidos são brancos (DEPARTMENT OF EDUCATION/MINISTÉRIO DA EDUCAÇÃO DOS EUA, 2016), é evidentemente desafiador para a escola encontrar professores afro-americanos qualificados, quanto mais falantes de inglês e espanhol.

Em função disso, a identidade maior da escola como instituição bilíngue em parte interrompe as dimensões críticas da diversidade, criando-lhe a armadilha de uma espécie de paradoxo bicultural. Isso produz uma dicotomia entre as comunidades falantes de inglês e de espanhol como definição quase exclusiva de diversidade ou "alteridade" na escola. Sobrou pouco espaço para cultivar na prática um multiculturalismo mais crítico, não apenas no programa mas no próprio corpo discente, de modo a tornar mais poderoso o reconhecimento da diversidade de grupos e comunidades culturais.

Problemas semelhantes surgem no contexto da política de reconhecimento e diversidade cultural na escola. Muitos entrevistados ressaltaram a atmosfera geral de diversidade, não apenas cultural, em função do programa antirracista e de multiculturalismo, o que era claramente constatado nos trabalhos artísticos dos alunos pregados nas paredes, nos eventos culturais extracurriculares e no discurso explícito nos cartazes e avisos escolares. Mas havia uma nítida marginalização dos grupos não brancos nem hispânicos, sobretudo da comunidade afro-americana. As matrículas de alunos afro-americanos diminuíram drasticamente com o tempo, enquanto eram cortejados os falantes brancos de inglês e os falantes nativos de espanhol, cujas matrículas aumentaram de modo consistente. Assim, as necessidades de um bilinguismo estrito na verdade despojaram a comunidade afro-americana do reconhecimento que lhe cabia na escola como grupo política e culturalmente distinto (inclusive do ponto de vista linguístico).

O impacto disso na política linguística foi profundo. Embora não tenha sido uma opção consciente, o resultado é que a escola subestima os aspectos culturais do inglês dialetal dos afro-americanos, assim como as demais diferenças culturais dessa comunidade. Na dicotomia da moldura anglo-hispânica, a comunidade afro-americana é vista como integrante (ou parte) da maioria em termos de primeira língua, sendo misturada de maneira acrítica aos brancos que falam o inglês padrão.

Outro fator que contribui para ofuscar a identidade da comunidade afro-americana como grupo cultural distinto dentro da escola é a necessidade de manter um equilíbrio numérico entre os falantes nativos de espanhol e os de inglês para que o programa bilíngue funcione. Isso resultou numa dicotomia, em vez de uma abordagem multicultural, na diversificação do corpo discente. À medida que se intensificaram as pressões para o sucesso do programa bilíngue, tornou-se uma preocupação maior como atrair mais estudantes de fala hispânica para contrabalançar os falantes nativos de inglês. Além disso, de uma perspectiva de classe, era vital ter um equilíbrio com estudantes brancos de classe média para uma tentativa real de redistribuição e reconhecimento (FRASER, 1997). Para evitar a reprodução de desigualdades sociais e materiais, é necessária uma produção de estudantes transformados (APPLE, 2013). Mas a transformação tem que ocorrer nas duas pontas do espectro – os privilegiados e os não ou menos privilegiados, os opressores e os oprimidos. De modo que estudantes brancos de classe média, falantes nativos de inglês, são essenciais tanto para sua própria transformação quanto para a transformação dos estudantes não brancos, falantes de espanhol, de classe operária.

Queremos com isso ressaltar que, apesar da forte correlação entre raça e posição de classe, não pretendemos definir essencialmente todos os falantes de espanhol como classe inferior, mas mostrar as diferentes extremidades dos espectros: brancos e não brancos, falantes de inglês e falantes de espanhol, classe média e classe operária ou inferior. Mas ainda assim cumpre deixar claro mais uma vez que isso aconteceu às expensas dos estudantes afro-americanos e em detrimento do seu espaço na escola como grupo cultural distinto.

Conclusão

Muita coisa nessa escola merece respeito e apoio. Mas o que emerge da nossa análise aqui é uma história de complexidade e contradições, um misto de esperança e preocupação. Mesmo nessa escola – cuja concepção e currículos encarnam um *ethos* colaborativo, de reconhecimento, redistribuição e representação igualitária (FRASER, 2010) – foram reproduzidas de importantes maneiras as desigualdades e relações de poder racializantes. Assim, enfraqueceu-se bastante o que pretendia ser um poderoso desafio educacional às condições dominantes.

A escola deve ser exaltada por seu objetivo de interromper tais relações nela própria e na sociedade em geral. Mas os efeitos das políticas neoliberais, as realidades de quem leciona ali, as restrições de tempo e recursos, as tensões entre os programas progressistas por vezes contraditórios, a multiplicidade de grupos racializantes e a capacidade dos pais de classe média de reocupar ou se "apropriar" para seus fins (REAY et al., 2007) do espaço de reforma educacional crítica, tudo isso e outros fatores mais criaram um quadro e uma dinâmica que "interrompem as interrupções".

Sob muitos aspectos, essa escola é um poderoso exemplo do impacto produzido pelo contínuo assalto neoliberal, tanto direta quanto indiretamente, não apenas sobre a educação pública em geral, porém, mais especificamente, sobre as escolas que pretendem ser contra-hegemônicas. Isso ficou evidenciado em uma série de níveis e em vários sentidos fundamentais. De modo que a escola resulta, não menos, como um local de conflito e compromissos entre diferentes poderes e interesses – ainda que todos válidos e igualmente desejáveis sob a sua perspectiva original –, e isso levou a concessões sobretudo significativas no tocante a raça, representação, inclusão, reconhecimento e redistribuição, com implicações surpreendentes para a luta visando equilibrar as relações de poder sociais, culturais e raciais.

Promover a justiça social e desafiar as estruturas de poder da sociedade são sem dúvida importantes elementos constituintes da escola. O que se manifesta na sua estrutura, gestão, currículo e pedagogia. Ela teve amplo sucesso na transformação do sistema público de ensino na cidade e em todo o distrito. Fez ao longo dos anos importantes alianças com grupos e movimentos sociais, outras escolas distritais, o sindicato dos professores, ativistas e acadêmicos progressistas, num esforço para introduzir mais políticas multiculturais antirracistas no sistema público. É uma história que deve igualmente ser contada.

Paralelamente a esses sucessos, no entanto, a escola, como muitas outras nos Estados Unidos, teve que confrontar os grandes desafios trazidos por políticas liberais tais como a NCLB. "Certamente a NCLB e o regime de testes, com a pressão para avaliar os distritos, as escolas e os alunos com base em notas estritas, constituem um grande problema", disse um dos professores. Isso deveria nos alertar para o fato de que o neoliberalismo na Educação é mais do que uma simples política econômica e mais do que uma tentativa de impor uma cultura de auditoria ao setor público e às escolas desse setor. O neoliberalismo parece ser inerentemente racializante nos seus pressupostos e fundamentos, assim como nos seus efeitos (APPLE, 2006, 2013; cf. tb. LIPMAN, 2011; BURAS, 2014). Na sua destruição do que há de melhor na "democracia densa" e na sua distração do cidadão como consumidor que "opta", o neoliberalismo torna mais difícil a plena participação coletiva de uma comunidade engajada (APPLE, 2006, p. 15).

A escola que estudamos exemplifica a profundidade e amplitude do efeito neoliberal. A vida cotidiana ali ainda é parcialmente transformadora. Mas os compromissos e concessões que "precisam ser feitos", e o crescente papel da escola como local de estratégias de ascensão social da classe média, levam à reprodução da estrutura desigual de relações raciais e a uma perda do tempo e de recursos necessários para manter o trabalho crítico que faz dessa instituição um lugar de possibilidades contra-hegemônicas.

Quando o programa multicultural crítico tem se chocado com outros objetivos ou interesses fundamentais da escola, a balança tende a pender contra as necessidades do antirracismo. As concessões e compromissos feitos – como desistir dos paraprofissionais mas manter uma bibliotecária em tempo integral ou optar por um coordenador de pais latino em vez de um representante afro-americano – tiveram efeitos diferenciados. As tensões entre as necessidades conflitantes dos programas (p. ex., a sustentação do multiculturalismo antirracista na comunidade versus a busca por estudantes hispânicos para satisfazer o modelo bilíngue) tiveram efeitos ocultos semelhantes. De modo que a escola teve resultados contraditórios no desafio às desigualdades raciais e sociais.

Em termos da política de conhecimento oficial (APPLE, 2014), o currículo multicultural antirracista já não é concebido e aplicado de maneira uniforme. Alguns professores conseguem apenas expandir os limites da dominação hegemônica, lutando para questioná-la para além de uma compreensão estreita de racismo. Uma orientação profundamente contra-hegemônica parece desafiadora demais para ser plenamente implementada.

Isso fica também evidente na política de representação. Como dissemos, um grande retrocesso na escola é a inadequada representação da comunidade afro-americana, prejudicada tanto na equipe profissional quanto na participação dos pais, com a "diluição" de suas identidades cultural, linguística e comunitária distintas. Com isso, a escola paradoxalmente reforçou a marginalização cultural e, por vezes mesmo, a exclusão que os afro-americanos sofrem na sociedade dos Estados Unidos, reproduzindo a estrutura racializada e desigual do país. Isso foi admitido nas entrevistas como um "preço" trágico pelo sucesso da implementação da agenda bilíngue. Uma escolha tinha que ser feita.

Mas chamar isso de "escolha" tem o risco de aceitação das normas neoliberais. Por que tais escolhas são forçadas a tantas escolas? Qual é o contexto socioeconômico dessas escolhas? Quem, em última análise, beneficia-se da criação e imposição desse contexto?

A escola objeto deste estudo de maneira alguma pretende ser uma utopia radical. Mas sua "orientação é transcender e fundamentalmente transformar, aqui e agora, uma sociedade desigual e antidemocrática" (TANNOCK et al., 2011, p. 941). Dada essa constatação, temos que fazer algumas perguntas essenciais: Ao optar por certos compromissos, quem é comprometido, à custa de quem? O preço social não é pesado demais e não sabota o projeto na sua perspectiva contra-hegemônica? Por fim, num contexto de reestruturação neoliberal das finalidades e meios do ensino, precisamos pensar o que pode ser feito para proteger o espaço que escolas como essa visam criar e ocupar. Seria inevitável contar somente com resultados desse tipo ao serem confrontadas com as atuais condições econômicas e ideológicas? Esperamos que não.

Referências

APPLE, M.W. (2014). *Can Education Change Society?* Nova York: Routledge.

_____ (2012). *Education and Power*. Ed. rev. Nova York: Routledge.

_____ (2006). *Educating the "Right" Way* – Markets, Standards, God, and Inequality. 2. ed. Nova York: Routledge.

_____ (2004). *Ideology and Curriculum*. 3. ed. Nova York: Routledge.

APPLE, M.W. & BEANE, J.A. (eds.) (2017). *Democratic Schools*. 2. ed. Portsmouth, NH: Heinemann.

BAKER, C. (2006). *Foundations of Bilingual Education and Bilingualism*. 4. ed. Clevedon: Multilingual Matters.

BALL, S. (2003). *Class Strategies and the Education Market*. Nova York: Routledge Falmer.

BANKS, J.A. (1981). *Multicultural Education*. Theory and Practice. Boston, MA: Allyn & Bacon.

BANKS, J.A. & BANKS, C.A.M. (eds.) (1997). *Multicultural Education*. Issues and Perspectives. 3. ed. Boston, MA: Allyn & Bacon.

BHOPAL, K. & PRESTON, J. (eds.) (2012). *Intersectionality and "Race" in Education*. Londres: Routledge.

BILLINGHAM, C. & KIMELBERG, S.M. (2013). Middle-class parents, urban schooling, and the shift from consumption to production of urban space. In: *Sociological Forum*, 28 (1), p. 85-108.

BOURDIEU, P. (1984). *Distinction* – A Social Critique of the Judgement of Taste. Cambridge, MA: Harvard University Press.

BURAS, K. (2014). *Charter Schools, Race, and Urban Space* – Where the Market Meets Grassroots Resistance. Nova York: Routledge.

CENTER FOR APPLIED LINGUISTICS (2016). *Directory of Two-Way Bilingual Immersion Programs in the U.S.* [Disponível em http://www.cal.org/twi/directory].

CUCCHIARA, M. (2013). *Marketing Schools, Marketing Cities* – Who Wins and Who Loses When Schools Become Urban Amenities. Chicago, IL: University of Chicago Press.

FRASER, N. (2010). *Scales of Justice*. Nova York: Columbia University Press.

_____ (1997). *Justice Interruptus*. Nova York: Routledge.

FREIRE, P. (1970). *Pedagogy of the Opressed*. Nova York: Herder & Herder.

HALL, S. (1996). Gramsci's relevance for the study of race and ethnicity. In: MORLEY, D. & CHEN, K.H. (eds.). *Stuart Hall* – Critical Dialogues in Cultural Studies. Nova York: Routledge, p. 411-441.

HISTORY OF BILINGUAL EDUCATION (1998). *Rethinking Schools*, 12 (3), p. 1-2.

LADSON-BILLINGS, G. (2014). Culturally relevant pedagogy 2.0: a.k.a. the remix. In: *Harvard Educational* Review, 84 (1), p. 74-84.

_____ (2004). Culture *versus* citizenship: The challenge of racialized citizenship in the United States. In: BANKS, J.A. (ed.). *Diversity and Citizenship Education*. São Francisco, CA: Jossey-Bass, p. 99-126.

_____ (2003). New directions in multicultural education. Complexities. Boundaries, and critical race theory. In: BANKS, J.A. & BANKS, C.A.M. (eds.). *Handbook of Research on Multicultural Education* – Issues and Perspectives. São Francisco, CA: Jossey-Bass, p. 50-66.

_____ (1995). Toward a theory of culturally relevant pedagogy. In: *American Educational Research Journal*, 32 (3), p. 465-491.

LIPMAN, P. (2011). *The New Political Economy of Urban Education*. Nova York: Routledge.

McLAREN, P. (1994). White terror and oppositional agency: Towards a critical multiculturalism. In: GOLDBERG, T.H. (ed.). *Multiculturalism. A Critical Reader*. Cambridge, MA: Blackwell, p. 45-74.

MESHULAM, A. (2011). *What Kind of Alternative?* Bilingual, Multicultural Schools, as Counterhegemonic Alternatives Educating for Democracy. University of Wisconsin-Madison [Tese de doutorado].

MESHULAM, A. & APPLE, M.W. (2010). Israel/Palestine, unequal power, and movements for democratic education. In: APPLE, M.W. (ed.). *Global Crises, Social Justice, and Education*. Nova York: Routledge, p. 113-161.

MILLS, C. (1997). *The Racial Contract*. Ithaca, NY: Cornell University Press.

MINER, B. (2013). *Lessons from the Heartland* – A Turbulent Half-Century of Public Education in an Iconic American City. Nova York: The New Press.

_____ (1991). Taking multicultural, anti-racist education seriously: An interview with Enid Lee. In: *Rething* Schools, 6 (1), p. 19-22.

NIETO, S. (2004). *Affirming Diversity*. The Sociopolitical Context of Multicultural Education. 4. ed. Boston/Nova York: Pearson.

ORFIELD, G. (2009). *Reviving the Goal of an Integrated Society* – A 21st Century Challenge. Los Angeles, CA: The Civil Rights Project/Proyecto Derechos Civiles/Ucla.

PETERSON, B. (1995). A journey toward democracy. In: APPLE, M.W. & BEANE, J.A. (eds.). *Democratic Schools*. Alexandria, VA: ASCD, p. 58-82.

POSEY-MADDOX, L. (2014). *When Middle-Class Parents Choose Urban Schools* – Class, Race, and the Challenge of Equity in Public Education. Chicago, IL: University of Chicago Press.

REAY, D.; HOLLINGWORTH, S.; WILLIAMS, K.; CROZIER, G.; JAMIESON, F.; JAMES, D. & BEEDEL, P. (2007). "A darker shade of pale?" Whiteness, the middle classes and multi-ethnic inner city schooling. In: *Sociology*, 41 (6), p. 1.041-1.060.

SKUTNABB-KANGAS, T. & GARCÍA, O. (eds.) (1995). *Multilingualism for All?* General Principles. Lisse, Holanda: Swets & Zeitlinger.

TANNOK, S.; JAMES, D. & TORRES, C.A. (2011). Radical education and the common school: A democratic alternative. Review Symposium. In: *British Journal of Sociology of Education*, 32 (6), p. 939-952.

THOMAS, P.W. & COLLIER, P.V. (2002). *A National Study of School Effectiveness for Language Minority Students' Long-Term Academic Achievement*. Santa Cruz, CA: Center for Research on Education/Diversity and Excellence/University of California-Santa Cruz.

TOLAN, T. (2003). *Rivenvest* – A Community History. Milwaukee, WI: Past Press and COA.

US CENSUS BUREAU (2008). *State and County Quickfacts* [Disponível em http://quickfacts.census.gov/qfd/states/ – Acesso em 05/09/2009].

US DEPARTMENT OF EDUCATION (2016). *The State of Racial Diversity in the Educator Workforce* [Disponível em www2.ed.gov/rschstat/eval/highered/racial-diversity/state-racial-diversity-workforce.pdf – Acesso em 20/01/2017].

WONG, T-H. (2002). *Hegemonies Compared*. Nova York: Routledge Falmer.

YEAR ONE (1989). Documento escolar não publicado.

3

A luta local

Dinheiro, poder e as possibilidades de vitórias na política educacional

Eleni Schirmer e Michael W. Apple

Introdução

As lutas sobre o significado de democracia não apenas em teoria mas na prática ocorrem em diversos níveis e em locais diversos. Mas em inúmeros lugares essas batalhas não se dão num campo de luta igual. Cada vez mais o dinheiro e o poder dão aos advogados de uma democracia "magra", estreita, uma vantagem que é difícil de superar. Grande parte do trabalho com orientação crítica tem-se voltado para arenas mais amplas de confronto. No entanto, uma coisa que a direita nos tem ensinado é que o local é tão importante, especialmente na construção de concepções de democracia dentro de um "novo senso comum", quanto a opção individual em um mercado competitivo. O que há de significativo nesse enfoque local é o tema deste capítulo. Contamos histórias de derrotas e vitórias no terreno do poder de voz e representação democráticos em órgãos educacionais chaves. E nos indagamos mais seriamente sobre o papel das mobilizações e quem são os atores nesses confrontos. Mas, para entender isso, precisamos lembrar também que o local não é algo exclusivo, pois há relações ideológicas e econômicas bem reais que o cercam. Assim, nossa primeira tarefa é situar o local nesse contexto maior.

Hegemonia, dinheiro e poder

As exigências opostas do capitalismo e da democracia compõem um dos enredos históricos mais vibrantes. Em especial desde a crise econômica iniciada na década de 1970, os choques entre essas forças migraram de um para outros setores como uma briga num pátio de recreio (McNALLY, 2011). A crise de uma década avança para a seguinte e retarda o conflito fundamental subjacente a cada crise: as necessidades do capitalismo de liberação de mercado e as necessidades da democracia de libertação social, forças em geral contraditórias (FRASER, 2015; STREECK, 2014). Assim, os índices inflacionários crescentes nos anos 70 do século passado abriram caminho para a crise da dívida pública na década seguinte; e nos anos 90 o crédito privado pareceu flutuar sem limitações, até o colapso econômico global de 2008. Como essas crises impactaram a Educação e que significado tiveram na luta pela democracia?

Desde os anos de 1970, cada mudança na economia deu a partida para um colapso; o estado de bem-estar social aparentemente não conseguiu se sustentar. Primeiro, os mercados de trabalho se curvaram[3]. Então as instituições públicas, sufocadas por falta de arreca-

---

3 A partir do final da década de 1970, os mercados de trabalho levaram a pior no confronto. Os movimentos sociais exigiram aumentos de salários e mais igualdade no emprego, puxando a inflação para cima à medida que os capitalistas continuaram a se agarrar à necessidade de uma produtividade marginal. Num esforço para conter a oscilação econômica, regimes de governo conservadores empreenderam um assalto politicamente desgastante contra os trabalhadores, a começar pela derrota da Organização dos Controladores Profissionais de

dação e atreladas a uma dívida crescente, começaram a murchar. Aí o mercado de crédito privado estourou e, em 2008, desabou, porque os despossuídos do estado de bem-estar social trataram de se virar para proteger-se de uma economia mercurial adquirindo casas, planos de saúde e cursos universitários – bens que o Estado não mais lhes fornecia. O desregrado sistema de crédito que permitiu esses gastos era porcamente administrado e praticamente sem regulamentação; sua falência causou a "grande recessão" de 2008. Para mitigar o pior do colapso econômico que se seguiu, o poder político armou um sistema de "gotejamento" de recursos para impedir que a pegajosa maré do livre mercado simplesmente varresse com empresas "grandes demais para fracassar" (PRASAD, 2012). Enquanto isso, milhões de pessoas, pobres demais para terem alguma importância, viram suas casas, poupanças e pensões serem engolidas na enxurrada (GRUSKY, 2011). Mais importante talvez tenha sido o fato de que os despossuídos perderam a confiança num governo que supostamente se preocupava com o bem-estar deles (FRASER, 2015).

Na década seguinte, muitos eleitores, desiludidos ao mesmo tempo com o capitalismo e com a democracia, não perderam a oportunidade de eleger candidatos que se autoproclamavam "radicalmente alheios" ao mundo partidário (p. ex., CRAMER, 2016). No entanto, apesar de uma nova safra de lideranças políticas, há pouca evidên-

---

Tráfego Aéreo (Patco), em 1981, pelo presidente Ronald Reagan nos Estados Unidos, que se ampliou com a derrota da greve dos mineiros pela primeira-ministra Margaret Thatcher, em 1984, no Reino Unido, e assim por diante. Mas as contradições entre as necessidades do capital e da sociedade democrática não foram atenuadas, projetando-se em seguida na arena eleitoral. Estados e países enfrentaram crescentes gastos públicos, com uma capacidade de arrecadação que encolhia e as populações cada vez mais hostis aos impostos em função de sua renda declinante. Por conseguinte, cresceu a dívida pública, empurrando o confronto para o setor do crédito privado; as regras para concessão de crédito foram relaxadas para que os cidadãos pudessem manter o nível de segurança e prosperidade econômicas que o Estado não podia mais garantir (DUMENIL & LEVY, 2005; McNALLY, 2011; PRASAD, 2012; STREECK, 2011).

cia de que as crises transformadoras pararam de se produzir (p. ex., STREECK, 2017). Como veremos neste capítulo, cada vez mais as crises da democracia passaram dos mercados financeiros globais para confrontos políticos localizados, como as eleições de conselhos de ensino em pequenas cidades. Examinar como as crises políticas migraram para esses espaços fornece ricas lições para as lutas futuras pela democracia, especialmente na Educação.

Como a economia mudou, também mudaram as identidades populares. Mesmo para si mesmos, os trabalhadores viraram cidadãos, contribuintes, consumidores, devedores. Ao mesmo tempo, mudaram as identidades do capital; normas legais dão às empresas um poder de pessoalidade (BROWN, 2015). E o ânimo do capitalismo mais recente – com frequência chamado de neoliberalismo – fez alianças com forças populistas neoconservadoras e autoritárias, infundido um caráter religioso ao regime de austeridade (APPLE, 2006). Na Grande Recessão de 2008, os protagonistas centrais dos conflitos entre democracia e capitalismo não foram mais trabalhadores contra empregadores ou cidadãos contra banqueiros como em décadas passadas, mas um complexo emaranhado de companhias financeiras internacionais, governos e, ocasionalmente, o eleitorado (FERGUSON et al., 2015; HACKER & PIERSON, 2010; STREECK, 2011). De modo que, sob todos os ângulos, a luta pela democracia é tanto um projeto político, que envolve a distribuição econômica e material, quanto um projeto subjetivo sobre as questões da individualidade e do significado social.

A Educação, naturalmente, é um terreno central desses confrontos. Devido ao seu caráter simultâneo de projeto político e ideológico, ela fornece uma arena particularmente importante para a luta pela democracia. Além disso, como projeto estatal, a cambiante economia política impactou de forma significativa os moldes educacionais (ALTHUSSER, 1971; APPLE, 2012). O extermínio causado pelos cortes no orçamento forçou as coordenações distritais de ensino a financiar seus ativos, recorrendo desde a complicados esquemas de investimento, como veremos nas páginas seguintes, à privatização de serviços, não só para a educação suplementar mas mesmo com um controle integral (BALL, 2007; BALL & JUNEMANN, 2012; BURCH, 2006; LIPMAN, 2011).

Embora a influência das forças conservadoras e corporativas na Educação constitua uma tendência geral, está longe de ser inevitável. É muito comum que análises críticas da crescente agenda conservadora na Educação pintem um modelo super determinista da política educacional em que a influência financeira necessariamente determina os resultados políticos (p. ex., ANDERSON & DONCHIK, 2014; RECKHOW & SNYDER, 2014; SCOTT & JABBAR, 2014; SCOTT, 2009). Se esses modelos permitem explicações cruciais sobre a mecânica da influência cada vez maior das empresas na política educacional, também com frequência minimizam a natureza contingente do poder, apresentando assim um modelo de política altamente determinista. Ao fazê-lo, essas análises representam de forma equivocada o cálculo central da dominação política – o que Antonio Gramsci chama de "hegemonia" (GRAMSCI, 1971) – e assim subestimam as possibilidades de interrupção.

Em poucas palavras, para Gramsci o controle hegemônico é uma maneira-chave pela qual os grupos dominantes mantêm o controle do poder não só através de mecanismos econômicos e políticos, mas também por meios culturais e ideológicos, através da fabricação do "senso comum". Para Gramsci, senso comum não é um conjunto objetivo ou universal de verdades, mas sim um sistema lógico dominante desenvolvido e apresentado por grupos dominantes em conjunção com interesses específicos e que fala às necessidades e medos reais das pessoas. Assim, a hegemonia é, de certo modo essencial, fruto de um consenso ou contrato, à medida que satisfaz determinadas necessidades das pessoas e faz sentido para elas subscrevê-la, mesmo que a opção não seja plenamente consciente. Mas é possível que as pessoas se livrem do controle hegemônico, política, cultural e ideologicamente, adquirindo consciência. Como diz Gramsci, "a percepção consciente de ser parte de uma força hegemônica específica [...] é o primeiro estágio rumo a uma autoconsciência mais progressista" (GRAMSCI, 1971, p. 333). O poder, assim, torna-se um confronto e um processo, não um produto estático gerado por uma única força. Na verdade, as formas sutis e contingentes de poder são parte do que acarreta a "guerra de posições" gramsciana – os lentos e contínuos esforços, muitas vezes ocultos, para obter influência, poder e construir os elementos do senso comum. O que difere da definição de Gramsci para "guerra de manobras", caracterizada pelos golpes explícitos, abertos, entre forças conflitantes.

A infraestrutura sutil e aparentemente invisível da política, especialmente na Educação, forneceu aos movimentos direitistas uma fonte crucial de força nas últimas quatro décadas, como testemunham seus líderes mais notórios, entre eles os magnatas Irmãos Koch e a Secretária de Educação americana, Betsy DeVos (p. ex., MAYER, 2016). Os bilionários Koch, DeVos e outros foram acusados de investir em centros de pesquisa, cargos universitários, think tanks e meios de comunicação como forma de desenvolver a agenda ideológica necessária para alcançar seus objetivos políticos – o que Gramsci definiria como investimento na "guerra de posições". Através do sistema de arquitetura legal e de pesquisa, de defesa de suas ideias e busca de alvos midiáticos, esses grupos levam muito a sério a importância de desenvolver uma agenda ideológica para estabelecer a dominação política. Para eles, nenhum espaço é pequeno ou efêmero demais para ser desprezado (cf. tb. SCHIRMER & APPLE, 2016a).

Claro, essas estratégias combinam-se com táticas mais abertas e diretas para ter influência política, tais como o lobismo, as campanhas e a organização política para conquistar vitórias eleitorais em curto prazo. Mas também aí os movimentos conservadores atentaram para os pequenos espaços políticos a fim de aumentar sua influência. Embora tenham perdido o cargo de presidente em 2008, nos anos seguintes os conservadores dos Estados Unidos voltaram seu foco para eleições menores, de nível local. Essa estratégia, aliada à alavancagem das ansiedades econômicas e dos antagonismos raciais acirrados pela eleição do presidente Barack Obama dois anos antes, permitiu aos conservadores ganhar em 2010 o controle de assembleias, governos estaduais e legislativos por todo o país (SKOCPOL & HERTEL-FERNANDEZ, 2016). Na verdade, o processo de focar as instâncias locais não ficou apenas no nível estatal. Nos últimos sete anos, as coordenações de ensino, especialmente em cidades pequenas, tornaram-se importantes locais de escaramuças para criar um senso comum na Educação (RECKHOW et al., 2016; SCHIRMER & APPLE, 2016b). A análise que segue, das eleições para duas coordenadorias de ensino em cidades pequenas de distritos politicamente mesclados, em estados de coloração mista, mostram como são importantes esses níveis locais para a formação do senso comum.

Neste capítulo examinamos as eleições de duas coordenações de ensino em cidades norte-americanas de tamanho médio e politicamente divididas entre democratas e republicanos, uma em Kenosha, Wisconsin, em 2013, e a outra no Condado de Jefferson, Colorado, em 2016. As duas eleições desafiaram o padrão dos processos tradicionais nas coordenadorias escolares, em geral um tanto sonolentas, apartidárias e paroquiais, com baixo comparecimento dos eleitores e mínimo financiamento de campanhas. Mas tanto em Kenosha quanto em Jefferson elas viraram arenas de destaque para as batalhas políticas e econômicas mais amplas e endêmicas nos cenários estaduais e nacional. Em Kenosha, a recessão econômica de 2008 havia causado o colapso financeiro do setor educacional, tornando-o vulnerável aos reformadores neoliberais tanto dentro quanto fora do distrito escolar, graças à eleição do governador conservador Scott Walker em 2010. Quando Walker restringiu o poder coletivo de negociação dos sindicatos dos professores e promoveu novos cortes de orçamento para o ensino público, uma coordenadoria escolar ativista tomou a iniciativa de proteger o sistema de educação pública ao decidir que os contratos com os docentes continuariam a ser reconhecidos, desafiando assim determinações fundamentais de Walker no assalto ao sistema de ensino. Isso chamou a atenção de grupos conservadores nacionalmente estabelecidos, como os Americanos pela Prosperidade, que rapidamente avançaram sobre a eleição local apoiando um candidato que se opunha aos ativistas democráticos. Dispondo de recursos financeiros empresariais, os conservadores tomaram então o controle da coordenadoria de ensino em Kenosha.

No Condado de Jefferson, Colorado, forças progressistas desafiaram de forma semelhante a agenda cada vez mais conservadora, também atraindo comissões corporativas de ação política (PACs), tais como a Americanos pela Prosperidade. No entanto, ao contrário de Kenosha, Wisconsin, os progressistas do Colorado derrotaram as forças conservadoras, pelo menos por algum tempo. O que diferenciou Jefferson de Kenosha? Como veremos, os progressistas do Condado de Jefferson foram capazes de formar coalisões amplas, baseadas em compromissos culturais e ideológicos com a democracia e com a distribuição econômica. Dessa forma, a luta por justiça baseou-se em sistemas de reconhecimento e redistribuição (FRASER, 1997). Ao contrário de Kenosha, os professores, pais e alunos do Condado de Jefferson desenvolveram redes de ativismo político-social e se envolveram em ampla mobilização para defender não apenas a estrutura do ensino público, mas também seu conteúdo. Esses dois casos revelam a profunda guerra de posições adotada pelos conservadores. Mas também mostram as alianças frágeis e condicionais que formam essas bases de poder e como podem ser interrompidas.

Kenosha, Wisconsin

Kenosha é uma pequena cidade do Meio-oeste americano cuja economia foi por muito tempo dependente da indústria automobilística. Sua relativa prosperidade e o respeito que tinha pelos direitos econômicos e culturais dos trabalhadores desintegraram-se com as repetidas crises econômicas que afetaram as cidades do "cinturão da ferrugem"[4]. Na última década, a situação que já era ruim piorou em Kenosha. Mudanças político-econômicas globais tiveram sérias consequências na cidadezinha, após o colapso financeiro de 2008. E uma crise no financiamento escolar e na política em torno da Educação ocuparam o centro do palco. Kenosha apresentava uma situação cheia de possibilidades para uma intervenção neoliberal de sucesso em nível microcósmico. Entender como isso aconteceu requer que examinemos mais de perto a política de envolvimento corporativo local.

No início do século XXI, a ajuda estatal cada vez menor para a educação pública, combinada com os custos crescentes dos serviços de saúde, empurrou distritos escolares como Kenosha para os instáveis mercados financeiros do investimento privado. Enfrentando custos de saúde cada vez maiores e declinante ajuda estatal, o distrito educacional de Kenosha buscou avidamente soluções para suas reduções orçamentárias. Quando David Noack, confiável consultor financeiro do distrito, apresentou em junho de 2006 os títulos de dívida assegurados (CDOs na sigla em inglês) como supostamente o melhor investimento possível para o organismo escolar, os integrantes do conselho de ensino foram ávidos em escutá-lo. Noack explicou que

---

[4] "Cinturão da ferrugem" – por analogia com "cinturão verde", de abastecimento agrícola de uma região, ou "cinturão industrial" etc. – foi como ficaram conhecidas partes do Meio-oeste e Nordeste dos Estados Unidos em volta dos Grandes Lagos, no coração do país, literalmente corroídas por catastrófica decadência da indústria a partir de meados do século XX, com fábricas envelhecidas ou abandonadas, enorme aumento do desemprego, ruína urbana, crise educacional, crescimento da criminalidade e população em declínio, destacando-se cidades produtoras de automóveis como a gigante Detroit, no estado de Michigan, centros siderúrgicos da Pensilvânia e Ohio, como Cleveland, e outros polos manufatureiros como Buffalo, no estado de Nova York, e Milwaukee, no Wisconsin [N.T.].

tal investimento exigiria que o distrito tomasse empréstimos vultosos a um banco estrangeiro e adquirisse com isso uma "série de títulos de 105 das mais respeitadas empresas que dariam ao conselho de ensino um pequeno retorno a cada trimestre" (DUHIGG & DOUGHERTY, 2008). O leque de obrigações dessas companhias seria vendido ao distrito escolar pelo Royal Bank do Canadá, que tinha ligações de negócio com a empresa de Noack (DUHIGG & DOUGHERTY, 2008). As mais de 300 páginas de documentos apresentados aos membros da coordenadoria de ensino sobre esse complicado mecanismo financeiro eram impenetráveis. Mas os integrantes do conselho logo se convenceram a aceitar o plano, considerando não só o sucesso financeiro que tais mecanismos haviam proporcionado a banqueiros de investimento de Nova York como a garantia que lhes foi dada por Noack de que seriam necessárias "15 Enrons"[5] para que o investimento fracassasse (FLORES, 2011c). Como Marc Hujik, membro do conselho de ensino de Kenosha, disse ao New York Times: "Todo mundo sabia que uns caras de Nova York estavam ganhando montanhas de dinheiro com esse tipo de transação. Não era implausível que também pudéssemos ganhar" (DUHIGG & DOUGHERTY, 2008).

O que poderia dar errado? Infelizmente, muita coisa. A definição que o Sr. Noack deu das CDOs deixou de mostrar os riscos envolvidos nessas obrigações e não abordou a crescente instabilidade do capitalismo internacional. Se apenas 6% dos títulos ficassem inadimplentes, o distrito educacional perderia todo o seu dinheiro (DUHIGG & DOUGHERTY, 2008, § 22). Além disso, Noack e a empresa de investimentos para a qual trabalhava, a Stifel, Nicolaus

---

5 Enron era uma companhia de serviços e distribuição de energia com sede em Houston, Texas, que foi à falência no final de 2001 por cometer uma das maiores fraudes contábeis da história econômica recente. Esquemas de faturamento fictício fizeram da empresa a sétima maior dos Estados Unidos por algum tempo, mas ela logo se tornou símbolo do crime corporativo pós-moderno: suas ações chegaram a alcançar um valor unitário acima de 90 dólares, mas despencaram para algo como 25 centavos da moeda americana quando as práticas fraudulentas foram descobertas [N.T.].

and Company, não informaram como eram arriscadas as inversões efetivamente realizadas pelo distrito escolar. Desde o início elas tiveram um mau desempenho; 36 dias após o fechamento do negócio, 10% dos investimentos já estavam sob avaliação negativa. Mas nada disso foi informado ao conselho de ensino de Kenosha ou a qualquer dos outros quatro distritos escolares do Wisconsin que coletivamente haviam investido 200 milhões de dólares no plano de Noack. Como disse à imprensa o próprio Hujik, também consultor financeiro, além de conselheiro educacional em Kenosha: "Nunca li o prospecto [...]. Todas as questões que levantamos foram respondidas de forma satisfatória por Dave Noack, de modo que fiquei despreocupado" (DUHIGG & DOUGHERTY, 2008). Essa declaração deixa evidente como se atribui um conhecimento especializado às elites financeiras, o que permite aos responsáveis locais democraticamente eleitos se eximir de sua responsabilidade na tomada de decisões – característica marcante dos regimes administrativos (APPLE, 2006; CLARKE & NEWMAN, 1997). Mais significativo ainda, a busca do conselho escolar por investimentos especulativos de alto risco para financiar o orçamento operacional do distrito educacional revelava uma tendência geral do neoliberalismo: o desinvestimento do Estado nas instituições públicas. A declinante ajuda estatal ao ensino público, combinada com os custos crescentes dos serviços de saúde, empurrou os distritos escolares como o de Kenosha para os instáveis mercados financeiros do investimento privado.

Após alguns meses, os administradores do Distrito Escolar Unificado de Kenosha (Kusd) e dos outros distritos começaram a receber avisos de que seus investimentos tinham sofrido uma série de desvalorizações e estavam a ponto de falir. Em 2010, o que restava das inversões perdeu todo o valor e o credor tomou os ativos fiduciários. A empresa de administração financeira foi acusada de fraude; era a primeira vez que uma empresa privada de valores mobiliários era acusada de procedimentos fraudulentos com uma entidade governamental. A Comissão de Câmbio e Valores Mobiliários dos Estados Unidos alegou especificamente que David Noack havia "falseado os riscos [dos CDOs] e omitido dos distritos [escolares] os 'fatos materiais'" (FLORES, 2011c). Os distritos escolares não apenas perderam todos os 200 milhões de dólares que haviam investido, incluindo os 163 milhões que tomaram de empréstimo. Também sofreram drásticas reduções de seus índices de avaliação de crédito. Essa perda de fundos, além da redução maciça na ajuda estatal em 2011, pintou um quadro financeiro sombrio para o Kusd. A crise financeira também criava um solo extremamente fértil para mudanças políticas mais conservadoras no distrito. À medida que o distrito escolar se debatia em busca de restituição financeira, os conservadores aderiam mais e mais à política de cortes orçamentários e a seu programa de racionalização. E começaram a procurar um novo superintendente de ensino que pudesse lidar com a crise.

A crise econômica encontra a reformadora do ensino

Quando Michelle Hancock, a nova superintendente, chegou em Kenosha em 2010, o distrito estava ainda balançando financeiramente em função do colapso que sofreu em 2008. Antiga encarregada de "capital humano" no distrito escolar de Rochester, no estado de Nova York, Hancock estava profundamente mergulhada em gestão educacional corporativa (cf., p. ex., RAVITCH, 2013). Depois de alguns meses no novo cargo de superintendente, ela lançou o seu "Plano de Transformação" do Kusd. O documento de várias centenas de páginas trazia uma descrição e análise da visão educacional de Hancock, largamente centrada em chavões reformistas do ensino tipo desenvolver "habilidades para a vida e a carreira", disseminar "conhecimentos de relevância global" e intensificar o uso de tecnologia em sala de aula (CLEGG et al., 2013, p. 40).

Mas a defasagem entre a retórica de Hancock e as práticas das escolas foi uma sacudida para muitos professores e membros da comunidade de Kenosha. "Simplesmente era coisa demais de uma vez só", disse um integrante do conselho de ensino (FLORES, 2013). Embora o distrito escolar ainda estivesse às voltas com o desastre financeiro dos investimentos que tinha sido aconselhado a fazer, o "Plano de Transformação" propunha investir mais em tecnologia, em coisas como laptops, tablets e manuais on-line (HALLOW, 2011). Ao mesmo tempo, Hancock fez demissões em massa de pessoal. Embora ela mesma ganhasse um salário anual de mais de 320 mil dólares [o correspondente, em meados de 2019, a cerca de R$ 1,3 milhão – N.T.], quase no fim do ano letivo de 2010-2011 [verão no Hemisfério Norte – N.T.] a superintendente demitiu mais de 300 professores no distrito (FLORES, 2011a; SMITH, 2014). Além da devastadora perda de empregos no maior setor empregador de trabalhadores sindicalizados na cidade, a redução de pessoal mudou a educação fornecida em todo o distrito. As turmas aumentaram de tamanho. Professores de língua estrangeira foram substituídos pelo programa de instrução on-line Pedra de Roseta (FLORES, 2012; McDARRISON, 2013). Num distrito escolar com população de língua nativa espanhola em rápida expansão, a decisão de eliminar professores de língua estrangeira e substituí-los por programas de computador representava sério desinvestimento em recursos-chave para a comunidade. A perda de empregos, as turmas com maior número de alunos e as mudanças de prioridades curriculares frustraram igualmente pais e professores.

Além disso, o "Plano de Transformação" introduzido por Hancock teve poucos efeitos positivos nos resultados educacionais. Uma auditoria curricular independente realizada em 2013 (CLEGG et al., 2013) revelou muito pouco progresso na efetiva adoção de tecnologia pelos estudantes e na realização dos objetivos educacionais do distrito. Mais grave ainda, a auditoria indicou que o "Plano de Transformação" fez muito pouco para reduzir as significativas desigualdades de raça e de classe no distrito escolar (CLEGG et al., 2013, p. 25). Revelou que professores e administradores, dentro do tal plano, suspenderam alunos negros e latinos de forma desproporcionalmente alta em relação aos demais, ao mesmo tempo que os desfavoreceram na oferta de currículos especiais e programas avançados. Programas destinados especificamente ao aprendizado da língua inglesa (ELLs), com grande concentração de latinos, eram grosseiramente subfinanciados (CLEGG et al., 2013, p. 2.015).

E mais: os estudantes de cor e de baixa renda tinham menos acesso ao respeitado programa escolar opcional do distrito, mantido com recursos públicos do Kusd, com oferta de várias escolas de esquemas letivos mais flexíveis, chamadas *charter schools*, numa política aberta de matrículas e transferências intradistritais (FLORES, 2013). No entanto, os programas opcionais não eram igualmente acessíveis a todas as famílias de Kenosha. Primeiro, muitas das escolas *charter* públicas não eram servidas pelo sistema distrital de ônibus escolares. Segundo, a seleção para os programas opcionais era determinada por uma loteria eletiva que impunha uma barreira linguística e educacional a famílias sub-representadas, sem a base de informação necessária para participar (CLEGG et al., 2013; BRIGHOUSE & SHOUTEN, 2014). Em resumo, sob a direção de Hancock, as desigualdades raciais e de classe no distrito escolar não se reduziram e até pioraram. Se a nova superintendente e sua administração não foram os causadores independentes de qualquer das precondições econômicas para essa reorganização – seja o colapso econômico ou a resposta financeira do distrito –, foram, sim, responsáveis pela inflexão do que um de nós chamou de "nova classe gerencial" (APPLE, 2006), a que prioriza a eficiência sobre a igualdade.

A reforma educacional de Kenosha e o estado neoliberal

A adoção de um regime de austeridade pela administração do Kusd – demissão em massa de pessoal e aumento simultâneo de investimentos em tecnologia e gestão, usando a recessão econômica para justificar o retrocesso nos serviços públicos – teve outros efeitos bem significativos. Em vez de se defender as escolas como instituições vitais da sociedade, o que ocorreu foi que a educação pública passou a ser definida em termos de eficiência, retorno de investimento e margens de lucro (LIPMAN, 2011; SALTMAN, 2007, 2009).

Entre 2010 e 2013, o distrito escolar de Kenosha seguiu o mapa neoliberal clássico: o colapso financeiro dava a justificativa para a reorganização de estruturas públicas estatais, com a alteração tanto do conteúdo dos serviços sociais quanto do funcionamento dessas instituições. A reorganização privilegiava a eficiência, a agilidade e a opção de mercado como mecanismos centrais de política social.

Nesse meio-tempo, a insatisfação com as decisões administrativas de Hancock juntou-se ao crescente descontentamento com os cortes do governador Walker ao financiamento do setor público e sua política contrária aos direitos dos trabalhadores (HALLOW, 2011). No primeiro mês de mandato, ele decretou uma agressiva reforma neoliberal em todo o estado de Wisconsin, que eliminava todos os direitos de barganha, à exceção dos mais básicos, de praticamente todos os sindicatos trabalhistas do setor público e impunha exigências rigorosas e muitas vezes proibitivas para a revalidação sindical. Apesar da acirrada resistência que sofreu e de uma histórica revolta contra as medidas, Walker e seu governo por fim conseguiram forçar sua aprovação no Senado estadual e na Assembleia Legislativa. E em poucas semanas ele baixou o orçamento para 2011-2013, impondo ainda mais cortes nos serviços públicos, às instituições de proteção social e no número de funcionários. Se a rapidez e austeridade da Lei n. 10 de Wisconsin e do orçamento estadual de 2011-2013 foram únicos, seu teor e direcionamento eram paralelos aos ataques e tendências nacionais e internacionais que reduziram drasticamente o emprego, as instituições e o ensino no setor público.

Alarmado com as administrações Walker e Hancock, o conselho escolar de Kenosha decidiu se levantar em defesa dos direitos dos professores. Associações profissionais e defensores do ensino público mobilizaram-se em 2011 para atuar no conselho. O que também galvanizou forças conservadoras locais. Uma campanha em todo o estado pela saída (*recall* eleitoral) de Walker cresceu e virou uma campanha pelo *recall* também de legisladores conservadores, para que os democratas retomassem a maioria no Senado e nas assembleias estaduais. Os conservadores, porém, mobilizaram as suas defesas e começaram também campanhas próprias de *recall* contra adversários políticos. Um dos seus alvos foi o senador estadual Bob Wirch, democrata por Kenosha, onde residiu a vida toda e que há 20 anos exerceu cargos públicos no distrito (OLSON, 2011). Wirch opusera-se de forma destacada ao plano de provas e avaliações escolares de Walker, que definira Kenosha como área para a expansão do sistema. "Ao propor expandir o plano de provas escolares", afirmou Wirch, "o governador ignora a opinião do povo de Kenosha" (STEINKRAUS, 2011). Quando ficou claro que Walker e seu governo não estavam dispostos a negociar os enormes cortes orçamentários e as mudanças extremas nos direitos dos funcionários públicos que eram propostos no projeto inicialmente chamado de Reforma Orçamentária, a atual Lei n. 10 de Wisconsin, o Senador Wirch e outros 12 senadores estaduais democratas deixaram o estado por quase duas semanas para evitar a votação da medida (NICHOLS, 2012).

Não foi surpresa que essa tática enfurecesse os conservadores em todo o Wisconsin. Um grupo de cidadãos conservadores de Kenosha autointitulado "Contribuintes pela saída de Robert Wirch" reagiu, começando uma campanha de *recall* contra o democrata (STEINKRAUS, 2011). Essa campanha atraiu a Kenosha, pela primeira vez, grupos de fora do estado. Mais de metade das doações da campanha veio de organizações de fora do Wisconsin (OLSON, 2011). Wirch conseguiu sobreviver à tentativa de *recall* eleitoral, mas a campanha contra ele tornou ainda mais ativos os conservadores da região e atraiu o interesse nacional pela política naquele distrito.

Enquanto isso, membros do conselho de ensino de Kenosha acompanhavam atentamente o desenrolar do drama político no nível estadual. Após o fracasso das tentativas de *recall* do governador e de um número suficiente de senadores estaduais republicanos para recuperar o controle democrata do Legislativo em Wisconsin, elites políticas liberais mudaram de estratégia e passaram a buscar a derrubada legal da Lei n. 10, que havia limitado o poder de negociação coletiva dos trabalhadores. Em setembro de 2012, o juiz municipal Juan Colas decidiu que partes daquela lei eram de fato inconstitucionais. O que significava que empregadores municipais, entre os quais os conselhos escolares, já não estavam mais legalmente proibidos de negociar com os sindicatos de professores, ao contrário do que determinava a Lei n. 10. Esse fato é crucial para entender a atenção sobre Kenosha de grupos conservadores nacionais.

Membros do conselho de ensino de Kenosha aproveitaram a oportunidade criada pela decisão judicial para retomar as negociações com o sindicato de professores do distrito. Em outubro de 2012, eles aprovaram a restauração dos contratos de emprego, em vez da adesão obrigatória dos docentes aos manuais do empregador, que havia se tornado o substitutivo corriqueiro com a Lei n. 10. Enquanto os tais manuais ditavam unilateralmente as condições de emprego dos professores, os contratos dependiam de negociações entre os docentes e o conselho escolar. Num clima de crescente hostilidade legislativa conservadora à educação pública e aos sindicatos trabalhistas, a disposição do conselho de ensino de Kenosha de negociar contratos com o sindicato dos professores ia na contramão da correnteza política e desafiava o "novo senso comum" que os modernizadores da ideologia conservadora tentavam criar como forma dominante da visão socioeducacional.

Além de preservar o direito de os professores terem um sindicato, o conselho de ensino também se opunha aos planos de Walker de expandir por todo o estado os programas de provas escolares. Isso também era crucial. Kenosha foi um dos nove distritos escolares do estado que Walker estabeleceu como alvos iniciais no seu plano de expansão dos testes em fevereiro de 2013 (FLORES, 2013). A despeito da proposta do governador, o conselho de Kenosha aprovou por unanimidade uma resolução que se opunha à adoção das provas escolares no distrito, declarando que os programas de provas contornavam e burlavam importantes mecanismos de responsabilidade pública na educação, tais como os conselhos de ensino. A expansão do sistema de provas, declararam os dirigentes escolares, retiraria dinheiro das escolas públicas e bombearia esses fundos para escolas privadas. Estas, argumentavam, não estavam submetidas aos mesmos padrões curriculares, às mesmas regras e exigências de acesso que as escolas públicas (BEEBE, 2013). Face aos ataques legislativos dos conservadores aos sindicatos dos professores e à agressiva expansão dos programas escolares opcionais, os membros do conselho de ensino de Kenosha assumiram a responsabilidade de defesa dessas instituições. No entanto, sua decisão transformou-os em alvos políticos do crescente movimento conservador no estado do Wisconsin.

Choque ideológico nas eleições do conselho de ensino

Os defensores da opção escolar e as forças contrárias à negociação coletiva uniram-se em Kenosha. Os dois programas atraíram a Kenosha a organização Americanos pela Prosperidade, financiada pelos Irmãos Koch [conservadores donos das Koch Industries, um dos maiores grupos privados dos Estados Unidos; David Koch concorreu à vice-presidência americana em 1980 pelo Partido Libertário, depois fez doações milionárias a campanhas do Partido Republicano, no qual ingressou, e gastou mais de 100 milhões de dólares para impedir a reeleição do presidente democrata Barack Obama – N.T.]. No inverno de 2013, a Americans for Prosperity realizou um congresso para debater a escola opcional em Kenosha. Sua atividade anterior no Wisconsin esteve ligada sobretudo às eleições de *recall* para o Senado estadual em 2011, mas agora a atenção do grupo se voltava para as escolas públicas. Fundamentalmente, a posição da Americans for Prosperity era de que tanto os sindicatos de professores quanto os de servidores públicos em geral ameaçavam em conjunto a "democracia", com os conselhos de ensino desempenhando um papel-chave nessa ameaça ("Board Opposed to Private School Voucher Proposal", 2013). A Americanos pela Prosperidade voltou sua atenção para Kenosha a fim de formar novas conexões de "senso comum" entre a política de opção escolar e a redução dos direitos sindicais dos empregados do setor público.

Ao mesmo tempo, a direita também buscava sanções legais contra o conselho de ensino, que lhe opunha resistência. Poucos meses depois de aprovar os acordos de negociação coletiva dos professores, o conselho passou a ser bombardeado. O posicionamento legal do distrito escolar, a favor das negociações com o sindicato dos professores, foi abalado em setembro de 2013, quando a Suprema Corte do Wisconsin derrubou a decisão do Juiz Colas sobre a inconstitucionalidade da Lei n. 10. Imediatamente, duas professoras antissindicalistas do distrito processaram o conselho de ensino e o sindicato local dos docentes, a Kenosha Education Association (KEA), por violação da Lei n. 10. A ação contra o sindicato teve o apoio da empresa advocatícia de interesse público Wisconsin Institute for Law and Liberty [WILL, sigla inglesa que forma a palavra para "vontade" – N.T.], de perfil libertário-conservador e financiada pela conservadora Fundação Bradley (MURPHY, 2011). As professoras, uma das quais fazia pouco deixara de lecionar no distrito, processaram o conselho e o sindicato por fazerem recolhimento automático de taxas sindicais. Desprezando o fato de que os sindicatos de professores têm sido um dos principais esteios da categoria em sua luta histórica pelo reconhecimento e respeito profissionais, uma das antissindicalistas, Kristi Lacroix, escreveu numa carta aberta ao *Milwaukee Journal Sentinel* que os "professores não são trabalhadores de colarinho azul [isto é, operários industriais assalariados, que usam uniformes ou macacões – N.T.], mas profissionais liberais como os advogados, cientistas e engenheiros. A representação sindical de estilo industrial não faz avançar o respeito que merecem os educadores no Wisconsin e em todo o país" (LACROIX, 2013, § 7). Além de considerar irrelevantes as associações classistas de sindicatos de trabalhadores, Lacroix questionava a orientação política do sindicato, em especial a oposição que fazia à Lei n. 10 e ao governador Walker ("Former Teacher: I Know My Own Worth" 2015).

Na ação contra o distrito escolar, as professoras alegavam sua condição legal de "contribuintes". Essa posição legal, notadamente, colocava as autoras como pseudoempregadoras dos docentes distritais, autorizadas a auditar e direcionar verbas salariais. Como "contribuintes", posicionavam-se enquanto consumidoras, com direito a benefícios públicos num sistema de recebimento de serviços em troca do pagamento de impostos. É um modelo que torna um indivíduo o único proprietário de suas habilidades e recursos, com o direito de negociá-los no mercado sem restrições. O indivíduo nada deve à sociedade, tendo, ao contrário, o direito de ditar os termos de sua participação social com base nas responsabilidades de contribuinte. Além disso, o indivíduo que ambiciona posses busca libertar-se das regulamentações impostas pelo estado. Kenosha exemplifica como a ideologia neoliberal não apenas simplesmente segue os interesses dos atores corporativos e seu comprometimento com o lucro. Também reformula as noções de senso comum dos professores sobre seus direitos como trabalhadores.

No entanto, apesar do amplo apoio de organizações conservadoras de fora às autoras da ação, os tribunais inicialmente rejeitaram a tentativa da WILL e Lacroix de esvaziar o acordo firmado pelo sindicato. Não conseguindo derrubar a decisão do conselho de ensino de estender os contratos docentes, grupos direitistas tentaram então tomar o poder no próprio conselho. Depois que uma liminar judicial suspendeu o processo da WILL, o pai de Lacroix, Dan Wade, ex-chefe de polícia de Kenosha, decidiu concorrer a uma cadeira no conselho escolar distrital. Na eleição primária de fevereiro, Jo Ann Taube, a presidente em exercício do conselho e candidata apoiada pelo sindicato, recebeu a maioria dos votos. Mas a maré virou entre a primária de fevereiro e a eleição em abril. Nesse período, Wade e seu colega candidato conservador Gary Kunich receberam apoio das organizações conservadoras Maioria Americana e Americanos pela Prosperidade, financiadas pelos Koch (SMITH, 2014). Praticamente da noite para o dia, brilhantes panfletos e cartazes fazendo campanha por Wade e Kunich apareceram nas ruas e jardins de Kenosha. Além de contribuições de campanha diretamente aos candidatos, esses grupos conduziram sua própria organização, trazendo pessoal de fora para bater de porta em porta e telefonar aos eleitores de Kenosha fazendo propaganda.

A despeito da resistência de alguns eleitores de Kenosha, os conservadores derrotaram Taube e o outro candidato pró-sindicato nas eleições de abril de 2014. O aumento da propaganda, o financiamento por telefone e a organização trazida de fora mudaram a natureza das eleições distritais, de um tipo de política envolvendo o voto de vizinhos em vizinhos para uma política na qual o dinheiro de grandes empresas e grupos filantrópicos produzem uma contínua transformação. Isso não apenas afetou a disputa pelo conselho escolar em 2014, mas gerou igualmente um senso comum muito mais conservador. A disposição do conselho escolar de assumir uma política oposicionista ameaçou as organizações conservadoras e desencadeou o interesse e o persistente envolvimento delas nos assuntos políticos distritais. O que começou como uma questão local tornou-se um campo de testes nacional para mobilizações conservadoras (cf. APPLE, 1996, para outros exemplos). E as mobilizações conservadoras venceram. Mas essas vitórias não são sempre garantidas, como mostra o exemplo do Condado de Jefferson, no Colorado.

Controle curricular no Colorado

Para a organização Americans for Prosperity, a vitória em Kenosha apenas marcou o início do interesse deles em eleições de conselhos de ensino. No final do verão de 2015, organizadores de campo da Americans for Prosperity marcharam pelas ruas do Condado de Jefferson, no Colorado (também conhecido como Jeffco), batendo de porta em porta e distribuindo panfletos aos eleitores sobre o pleito de *recall* para o conselho escolar que se avizinhava. Assim como Kenosha, Jeffco tinha se envolvido profundamente em batalhas políticas e o conselho de ensino se tornara um ponto-chave dessas lutas. Eram de fato notáveis as semelhanças entre Kenosha e Jeffco. Assim como aquele distrito, Jeffco tinha uma mistura de tendências conservadoras e liberais. Mas, ao contrário do que aconteceu em Kenosha, os defensores da escola pública em Jeffco conseguiram evitar que a Americans for Prosperity assumisse o controle do conselho de ensino eleito no distrito. O que foi que aconteceu?

O Condado de Jefferson estende-se por quase 800 milhas no coração do Colorado. Confina com Denver no leste, a divisa norte dá para as Montanhas Rochosas, justo ao sul de Boulder, e a divisa sul ultrapassa Buffalo Peaks. O condado abrange áreas urbanas, suburbanas e rurais do estado, com crescente população latina a leste de Denver, ricas comunidades suburbanas nas suas faixas meridionais e cidadezinhas de montanha no limite setentrional. A mescla geográfica e demográfica dá um modelo político do estado como um todo. Como disse a repórteres um analista político, "para onde vai o Condado de Jefferson vai o estado do Colorado, por isso as apostas aqui são tão altas, pois é um indicador de tendências, como a rês que lidera o rebanho [...] é o marco zero para todo tipo de guerra política e no momento essa guerra política é sobre o sistema de ensino público" (CBS DENVER, 2015). E, acrescente-se, a indefinição política do Colorado fez dele um estado-chave nas batalhas eleitorais nacionais.

O que Jeffco é para o Colorado é o Colorado para a nação. Assim como Jeffco, o estado balança entre o vermelho dos republicanos e o azul dos democratas. Suas possibilidades roxas, isto é, de mescla entre as duas cores, são estranhas para muitos fora dos limites do Colorado assim que aumenta a polarização política país afora. Embora o estado tenha votado em Barack Obama e Hilary Clinton nas três últimas eleições presidenciais, foi terreno fértil de incubação para os líderes do movimento Tea Party [grupo mais conservador dentro do Partido Republicano que reivindica redução de gastos públicos e de impostos – N.T.] (cf. COLORADO STATE ELECTION RESULTS, 2017; NEW YORK TIMES, 2010). O estado como um todo tem uma forte e duradoura veia libertária que se inclina para o conservadorismo fiscal e o liberalismo social. De modo geral, o Colorado quer que seu governo faça duas coisas: manter os impostos baixos e a maconha legalmente liberada, independente de quem detém o poder, sejam democratas ou republicanos.

Daí, quando uma proposta para aumentar o orçamento escolar começou a borbulhar pelo estado em 2013, houve uma comoção. No outono daquele ano, o grande tema na cédula eleitoral do Colorado era uma proposta de aumentar o financiamento do sistema público de ensino do estado. A medida, conhecida como Emenda 66, alteraria o imposto de renda único de 4,6% no estado para um sistema em duas faixas. Os moradores que ganhassem 75 mil dólares ou menos por ano teriam um aumento de tributação para 5% da renda; para quem ganhasse mais de 75 mil dólares anuais, a carga seria de 5,9%.

Se a medida fosse aprovada, o aumento da arrecadação permitiria um maior financiamento das escolas em áreas rurais e urbanas de alto índice de pobreza, expandindo as opções pré-escolares, dando mais suporte para o aprendizado da língua inglesa por imigrantes, estendendo a duração do dia e do ano escolares e atualizando a tecnologia utilizada nas escolas (BROWN, 2013).

Independente das realidades orçamentárias, a medida enfrentou uma batalha renhida. Medidas semelhantes propostas em 2008 e em 2011 foram cabalmente derrotadas, revelando o caráter profundamente enraizado no Colorado de antitributarismo e contra o excesso de controles governamentais (HEALY, 2013). No início da década de 1990 o Colorado adotou uma Lei de Direitos dos Contribuintes que limitava os aumentos de impostos e a expansão do governo, determinando que todo superávit no orçamento deveria ser restituído aos contribuintes sob a forma de cheques de desconto. Medida que forneceu um modelo nacional para grupos conservadores e para restrição do poder governamental. E que infundiu no senso comum estadual uma visão do "cidadão como contribuinte", borrando os limites divisórios entre liberalismo e conservadorismo (Policy Basics: Taxpayer Bill of Rights. In: TABOR, 2015). Em 2013 não foi possível no estado convencer nem os conservadores nem os liberais a votar pela Emenda 66. Como disse ao *New York Times* uma estudante democrata da liberal Universidade do Colorado-Boulder, "senti uma certa culpa quando votei contra [a Emenda 66]". Confessou que a emenda lhe "tocava o coração", mas explicou: "Simplesmente não acredito que o dinheiro sempre resolva os problemas. Para mim é difícil dar um cheque em branco ao governo" (HEALY, 2013). Era como muitos se sentiam no Colorado.

Apesar da praga orçamentária que se abatia sobre as escolas, a proposta de aumentar as verbas para o ensino público foi derrotada por amplas margens em todo o Colorado. Fracassou na região de inclinação liberal de Telluride, que tinha votado pelo presidente

Obama no ano anterior e contra as tentativas da facção Tea Party de tomar o controle do Legislativo democrata do estado. Fracassou mesmo em áreas muito carentes de verbas onde a vitória da emenda teria aumentado o financiamento das escolas públicas. E, como era de esperar, fracassou nas áreas conservadoras. A disposição antitributária dos eleitores do Colorado revelou-se mais forte e duradoura que a recente guinada estadual a favor de políticos liberais em nível nacional.

Apesar da derrota, a Emenda 66 teve ainda assim consequências eleitorais em 2013. Como era a questão principal em uma eleição que no geral envolvia assuntos de apelo menor, os eleitores foram às urnas para patentear sua rejeição a novos impostos, dizendo "não" à emenda. Mas as disputas menos badaladas, como as eleições para o conselho de ensino, pagaram o pato. Três conservadores foram eleitos para o conselho escolar do condado. Embora a eleição de um conselho de ensino conservador significasse uma mudança de direção em Jeffco, era consistente com os ventos eleitorais que sopraram no estado como um todo. E congruente com a crescente estratégia conservadora de focar em eleições locais e municipais, no geral em áreas suburbanas fora do alcance das forças políticas urbanas.

Por exemplo, no vizinho Condado de Douglass, cheio de subúrbios ricos de Denver, reformistas conservadores assumiram o controle do conselho escolar em 2009. Em poucos anos, o conselho de ensino de Douglass produziu uma sequência cada vez mais comum: pôs à margem o sindicato dos professores, expandiu o sistema de provas e franquias escolares, adotou salários docentes com base no mercado e estimulou as escolas a competir para atrair alunos. Essas mudanças perturbaram pais e integrantes da comunidade, que tentaram eleger para o conselho de ensino candidatos favoráveis à educação pública e desbancar os conservadores. A possibilidade de perder o controle desse distrito modelar atraiu a atenção de grupos conservadores de atuação nacional, como o Americans for Prosperity, que doaram mais de 350 mil dólares à campanha para a eleição do conselho. Os conservadores foram então reeleitos em 2013 (SIMON, 2013).

Assim, com a energia conservadora despertada pela Emenda 66 em todo o estado e o exemplo do vizinho Condado de Douglass, não foi talvez surpresa que o conselho escolar de Jeffco passasse a domínio conservador. Os novos membros eleitos, Ken Witt, John Newkirk e Julie Williams, concorreram com uma plataforma conservadora e venceram a disputa com ampla margem percentual. Formou-se assim uma nova maioria no conselho e, com ela, havia a promessa de mudanças no distrito (COLORADO PUBLIC RADIO, 2013). Os novos eleitos tinham feito campanha em oposição à Emenda 66 e propondo ampliar as opções de escolas alugadas, além de um modelo salarial para os professores de acordo com o desempenho. Em outras palavras, o novo conselho de ensino do Condado de Jefferson queria esquemas parecidos com os de Douglass.

Mas a mudança na direção do conselho escolar não afinava com muitos professores e integrantes da comunidade de Jefferson. Dois dias após a eleição, a superintendente do condado, Cindy Stevenson, que desfrutava de grande apreço local, anunciou que iria aposentar-se no final do ano. Ela começara a trabalhar nas escolas de Jeffco como professora de ensino básico em 1971 e foi superintendente distrital por 12 anos. Conquistara o reconhecimento tanto no estado quanto em nível nacional por seu trabalho e era admirada e respeitada por inúmeros professores e funcionários (VACCARELLI, 2013), tanto que foi duas vezes aplaudida de pé pelos serviços prestados ao anunciar perante uma plateia a futura aposentadoria. Stevenson foi às lágrimas e agradeceu o apoio da comunidade. Sua decisão de retirar-se preocupou muitos professores, tristes por perder uma líder respeitada e perturbados com a nova direção a caminho. Um diretor de escola disse ao Denver Post que estava triste com a despedida de Stevenson, que fora importante mentora para ele. Estava também preocupado com a nova direção do conselho. "Preocupa-me qual será a verdadeira agenda dos seus novos integrantes" (TORRES, 2013). Embora muitos docentes se sentissem inseguros e cautelosos face à visão do novo conselho sobre o distrito escolar, estavam dispostos a manter uma mente aberta. Stevenson disse que utilizaria o tempo que lhe restava como superintendente de ensino ajudando a montar equipes de transição e colaborando com o trabalho dos novos gestores. A presidente do sindicato dos professores manifestou também abertura para trabalhar com a nova administração, apesar de preocupada. "Há muita apreensão com as mudanças que estão ocorrendo em Jeffco", disse ela. "Mas, como associação profissional, nossa posição é acreditar na colaboração" (VACCARELLI, 2013).

Com efeito, a cooperação caracterizou as relações entre o antigo conselho e o sindicato dos professores. A categoria suportou os cortes salariais com pouca retaliação durante os apertados ciclos orçamentários dos anos anteriores. E, embora o clima político e econômico geral no estado não valorizasse os professores, em Jeffco pelo menos eles desfrutavam de um sistema digno de colaboração. Não recebiam aumento desde 2010, mas trabalhavam intimamente com o conselho e com a superintendente Stevenson para desenvolver um novo modelo de compensação docente. As mudanças que se processavam no vizinho Condado de Douglass, porém, deixavam claro para os professores de Jefferson como as condições de trabalho podem ser facilmente alteradas. Quando o novo conselho de Jeffco foi eleito, em novembro, os professores mantiveram-se abertos mas ficaram apreensivos. Será que o novo conselho continuaria a trabalhar em colaboração com eles para desenvolver um programa de valorização docente e negociar um novo contrato coletivo ou seus interesses e preocupações seriam postos de lado à medida que o novo comando passasse a avançar em diretrizes próprias?

Não levou muito tempo para que tivessem uma clara resposta a essas perguntas. Apenas três meses após a eleição do novo conselho escolar, a superintendente anunciou numa reunião lotada que iria aposentar-se não no fim do ano, como previra, mas nas semanas seguintes. Voltou-se para a plateia e, com voz embargada, disse: "Os superintendentes têm que ser capazes de dirigir e administrar [...] e eu não posso fazer nem uma coisa nem outra, porque não desfruto da confiança e respeito deste conselho educacional [...]. Não posso tomar decisões, não consigo liderar nem levar o distrito adiante [...]. Estarei saindo antes do fim do mês". A multidão pôs-se de pé a ovacioná-la enquanto ela falava. Alguém gritou no fundo da sala: "Esse conselho é uma merda!" As pessoas de pé ao redor assentiram balançando a cabeça, como se o homem que gritou falasse por todos. Stevenson agradeceu à comunidade e reiterou seu compromisso com eles: "Quero que saibam como é importante para mim a sua presença aqui e como foram importantes para mim todos esses anos juntos". Depois do anúncio da decisão de Stevenson, uma integrante da minoria do conselho levantou-se e questionou a nova direção: "Quero saber", disse ela, "e vou ser bem clara: é sobre a maioria de três no conselho. Quero perguntar aos três membros do conselho como é que essa decisão pode ser boa para 85 mil crianças?" Dúzias de pessoas de pé na sala vibraram em apoio a essas palavras (TRANSPARENCY JEFFCO, 2014).

Os professores e a comunidade tinham perdido uma líder confiável, mas não perderam a voz. Nas semanas seguintes, um grupo de pais e moradores preocupados começou a divulgar a crescente divisão entre a direção majoritária do conselho e a vontade comunitária. No início de fevereiro, o distrito publicou os resultados de uma pesquisa comunitária indagando quais prioridades orçamentárias deveria ter o Condado de Jefferson. Disponibilizada pelo distrito escolar durante uma semana na internet, a pesquisa registrava 13 mil respostas, predominantemente de pais, mas também de professores e outros integrantes da comunidade de Jefferson. Eles responderam perguntas sobre prioridades orçamentárias, sobre quais programas e iniciativas tinham mais apoio comunitário. As respostas foram esmagadoramente, quase unanimemente, em prol de aumento salarial para os professores, redução do tamanho das turmas nas escolas primárias, manutenção dos currículos eletivos e financiamento de um pré-escolar integral (o dia inteiro) para famílias de baixa renda. Eram as iniciativas prioritárias para a comunidade, segundo a pesquisa. A que ela menos aprovava era a expansão das escolas opcionais e de aluguel (COMMUNITY OUTREACH SURVEY INFORMATION, 2014).

A unanimidade dos resultados mostrava a muitos integrantes da comunidade que eles não estavam isolados no interesse de construir uma sólida rede de ensino público em Jeffco. Mas seu temor era de que o conselho não levava a sério as preocupações e prioridades comunitárias. Começaram então a se organizar. Um pequeno grupo de pais e moradores criou uma organização sem fins lucrativos chamada "Apoie as Crianças de Jeffco" (SJK, sigla em inglês) para comunicar ao público o que acontecia no conselho escolar. Como descreveu um de seus membros, "a SJK surgiu de um forte voluntariado [...] que queria manter em constante comunicação os defensores do ensino público, sem ter que reconstruir a rede a cada ano quando precisamos entrar em ação. Reconhecemos que é difícil participar e permanecer informado com tantas reuniões, além das obrigações de pais e outras atividades cotidianas" ("Why 3A & 3B?", 2016). Segundo esses pais, eles tinham "aprendido a necessidade de permanecer envolvidos depois dos resultados da eleição de 2013, em que não muitos voluntários apareceram para ajudar". Começaram ativamente a bloguear, a escrever cartas para o conselho de ensino e a coordenar reuniões comunitárias para informar as pessoas o que estava acontecendo no distrito. À medida que o conselho passou a agir com menos transparência e compromisso democrático, o grupo tornou-se um organismo vital para as escolas públicas de Jefferson. Ele possibilitava o monitoramento das agendas de reuniões, investigava as táticas secretas do conselho e informava o público sobre os eventos que programava (KLEMAIER, 2014).

E não havia pouca coisa a cobrir. A portas fechadas, a maioria conservadora do conselho começara por contratar, em segredo e em caráter privado, um advogado especial. O que despertou estranheza por uma série de razões – para que o conselho precisava de um advogado próprio? Quanto isso custaria? E por que toda a negociação salarial era transcrita em registros públicos? Por que havia sido escolhido exatamente aquele advogado favorável às escolas de aluguel e por que os conselheiros do grupo minoritário não eram incluídos nas decisões sobre contratações? Uma das conselheiras da minoria assim relatou sua frustração: "Não havia processo aberto. Eu não conseguia ver um só *currriculum vitae*. Era impossível ver as referências dos candidatos" (CALDWELL, 2013). Depois de assegurar o advogado que queria, o grupo majoritário do conselho pressionou até contratar um superintendente do seu agrado, Dan McMinimee, que exercera o mesmo cargo no Condado de Douglass.

O novo conselho de Jeffco não foi capaz de garantir a contratação dos professores do distrito, mas providenciou um contrato de cinco anos para McMinimee, subvertendo os processos normais. Além disso, o salário inicial desse superintendente era de 280 mil dólares anuais, bem acima do que ganhava sua antecessora, embora detentora de prêmios nacionais, ocupante do cargo por mais de dez anos e com doutorado, qualificações que faltavam a McMinimee. Esse salário inicial tornava-o o mais bem remunerado funcionário do serviço educacional no estado (GARCIA, 2014a). Pais e professores ficaram preocupados com essa contratação secreta, o salário e as ligações do novo superintendente com o Condado de Douglass. Alguns pais fizeram circular um abaixo-assinado pedindo que fosse revista a nomeação de McMinimee. Dizia a petição: "[F]icou claro para nós que a busca do superintendente não se fez de modo a resultar numa escolha objetiva do melhor candidato para o cargo, de maneira justa, transparente e responsável. Na nossa opinião, o grupo majoritário do conselho colocou suas inclinações pessoais acima das necessidades do distrito e da comunidade" (CLARK, 2014). Mas essas preocupações não foram levadas em consideração. Nem as que se referiam ao passado de McMinimee como superintendente de outro conselho escolar, como convidado de um *talk-show* radiofônico de direita e as posições que assumira no distrito conservador de Douglass.

Era flagrante a contradição entre a contratação de McMinimee e as negociações que se faziam com os professores. Um membro da comunidade escreveu uma carta instando o conselho a adotar em relação aos altos administradores as mesmas disposições salariais por desempenho que eram adotadas com os professores. Dizia a carta:

> Como o Sr. McMinimee, o Sr. Witt, o Sr. Newkirk e a Sra. Williams [integrantes do grupo majoritário do conselho], todos eles, exaltaram a remuneração por desempenho, estou ansioso em ver a discussão e adoção do mesmo critério para o contrato do Sr. McMinimee a fim assegurar-lhe o pagamento por resultados. Ele deveria ter um salário-base anual de 200 mil dólares, com o restante do que lhe é oferecido sendo disponibilizado apenas em função das notas obtidas em prova pelos estudantes de todo o distrito, das avaliações de todos os professores e da avaliação do próprio trabalho dele. Se os estudantes de Jeffco atingirem as metas acadêmicas estabelecidas pelo conselho, se um número suficiente de professores de Jeffco tiver desempenho "Eficiente" ou de "Alta Eficiência" e se o próprio Sr. McMinimee for considerado de "Alta Eficiência", então ele deveria ser recompensado por sua gestão e suas realizações com incentivos financeiros. Não consigo imaginar um líder capaz de defender esse sistema de remuneração para os empregados que tem a função de comandar e que não abrace alegremente o mesmo sistema para si mesmo (MURPHY, 2014).

Enquanto as decisões do conselho para contratação do advogado e do novo superintendente eram tomadas às escondidas, os professores do distrito tentavam negociar um contrato coletivo de trabalho na primavera de 2014. Entre as questões discutidas estavam o tamanho das turmas – Jeffco enfrentava grave quadro de superlotação – e os critérios de avaliação dos professores, uma vez que o distrito havia cabalmente adotado a remuneração por desempenho. As negociações estavam lentas e improdutivas. O sindicato dos professores havia aceitado certas exigências do conselho, mas este se recusava a fazer um contrato coletivo. Por conseguinte, em abril o sindicato declarou um impasse nas negociações. Buscaram então um intermediário independente para tentar achar uma ponte que superasse o crescente abismo entre o conselho de ensino e o sindicato dos professores. Durante o verão, uma equipe de trabalho independente reviu os detalhes envolvidos para fazer um relatório que encontrasse uma saída, focando sobretudo na complicada definição dos critérios para a remuneração por desempenho dos docentes. Segundo o relatório, "o atual sistema de avaliação carece de validade e confiabilidade bastantes como base para a estipulação de salários". A equipe independente recomendou, então, suspender a recusa de aumentos dos professores com base no sistema em curso e que os dois lados esperassem até o ano seguinte para trabalhar "conjuntamente a fim de desenvolver um sistema de avaliação aprimorado para o ano letivo de 2014-2015" (SNIDER, 2014).

O conselho, porém, não aceitou a sugestão. Em reunião de 4 de setembro de 2014, o relatório independente foi rejeitado. A maioria conservadora venceu a votação por 3 x 2, decidindo não seguir a recomendação e aprovando em vez disso uma proposta desenvolvida unilateralmente por seu integrante conservador Witt sobre a definição salarial dos professores (GORSKI, 2014). O novo plano daria a alguns professores um aumento de 5%, a outros 2,4% e a um terceiro grupo 1%; pelo antigo sistema, todos teriam reajuste de 2,8%. Além disso, o plano de Witt não deixava claros os padrões de avaliação, que continuavam confusos (GARCIA, 2014b). A conselheira Jill Fellman, uma das duas dissidentes, manifestou sua preocupação com o fato de se aprovar um plano criado sem a participação dos professores. "Temos que deixar isso bem claro – esse é o seu plano, Sr. Witt", disse ela.

Não foi surpresa que os professores não ficassem satisfeitos com o novo plano. Na semana seguinte, no dia 9 de setembro, o conselho diretivo da Associação Educacional de Jeffco, o sindicato dos professores, deu um voto de desconfiança contra o conselho de ensino. Isso ocorreu numa reunião do conselho em que praticamente todas as escolas estavam representadas, com o voto baseando-se em pesquisas realizadas previamente no nível escolar. Como declarou à imprensa o presidente do sindicato, John Ford: "Os professores sempre colocam as crianças em primeiro lugar, mas é realmente difícil fazer isso se você tem no conselho de ensino um grupo majoritário e um presidente que continuam a colocar seus interesses acima daquele das crianças" (GARCIA, 2014c). O voto de desconfiança dos professores não teve sequência em medidas claras, mas formalizou a gravidade e unanimidade da frustração docente.

As coisas transbordaram na reunião seguinte do conselho escolar, passada uma semana. Poucos professores estavam presentes, pois muitos tinham começado a percorrer as casas da comunidade para comunicar aos moradores sua frustração com o conselho. Naquela noite de quinta, porém, o conselho concluiu as medidas distritais de pagamento por desempenho, revogando o esquema salarial anterior que recompensava os professores pelos anos de experiência e nível educacional.

Mais surpreendente talvez tenha sido, no entanto, o papel central que a política conservadora de "conhecimento oficial" passou a desempenhar (cf. APPLE, 2014). A conselheira conservadora Julie Williams propôs mudar o currículo do Programa Avançado de História dos Estados Unidos para valorizar aspectos mais "positivos" do patrimônio nacional pela eliminação de referências aos movimentos sociais do país. As mudanças visavam "promover a cidadania, o patriotismo, os fundamentos e benefícios do sistema de livre mercado, o respeito pela autoridade e pelos direitos individuais" e ao mesmo tempo minimizar o papel da "desordem civil, do conflito social e do desafio à lei" para desestimulá-los (CBS NEWS, 2014). Em documento distribuído à imprensa defendendo as mudanças propostas, Williams ridicularizava o Programa Avançado de História pela "ênfase em raça, gênero, classe e etnia, denegrindo a América com reclamações ao mesmo tempo que omitia os elementos estruturais e filosóficos mais básicos que há gerações são considerados essenciais para o entendimento da História Americana" (WILLIAMS, 2014). E redobrava sua proposta lembrando que mudanças semelhantes haviam ocorrido no Texas e afirmando que as três coisas mais importantes que devem saber os estudantes "formados numa escola americana" são: a excepcionalidade americana, a história dos Estados Unidos e a Constituição.

Na sexta-feira, 19 de setembro de 2014, um dia após a reunião do conselho de ensino, cerca de metade dos professores de duas escolas secundárias avisaram que estavam doentes, forçando as escolas a suspender as aulas nesse dia. Os alunos das duas escolas aderiram ao protesto, empunhando cartazes e entoando palavras de ordem como "minha escola é minha voz". Como disse um deles ao Denver Post: "Estamos apoiando os professores. Achamos que eles devem ganhar mais". Muitos pais, também, apoiaram essa e outras ações semelhantes dos professores, mostrando empatia pela frustração deles com o conselho de ensino e a falta de confiança da nova gestão nos profissionais docentes. Um pai disse que a suspensão das aulas "torna mais audível a contrariedade dos professores, levando mais gente a prestar atenção" (NICHOLSON & GORSKI, 2014).

E os estudantes passaram igualmente a se fazer ouvir. Estavam preocupados não apenas com o tratamento dado aos professores, mas também com as mudanças curriculares propostas. Fizeram uma mobilização pelo Facebook para organizar reuniões no fim de semana, e no domingo à noite tinham montado um plano. Na manhã de segunda, centenas de manifestantes se reuniram do lado de fora de duas escolas secundárias, levando cartazes com dizeres do tipo: "Nada é mais patriótico que protestar", "As pessoas não morreram para serem esquecidas", "Minha educação não é o seu programa político", "Tenho 99 problemas e todos se resumem ao Conselho de Ensino". Nos dois dias seguintes, alunos de escolas secundárias em todo o distrito juntaram-se aos protestos e passeatas.

Pais e professores apoiaram e incentivaram as manifestações estudantis, apesar das críticas do novo superintendente e de grupos conservadores contrários aos protestos e que acusaram o sindicato docente de usar os estudantes como "adereços de cena". Disse ao *Washington Post* o pai de um aluno secundarista participante das manifestações: "Estou muito orgulhoso e acho que é uma coisa positiva os jovens assumirem compromisso com a comunidade e mostrarem um forte sentimento pela educação e os seus professores" (STRAUSS, 2014). Com a energia gerada pelos estudantes, professores e pais engajados, o resto da comunidade logo se mobilizou para a ação. Em poucas semanas, uma petição com milhares de assinaturas reivindicava uma nova eleição para o conselho distrital de ensino, um *recall* contra os conservadores.

Mas o apoio militante de pais, professores e a comunidade não era garantia suficiente de que os conservadores seriam afastados com o *recall*. Na verdade, o apoio comunitário desencadeou uma reação oposta: instigou nacionalmente grupos conservadores como o Americans for Prosperity a defender de novo os conselheiros de direita. Para que a maioria conservadora não perdesse o terreno conquistado no conselho escolar, a organização nacional despejou centenas de milhares de dólares na campanha local de *recall*. Agitadores de campo foram contratados, anúncios foram comprados na TV e panfletos foram distribuídos. Como declarou francamente o diretor estadual da Americans for Prosperity no Colorado: "Nós defendemos a competição. E na educação não é diferente [...]. A competição realmente eleva a qualidade da educação [...]. As melhores soluções são através dos princípios do livre mercado" (ROBLES, 2015). Mas, apesar da campanha de financiamento pesado para proteger o conselho conservador, a Americans for Prosperity não teve sucesso. Em novembro de 2015, a população de Jeffco votou para tirar do conselho todos os três integrantes conservadores. Enquanto em Kenosha, no Wisconsin, os candidatos da Americans for Prosperity venceram a eleição, no Condado de Jefferson, no Colorado, eles perderam. O que explica os resultados diferentes?

Jeffco versus *Kenosha*

As diferenças entre as lutas de Kenosha e Jeffco oferecem três lições básicas. *Primeira: o objetivo da luta é importante.* As forças conservadoras em Jeffco ampliaram sua agenda para questões-chave da política educacional, como o contrato coletivo dos professores e as propostas de opção escolar, além do próprio conteúdo do ensino – o conhecimento, os valores e as histórias lecionados nas escolas. Esse reconhecimento dos conflitos culturais em jogo na política educacional indicava um envolvimento mais profundo daquelas forças em uma reforma ideológica. Restringindo abertamente o currículo a narrativas supostamente "patrióticas" e excluindo histórias de protestos e injustiça, a maioria conservadora do conselho escolar tentava exercer o poder para criar uma dominação ideológica (cf. APPLE, 2014). Mas, apesar da tentativa do conselho escolar de controlar as narrativas sociais de sentido, escapava-lhe um componente essencial da formação ideológica: o sentido não é algo objetivo ou intrínseco. O sentido ou significado não pode ser imposto, não pode ser ditado pela maioria do conselho de ensino ou qualquer outra organização, não importa o financiamento de campanha. O sentido ou significado é continuamente construído, contestado, correcriado e determinado pelo ambiente social. No caso de Jeffco, as reações estudantis às mudanças curriculares foram muito significativas. Discordâncias sobre o que lhes deveria ser ensinado e parecia culturalmente relevante a eles e aos pais acabaram por galvanizá-los à ação. Os estudantes foram chamados a participar da batalha de Jeffco pelas escolas públicas porque queriam proteger as tradições de protestos e movimentos sociais que estão no coração do projeto democrático dos Estados Unidos (cf. FONER, 1998).

Isso tem importantes implicações para a análise de quais lutas podem gerar transformações progressistas. Como nos lembra Nancy Fraser, são cruciais uma política de reconhecimento e uma política de redistribuição (APPLE, 2013; FRASER, 1997). Em Kenosha, por outro lado, a luta pelas escolas públicas foi empreendida em função de direitos redistributivos e representativos em primeiro lugar – por exemplo, os direitos sindicais dos professores – e colocou em posição secundária questões de reconhecimento como a justiça racial. Além disso, à medida que a luta pelo ensino público em Jeffco se ampliou para incluir tanto questões culturais quanto a preocupação com o financiamento escolar e os direitos dos professores, a coalisão de forças que trabalhavam em oposição aos interesses populares também passou a se ocupar dessas mesmas questões.

Isso marca a segunda diferença entre Kenosha e Jeffco: *de que maneira as lutas congregam e são coerentes – ou não – também importa.* Em Jeffco, professores, pais e alunos encontraram *todos* um terreno comum unindo as suas preocupações e utilizaram isso como base para a mobilização. Eles viam unidade em múltiplas frentes. As condições de trabalho dos professores tornaram-se igualmente preocupação dos pais e dos alunos, enquanto os professores se preocupavam com o justo financiamento de programas como o pré-escolar integral. As ligações mútuas eram a base da organização geral (cf. APPLE, 2013). Passo a passo, os três grupos foram construindo ações suficientes para desenvolver não apenas a sua análise política mas também o seu poder. Essa coalisão mobilizada teve apoio e poder popular suficiente para reverter com sucesso a eleição dos candidatos conservadores.

Em Kenosha, porém, os progressistas não foram capazes de mobilizar uma ampla coalisão de base contra as mudanças de direita na educação pública. Em vez disso, ali os conservadores conseguiram alinhavar programas aparentemente díspares em um programa político unificado. Enquanto os progressistas de Jeffco foram capazes de formar uma aliança ampla atacando múltiplas facetas das iminentes reformas conservadoras, em Kenosha foram os conservadores que fizeram essa aliança. O conselho de ensino de Kenosha tornou-se um lugar em que a direita fazia íntima ligação da opção escolar com os argumentos antissindicais. Devido à capacidade do conselho de ensino local de articular prioridades políticas, ele tornou-se atraente tanto para os que propunham a escola opcional quanto para os que se opunham aos sindicatos de professores.

Por fim, importa ainda *como* lutamos. Em Jeffco, integrantes da comunidade, professores e estudantes desenvolveram um modelo mais atuante de mobilização. Promoveram uma série de ações, a começar por algumas com pouca coisa em jogo, passando a outras com apostas maiores que permitiam ampla margem de participação, desenvolvendo então níveis crescentes de engajamento. Escreveram cartas, compareceram em massa a reuniões do conselho de ensino, percorreram casas, circularam petições. Promoveram um voto de desconfiança. Protestaram. Coordenaram a suspensão em massa das aulas, alegando doença. Fizeram passeatas fora das escolas. Eventualmente, membros da comunidade em Jeffco puderam evitar participar, mecanismo extremo para transferir poder de minorias de elite para maiorias (McALEVEY, 2016). Como Gramsci percebeu muito bem, hegemonia requer consentimento; bater em retirada, portanto, pode ser um meio fundamental para forças não dominantes construírem poder (GRAMSCI, 1971; HIRSCHMAN, 1970). Desenvolver uma série de ações diretas escalonadas revelou-se uma estratégia vital para o sucesso comunitário em Jeffco.

Em Kenosha, ao contrário, praticamente não houve organização comunitária ou docente. Em vez disso, o conselho de ensino assumiu a tarefa de proteger os professores; os próprios professores tinham pouca infraestrutura para organizar a si mesmos, quanto mais para se unirem à comunidade ou aos estudantes. Os membros do conselho de ensino tornaram-se os únicos *defensores* da educação pública, em vez de o ensino público ser *organizado* pelos professores e integrantes da comunidade. Em última análise, isso enfraqueceu em Kenosha as forças favoráveis ao ensino público, fragilizando-as mais face ao interesse corporativo e um Estado antagônico à educação pública e aos direitos dos trabalhadores. Além do mais, em Kenosha, nem os estudantes, nem os pais, nem os professores se engajaram em ações diretas. Ao contrário, a luta entre as visões conservadora e progressista de educação ocorria através da organização eleitoral ou de escaramuças entre elites institucionais nas reuniões do conselho ou em tribunais. Isso restringiu a capacidade de participação, engajamento e deliberação dos professores, dos estudantes e da comunidade. Por conseguinte, os defensores da escola pública em Kenosha não desenvolveram o poder do diálogo necessário para a transformação democrática (OFFE & WIESENTHAL, 1980).

As diferenças entre os dois modelos de luta – um mais passivo e conduzido por defensores externos situados de certa forma acima dos termos da luta, outro mais ativo e conduzido por membros da comunidade inseridos na luta – têm profundas implicações. Não apenas Jeffco produziu melhores resultados políticos como as mudanças a longo prazo são bem diferentes no modo ativo de luta em comparação ao modo passivo. Os estudiosos de movimentos sociais dizem que seus impactos mais significativos muitas vezes não estão em mudanças na política ou programas sociais, mas nas consequências pessoais para os ativistas. Quando se engajam em redes de mobilização, as pessoas passam a ter disposição, recursos estruturais e habilidades para participar em outros movimentos ativistas (p. ex., McADAM,

1989). A organização e participação em uma série de manifestações efetivas criou identidades de ativismo nos estudantes secundaristas de Jeffco, o que pode exercer um impacto de décadas sobre eles. Já em Kenosha, ao contrário, nem os estudantes nem pais ou membros da comunidade fizeram um trabalho ativo de organização e, portanto, tiveram menos oportunidades de passar por mudanças subjetivas em seu senso do eu em função de sua participação.

O que se pode aprender?

A história em Jeffco não terminou, porém, com o *recall* dos conservadores do conselho de ensino. Após a eleição, muitos dos problemas básicos das escolas públicas do condado continuaram. As escolas de segundo grau permaneciam superlotadas. Os professores continuaram mal pagos. A infraestrutura e a tecnologia ainda estavam defasadas. Resolver esses problemas exigia não apenas comando, mas também recursos e vontade política. O novo conselho eleito no *recall* precisava de mais verbas para criar uma escola, mas só podia levantar fundos adicionais se os eleitores de todo o estado concordassem com um aumento de impostos. A mesma lei que impedia aumentos tributários e que levara os cidadãos às urnas para eleger o conselho de maioria conservadora também impedia os conselheiros recém-eleitos no *recall* de promover as mudanças necessárias ao fortalecimento do ensino público. Em 2016, sob um novo conselho de ensino, os eleitores do Colorado rejeitaram mais uma vez propostas de aumento de impostos para financiar as escolas públicas.

Os detalhes dessa campanha ultrapassam o escopo deste capítulo, mas lançam luz sobre um importante dilema na luta por uma educação pública mais democrática. Membros da comunidade, professores e pais preocupados com o ensino público têm que passar das mobilizações a curto prazo em torno de objetivos específicos para o trabalho mais fundo e a longo prazo para construção de um movimento que defenda não apenas a educação pública, mas um sólido estado democrático. Embora uma clara compreensão daquilo contra o que lutamos forneça muitas vezes um importante material para mobilizações, isso não substitui a construção de uma visão progressista nem, muito menos, as estratégias para chegar lá. As estratégias eleitorais podem também constituir parte importante desse trabalho, mas não podem sozinhas fazer as vezes do insubstituível domínio da luta. Em vez disso, como demonstraram os estudantes de Jeffco, as lutas têm que unir-se às correntes mais profundas dos programas sociais, culturais e econômicos.

As lutas em torno das eleições para os conselhos escolares de Kenosha, no Wisconsin, e do Condado de Jefferson, no Colorado, permitem percepções mais amplas dos movimentos sociais. O triunfo dos conservadores em Kenosha e seu fracasso em Jeffco ensinam três lições-chave sobre as estratégias dos movimentos direitistas. Primeiro, esses casos ilustram o crescente envolvimento da direita nos pequenos espaços políticos e a persistência política necessária para tomar o controle desses espaços. Como mostram os dois casos, a direita teve êxito na ocupação de microespaços políticos movendo ações judiciais contra conselhos liberais de ensino, concorrendo ao controle desses conselhos com candidatos próprios e disponibilizando grandes somas para financiá-los. Segundo, os movimentos conservadores fornecem identidades que propiciam formas atraentes de atuação para muitas pessoas. Por exemplo, como "contribuintes", os indivíduos são capazes de se posicionar como tendo direito a benefícios públicos e autoridade para ditar os termos desses benefícios. Por fim, movimentos eficazes combinam múltiplos elementos ideológicos para criar um movimento mais unificado. Em Kenosha, a direita fez esse trabalho costurando os esforços de mobilizações contrárias a negociações coletivas com programas favoráveis a avaliações escolares. Em Jeffco, foram os progressistas que fizeram isso, unindo estudantes a pais e professores contra as mudanças curriculares, os planos escolares opcionais e o pagamento por desempenho dos docentes.

O triunfo contra as alianças conservadoras em Jeffco fornece importantes lições para aqueles que têm um compromisso com uma educação democrática crítica para todas as nossas crianças. À medida que as crises econômicas afetam diretamente a Educação, os acordos democráticos sobre o ensino público enfrentam nova ameaça. Na década transcorrida desde a recessão econômica de 2008, líderes conservadores vêm apontando o declínio dos recursos públicos como justificativa para a contínua demolição de pilares-chave da democracia, como os direitos trabalhistas dos professores, a gestão democrática dos conselhos de ensino e currículos escolares socialmente justos. Mas tais tentativas de estabelecer um senso comum conservador não se dão sem resistência, como vimos em Jeffco e Kenosha. A resistência a esses movimentos conservadores é parte crucial da "guerra de posições".

Os defensores das instituições democráticas têm que entender a extrema vulnerabilidade de coisas que muitas vezes damos como garantidas – por exemplo, o controle democrático local através dos conselhos de ensino. Mas temos que fazer mais do que simplesmente defender esses espaços. Como nos mostraram os professores e estudantes de Jeffco, temos que continuar a longa infindável luta para construir uma educação que não nos divida por classes e raças (cf. APPLE, 2013), que seja igualmente respeitosa dos professores que hoje trabalham tão duro em condições tão inseguras em nossas escolas públicas e que apresente histórias de lutas sociais. Mais que defender, temos que construir, construir juntos e reconstruir as escolas como espaços plenos de sentido. Temos que ligar nossas mobilizações pelo ensino público a movimentos pela transformação estrutural a longo prazo das condições sociodemocráticas mais amplas. É um trabalho que começa mais perto da gente do que supomos: nos nossos conselhos escolares, não importa de que tamanho sejam.

Referências

ALTHUSSER, L. (1971). Ideology and ideological state apparatuses (Notes towards an investigation). In: *Lenin and Philosophy and Other Essays*. Nova York: Monthly Review Press, p. 127-186.

ANDERSON, G. & DONCHIK, L.M. (2016). Privatizing schooling and policy making: The American Legislative Exchange Council and new political and discursive strategies of education governance. *Educational Policy*, p. 1-43 [Disponível em http://doi.org/10.1177/0895904804270777].

APPLE, M.W. (2014). *Official Knowledge*. 3. ed. Nova York: Routledge.

_____ (2013). *Can Education Change Society?* Nova York: Routledge.

_____ (2012). *Education and Power*. 2. ed. Nova York: Routledge.

_____ (2006). *Educating the "Right" Way* – Markets, Standards, God and Inequality. 2. ed. Nova York: Routledge.

APPLE, M.W. & OLIVER, A. (1996). Becoming right: Education and the formation of conservative movements. In: *Teachers College Record*, 97 (3), p. 419-445.

BALL, S. (2007). *Education plc* – Understanding Private Sector Participation in Public Sector Education. Nova York: Routledge.

BALL, S. & JUNEMANN, C. (2012). *Networks, New Governance and Education*. Bristol: Policy Press.

BEEBEE, T. (2013). Kenosha school board unanimous in opposition to private school vouchers. In: *Education in the News* [Disponível em http://wisconsinsfuture.org/kenosha-school-board-unanimous-in-opposition-to-private-school-vouchers/ – Acesso em 19/05/2015].

BRIGHOUSE, H. & SCHOUTEN, G. (2014). To charter or not to charter: What questions should we ask, and what will the answers tell us? In: *Harvard Educational Review*, 84 (3), p. 341-365 [Disponível em http://heph.org/herhome/issues/harvard-educational-review-volume-84-number-3/herarticle/to-charter-or-not-to-charter].

BROWN, T.H. (2013). Colorado voters rally for a flat tax, reject Amendment 66. In: *Forbes.com* (15-nov.) [Disponível em www.forbes.com/sites/travisbrown/2013/11/15/colorado-voters-rally-for-a-flat-tax-reject-amendment-66/#255980d67aa3].

BROWN, W. (2015). *Undoing the Demos* – Neoliberalism's Stealth Revolution. Nova York: MIT Press.

BURCH, P.E. (2006). The new educational privatization: Educational contracting and high stakes accountability. In: *Teachers College Record*, 108 (12), p. 2.582-2.610 [Disponível em http://doi,org/10.1111/j.1467-9620.2006.00797.x].

CALDWELL, A. (2013). Jeffco school board didn't take long to raise eyebrows. In: *Denver Post* (16-dez.) [Disponível em www.denverpost.com/2013/12/16/caldwell-jeffco-school-board-didnt-take-long-to-raise-eyebrows/].

CBS DENVER (26/08/2015). In "Purple District," *Jeffco school board recall could have big influence* [Disponível em http://denver.cbslocal.com/2015/08/26/jeffco-school-board-recall-could-influence-other-districts-stakes-so-high/].

CBS NEWS (24/10/2014). *High schoolers protest conservative proposal* [Disponível em www.cbsnews.com/news/colorado-high-schoolers-protest-conservative-proposal/].

CHANNEL 3000 (22/02/2013). *Board opposed to private school voucher proposal.* Madison [Disponível em http://www.channel3000.com/news/Board-opposed-to-private-school-voucher-proposal/-/1648/19046792/-/100trmd/-/index.html – Acesso em 30/06/2015].

CLARK, M. (2014). Petition for Jeffco BoE to reconsider McMinimee. In: *Change.org* [Disponível em www.change.org/p/the-jefferson-county-board-of-education-colorado-we-want-the-jeffco-boe-to-reconsider-the-announcement-of-daniel-mcminimee-as-the-sole-superintendent-finalist-we-request-that-the-board-reexamine-the-candidate-pool-and-announce-3–4-new-finalists-2].

CLARKE, J. & NEWMAN, J. (1997). *The Managerial State*. Londres: Sage Publications.

CLEGG, R.; KULAS, O.M.A.; PROFFITT, E.; SHIDAKER, S.; TUNEBERG, J. & VAN HOOZER, S. (2013). *A Curriculum Audit of Kenosha Unified School District*. Bloomington, IN: International Curriculum Management Audit Center/Phi Delta Kappa International.

COLORADO STATE ELECTION RESULTS (2013) [Disponível em www.270towin.com/states/Colorado].

COLORADO PUBLIC RADIO (19/11/2013). *Emenda 66* – Crucial school overhaul or pricey tax hike [Disponível em www.cpr.org/news/audio/amendment-66-crucial-school-overhaul-or-pricey-tax-hike].

COMMUNITY OUTREACH SURVEY INFORMATION (2014) [Disponível em www.jeffcopublicschools.org/communi-ty/documents/02132014_CommunitySurveyResults.pdf].

CRAMER, K. (2016). *The Politics of Resentment* – Rural Consciousness and the Rise of Scott Walker. Chicago: University of Chicago Press.

DR. STEVENSON FORCED OUT. (08/02/2014). *Transparency Jeffco* [Disponível em www.youtube.com/watch?v=zS3OytSHb1Y&t=337s].

DUHIGG, C. & DOUGHERTY, C. (2008). From Midwest to M.T.A., Pain From Global Gamble. In: *The New York Times* (02-nov.), p. A1. Nova York [Disponível em http://www.nytimes.com/2008/11/02/business/02global.html?pagewanted=all&_r=0].

DUMENIL, G. & LEVY, D. (2005). The neoliberal (counter)-revolution. In: SAAD-FILHO, A. & JOHNSTON, D. (eds.). *Neoliberalism* – A Critical Reader. Londres: Pluto Press.

FERGUSON, T.; JORGENSEN, P. & CHEN, J. (2015). How money drives US congressional elections: More evidence. In: *Institute for New Economic Thinking*. Paris, p. 1.689-1.699 [Disponível em www.ineteconomics.org/uploads/papers/WP_48_Ferguson_et_al.pdf].

FLORES, T. (2013). Transformation plan comes under fire at unified forum. In: *Kenosha News* (20-mar.).

_____ (2012). KEA leader: Teacher morale falls as class sizes rise. In: *Kenosha News* (20-set.) [Disponível em www.kenoshanews.com/news/kea_leader_teacher_morale_falls_as_class_sizes_rise_440076013.html – Acesso em 19/06/2015].

_____ (2011a). Unified layoffs affect nearly every school. In: Kenosha News (28-abr.) [Disponível em www.kenoshanews.com/home/unified_layoffs_affect_nearly_every_school_136429303.html – Acesso em 19/06/2015].

_____ (2011b). SEC charges Stifel with fraud. In: *Kenosha News* (10-ago.) [Disponível em http://www.kenoshanews.com/home/sec_charges_stifel_with_fraud_207348082.html – Acesso em 19/06/2015].

FONER, E. (1998). *The Story of American Freedom*. Nova York: Norton.

FRASER, N. (2015). Legitimation crisis? On the political contradictions of financialized capitalism. In: *Critical Historical Studies 2* (outono), p. 157-189 [Disponível em http://doi.org/10.1086//683054].

_____ (1997). *Justice Interruptus* – Critical Reflections on the "Postsocialist" Condition. Nova York: Routledge.

GARCIA, N. (2014). In split vote, Jeffco board hires new superintendent. In: *Chalkbeat Colorado* (27-mai.) [Disponível em www.chalkbeat.org/posts/co/2014/05/27/jeffco-board-expected-to-hire-new-superintendent-dan-mcminimee-tonight/].

GARCIA, N. (2014a). Jeffco board majority OKs tentative compensation plan for teachers. In: *Chalkbeat Colorado* (04-set.) [Disponível em www.chalkbeat.org/posts/co/2014/09/04/jeffco-board-majority-oks-tentative-compensation-plan-for-teachers/].

_____ (2014b). Jeffco union votes no confidence in board chair Ken Witt. In: *Denver Post* (10-set.) [Disponível em www.chalkbeat.org/posts/co/2014/09/10/jeffco-board-votes-no-confidence-in-board-chair-ken-witt/].

GORSKI, E. (2014c). Jeffco board restricts pay raises for "partially effective" teachers. In: *Denver Post* (28-ago.) [Disponível em www.denverpost.com/2014/08/28/jeffco-board-restricts-pay-raises-for-partially-effective-teachers/].

GRAMSCI, A. (1971). *Selections from the Prison Notebooks of Antonio Gramsci*. Nova York: International Publishers.

GRUSKY, D.B. (2011). *The Great Recession*. Nova York: Russell Sage Foundation.

HACKER, J.S. & PIERSON, P. (2010). Winner-take-all politics: Public policy, political organization, and the precipitous rise of top incomes in the United States. In: *Politics & Society*, 38 (2), p. 152-204 [Disponível em http://doi.org/10.1177/0032329210365042].

HALLOW, L. (2011). "We need to be optimistic": Unified superintendent encourages parents, teachers to stay positive. In: *Kenosha News* (29-ago.) [Disponível em www.kenoshanews.com/home/we_need_to_be_optimistic_221238606.html].

HEALY, J. (2013). Defeat of school tax stings Colorado Democrats. In: *The New York Times* (06-nov.) [Disponível em http://www.nytimes.com/2013/11/07/us/politics/loss-on-school-tax-stings-colorado-democrats.html].

HIRSCHMAN, A.O. (1970). *Exit, Voice, and Loyalty* – Responses to Decline in Firms, Organizations, and States. Cambridge, MA: Harvard University Press.

KLEMAIER, J. (2014). Group aims to inform Jefferson County residents about school board. In: *Denver Post* (17-fev.) [Disponível em www.denverpost.com/2014/02/17/group-aims-to-inform-jefferson-county-residents-about-school-board/].

LACROIX, K. (2013). Association offers fresh start for Wisconsin teachers. In: *Milwaukee Journal Sentinel* (02-set.) [Disponível em www.jsonline.com/news/opinion/association-offers-fresh-start-for-wisconsin-teachers-b9985309z1-221866951.html – Acesso em 11/03/2015].

LIPMAN, P. (2011). *The New Political Economy of Urban Education* – Neoliberalism, Race and the Right to the City. Nova York: Routledge.

McADAM, D. (1989). The biographical consequence of activism. In: *American Sociological Review*, 54 (5), p. 744-760.

McALEVEY, J. (2016). *No Shortcuts* – Organizing for Power in the New Gilded Age. Nova York: Oxford University Press.

McDARRISON, K. (2013). *Sign of the times* – Protest at Kenosha Unified School District, continued [Disponível em http://wisconsinhappyfarm.com/sign-of-the-times-protest-at-kenosha-unified-school-district-continued/ – Acesso em 11/03/2015].

McNALLY, D. (2011). *Global Slump* – The Economics and Politics of Crisis & Resistance. Oakland, CA: PM Press.

MAYER, J. (2016). *Dark Money* – The Hidden History of the Billionaires Behind the Rise of the Radical Right. Nova York: Doubleday.

MURPHY, E. (2014). No responses and superintendent comments. In: *Support Jeffco Kids* [Disponível em www.supportjeffcokids.org/2014/05/page/5/].

MURPHY, K. (2011). Kenosha teacher backs governor in fight over collective bargaining. In: *Kenosha News* (12-jul.) [Disponível em www.kenoshanews.com/home/kenosha_teacher_backs_governor_in_fight_over_collective_bargaining_178420122.html – Acesso em 19/06/2015].

NICHOLS, J. (2012). *Uprising* – How Wisconsin Renewed the Politics of Protest, from Madison to Wall Street. Nova York: Nation Books.

NICHOLSON, K. & GORSKI, E. (2014). Two Jeffco high schools close Friday after teachers are absent. In: *The Denver Post* (19-set.) [Disponível em www.denverpost.com/2014/09/19/two-jeffco-high-schools-close-friday-after-teachers-are-absent/].

OFFE, C. & WIESENTHAL, H. (1980). Two logics of collective action: Theoretical notes on social class and organizational form. In: ZEITLIN, M. (ed.). *Political Power and Social Theory*. Bingley, Reino Unido: JAI Press, p. 67-116.

OLSON, M. (2011). Wirch recall group has received nearly $ 11.000. In: *Kenosha News* (30-mar.) [Disponível em www.kenoshanews.com/home/wirch_recall_group_has_received_nearly_11000_118415117.html – Acesso em 12/05/2015].

TABOR (2015). *Policy Basics* – Taxpayer Bill of Rights [Disponível em www.cbpp.org/research/state-budget-and-tax/policy-basics-taxpayer-bill-of-rights-tabor].

PRASAD, M. (2012). *The Land of Too Much* – American Abundance and the Paradox of Poverty. Cambridge, MA: Harvard University Press.

RAVITCH, D. (2013). Meet the Broad Superintendents [Disponível em http://dianeravitch.net/2013/08/15/meet-the-broad-superintendents – Acesso em 15/05/2015].

RECKHOW, S.; HENIG, J.R.; JACOBSEN, R. & LITT, J.A. (2016). "Outsiders with deep pockets": The nationalization of local school board elections. In: *Urban Affairs Review*, 5 (53), p. 1-29 [Disponível em http://doi.org/10.1177/1078087416663004].

RECKHOW, S. & SYNDER, J.W. (2014). The expanding role of philanthropy in education politics. In: *Educational Researcher*, 43 (4), p. 186-195 [Disponível em http://doi.org/10.3102/0013189X14536607].

ROBLES, Y. (2015). Americans for Prosperity group plans to stay in Jeffco. In: The Denver Post (29-out.) [Disponível em http://blog.denverpost.com/coloradoclassroom/2013/10/29/americans-for-prosperity-group-plans-to-stay-in-jeffco/5440/].

SALTMAN, K.J. (2009). The rise of venture philanthropy and the ongoing neoliberal assault on public education: The Eli and Edythe Broad Foundation. In: *Workplace* – A Journal for Academic Labor, 16, p. 53-72.

_____ (2007). Corporatization and the control of schools. In: APPLE, M.W.; AU, W. & GANDIN, L.A. (eds.). *The Routledge International Handbook of Critical Education*. Nova York: Routledge, p. 51-63.

SCHIRMER, E. & APPLE, M.W. (2016a). Capital, power, and education: 'Dark Money' and the politics of common-sense. In: *Education Review*, 23, p. 1-13.

_____ (2016b). Teachers, school boards, and the power of money: How the right wins at the local level. In: *The Educational Forum*, 80 (2), p. 137-153 [Disponível em http://doi.org/10.1080/00131725.2016.1135384].

SCOTT, J. (2009). The politics of venture philanthropy in charter school policy and advocacy. In: *Educational Policy*, 23 (1), p. 106-136 [Disponível em http://epx.sagepub..com/content/23/1/106.short].

SCOTT, J. & JABBAR, H. (2014). The hub and the spokes: Foundations, intermediary organizations, incentivist reforms, and the politics of research evidence. In: *Educational Policy*, 28 (2), p. 233-257 [Disponível em http://doi.org/10.1177/0895904813515327].

SIMON, S. (2013). Koch *vs.* unions in schools race. In: Politico (02-nov.) [Disponível em www.politico.com/story/2013/11/koch-group-unions-battle-over-colorado-schools-race-099252].

SKOCPOL, T. & HERTEL-FERNANDEZ, A. (2016). The Koch network and Republican Party extremism. In: *American Political Science Association*, 14 (3), p. 681-699 [Disponível em http://doi.org/10.1017/S1537592716001122].

SMITH, D. (2014). Proposed charter bill worries Kenosha Unified principals. In: *Kenosha News*, 10/01.

SNIDER, M.A. (2014). *Report and Recommendations of the Fact Finder between Jefferson Country Public Schools and Jefferson Country Education Association* [Disponível em http://www.jeffcopublicschools.org/human_resources/negociations/Jeffco_fact_finding_report.pdf – Acesso em 23/03/2017].

STEINKRAUS, D. (2011). Angry volunteers rally at Wirch recall drive. In: *The Journal Times* (26-fev.) [Disponível em http://journaltimes.com/news/local/angry-volunteers-rally-at-wirch-recall-drive/article_6d6a3a8e-4231-11e0-a7df-001cc4c03286.html].

STRAUS, V. (2014). Colorado student protest leader: 'I'm learning how people need to act to make a democracy function'. In: *The Washington Post* (02-out.).

STREECK, W. (2017). The return of the repressed. In: *New Left Review*, 104, p 5-18 [Disponível em https://newleftreview.org/II/104/wolfgang-streeck-the-return-of-the-repressed].

_____ (2014). *Buying Time* – The Delayed Crisis of Democratic Capitalism. Nova York: Verso.

_____ (2011). The crises of democratic capitalism. In: *New Left Review*, 71, p. 5-29 [Disponível em https://newleftreview.org/II/71/wolfgang-streeck-the-crises-of-democratic-capitalism].

THE NEW YORK TIMES (26/10/2010). *Tea Party fatigue in Colorado* [Disponível em www.nytimes.com/roomfordebate/2010/10/26/tea-party-fatigue-in-colorado].

TORRES, Z. (2013). Election brings new direction for Jefferson County schools. In: *The Denver Post* (19-nov.) [Disponível em http://www.denverpost.com/2013/11/19/election-brings-new-direction-for-Jefferson-county-schools/].

VACCARELLI, J. (2013). Jefferson County Schools chief Cindy Stevenson to retire after school year. In: *Denver Post* (07-nov.) [Disponível em www.denverpost.com/2013/11/07/Jefferson-county-schools-chief-cindy-stevenson-to-retire-after-school-year/].

"WHY 3A & 3B?" (2016). *Support Jeffco Kids* [Disponível em www.supportjeffcokids.org/2016/09/page/2/].

WILLIAMS, J. (2014). Press Release for AP US History. In: *Support Jeffco Kids* [Disponível em www.supportjeffcokids.org].

WISPOLITICS.COM (2015). *Former teacher* – I know my own worth [Disponível em http://quorumcall.wispolitics.com/2015/02/former-teacher-i-know-my-own-worth.html – Acesso em 20/05/2015].

4

Como a "democracia" pode levar à desigualdade

Relações de classe e a realidade da reforma educacional

Shuning Liu e Michael W. Apple

Introdução

No cerne da argumentação deste livro está o fato de que democracia é não apenas o que Raymond Williams chamaria de "palavra-chave" dos debates sobre que tipo de sociedade deveríamos lutar para construir (WILLIAMS, 2014), mas também um significante escorregadio. É um conceito contestado. Tem múltiplos significados e é usada para legitimar visões bem diferentes sobre como deveriam funcionar nossas instituições e qual deveria ser a participação dos grupos e indivíduos.

Isso é especialmente importante hoje. Estamos vivendo em uma época que tem sido chamada a era da "modernização conservadora" (APPLE, 2001; DALE, 1989), em que o sentido "denso" de democracia, baseada na plena cidadania participativa, está sendo substituído pelo de "democracia magra", a dos mercados e práticas de consumo (APPLE, 2014, 2006; APPLE et al., 2003)[6]. Essa ideia de democracia é melhor demonstrada pela crescente adoção de políticas de "opção" escolar em muitas nações. A gênese específica dos argumentos que os defensores das políticas "magras" utilizam pode em parte diferir devido a características históricas e regionais, mas em geral eles alegam que inserir as escolas no mercado e dar aos pais mais opções escolares propicia uma maior competitividade das escolas, que assim atenderiam mais às necessidades dos alunos e suas famílias (cf., p. ex., APPLE, 2006; CHUBB & MOE, 1990; FRIEDMAN & FRIEDMAN, 1980; HENIG, 1994; LAUDER & HUGHES, 1999; WHITTY et al., 1998). Abraçando essa ideia, muitos governos mundo afora adotaram políticas de opção escolar como solução supostamente eficaz para problemas educacionais localizados ou de um país inteiro (ADAMSON et al., 2016; FORSEY et al., 2008; PLANK & SYKES, 2003; WHITTY, 1997). A inserção no mercado, a opção para os pais e a competição são vistas, assim, como estratégias-chave de variados programas de "democracia magra" (BURAS & APPLE, 2005).

Apesar das afirmações em geral francamente românticas dos que propõem a opção escolar, tem havido pesquisa substancial e cada vez mais sobre essas políticas, questionando e complicando a lógica dos chamados modelos de "opção racional" através de um exame crítico de suas práticas e resultados em ampla variedade de cenários educacionais. Esses estudos críticos contribuem para nosso entendimento da ideologia por trás da agenda da opção educacional, fundada que é na ideia de que a capacidade de escolher uma escola não só promove a liberdade pessoal de cada um como melhora a eficiência escolar e a qualidade do sistema educacional (APPLE, 2006; BALL, 1998; FORSEY et al., 2008; OLSEN et al., 2004). Essa ideia deriva do paradigma ideológica, política e economicamente entrelaçado mais

---

6 Para detalhes sobre os valores e princípios da democracia "densa", cf. Apple e Beane, 2007, p. 7.

comumente conhecido como neoliberalismo. Embora o neoliberalismo tenha uma história complexa e seja influenciado por uma série de outros movimentos e tendências (APPLE, 2006), de forma geral ele se tornou proeminente na década de 1980 (HARVEY, 2005). Como diz David Harvey (2005),

> O neoliberalismo é, antes de mais nada, uma teoria sobre práticas de economia política que propõe que o bem-estar do ser humano é mais favorecido pela liberação das habilidades empreendedoras individuais em uma moldura institucional caracterizada por direitos sólidos de propriedade privada, livre mercado e livre-comércio. O papel do Estado é criar e preservar um arcabouço institucional apropriado a essas práticas.

A opção, então, é um imperativo neoliberal. O desenvolvimento e a difusão do neoliberalismo no contexto global também acompanhou, *pari passu*, "a globalização da opção escolar" desde a década de 1980 (FORSEY et al., 2008). Nesse processo, as reformas educacionais orientadas para o mercado tratam a Educação como um bem de consumo privado e reduzem os direitos do cidadão a meros direitos de consumidor individual. Essa redução da Educação a um bem de consumo privado tem sido criticada de forma rigorosa (cf., p. ex., APPLE, 2006, 2010; WHITTY, 1997). Embora tenha levantado importantes questões sobre a agenda neoliberal na educação e na sociedade como um todo, boa parte dessa análise crítica é sobre a experiência de países ocidentais. No entanto, dada a natureza cada vez mais global das políticas de opção escolar voltadas para o mercado, tal fato geográfico torna ainda mais crucial investigar de que modo as múltiplas formas, escalas e ênfases da opção escolar em diferentes países são influenciadas por condições políticas, econômicas e culturais específicas. A ampliação e a internacionalização das nossas investigações permitirão desenvolver uma compreensão bem mais aprofundada das várias formas e efeitos das reformas educacionais neoliberais.

Este capítulo examina as práticas e resultados da opção escolar pelos pais na China, programa que tem significativas diferenças da opção escolar pelos pais mais orientada pelos governos no Ocidente. Utilizando a teoria de Pierre Bourdieu (1984) sobre como várias formas de capital possibilitam estratégias de conversão de atores de classe em posições diferenciadas, o capítulo vai revelar como essas práticas voltadas para o mercado beneficiam basicamente as famílias chinesas emergentes de classes média e alta que possuem mais capital econômico, cultural e social do que as famílias migrantes operárias ou de baixa renda. A partir do conceito de articulação de Stuart Hall (1980, 1985; cf. tb. GROSSBERG, 1986), segundo o qual diferentes forças, discursos e práticas sociais podem ser contingencialmente (re)articulados e desarticulados em torno de contradições, sob certas condições históricas, para constituir formações sociais específicas, este capítulo vai elucidar – fazendo a ligação da especificidade das práticas de opção na China com suas estruturas históricas, sociais, políticas e ideológicas – como a opção escolar é um lugar de contestação[7]. Vamos também fazer conexão da análise dos efeitos contraditórios da opção escolar na China com a noção de "névoa epistemológica" de Apple (2013, 2016) para investigar a política cultural das reformas educacionais. Além disso, o capítulo vai recorrer ao que Nancy Fraser (2005, 2009) chama de política de "redistribuição", "reconhecimento" e "representação" para descobrir como a (re)articulação das práticas de opção escolar com as reformas sociais e educacionais na China também acarreta injustiça social. Ao fazer essas análises críticas, este capítulo não apenas documentará como a democracia "magra"

---

7 Hall (1985) assim explica seu conceito de articulação: "Pelo termo 'articulação' entendo uma ligação ou conexão que não é necessariamente dada em todos os casos, uma lei ou fato da vida, mas que requer condições particulares de existência para simplesmente se dar, o que tem que ser positivamente sustentado por processos específicos, algo que não é "eterno" mas tem que ser constantemente renovado, que em certas circunstâncias pode desaparecer ou ser derrubado, fazendo com que velhas conexões sejam dissolvidas e novas ligações – rearticulações – forjadas".

leva à desigualdade educacional e à injustiça social, como também "indicará contradições e *espaços de ação possível*" (APPLE, 2016, p. 511, grifo no original).

Nas seções seguintes, primeiro detalharemos os complexos e, por vezes, contraditórios contextos educacionais e sociopolíticos das políticas chinesas de opção. Depois, utilizaremos pesquisas recentes sobre a escola secundária na China, analisando a opção escolar como uma estratégia de conversão de classe média e seus efeitos contraditórios. Mapearemos em seguida uma nova configuração da opção escolar, examinando as complexidades da opção dos pais por programas curriculares internacionais emergentes de ensino médio recém-adotados por importantes escolas secundárias da China. Fazendo a ligação das práticas e efeitos da opção escolar no setor educacional obrigatório com uma nova tendência de opção no ensino médio, este capítulo investigará como vem evoluindo genealogicamente o movimento da escola optativa na China e identificará o papel exercido por algumas forças particularmente marcantes nesse processo (SLACK, 1996, p. 115).

Recontextualização da opção escolar na China

Como vimos acima, as políticas de opção escolar são, no essencial, reformas educacionais voltadas para o mercado. Embora, no geral, os mecanismos de mercado sejam os mesmos na maioria dos países, a opção em mercados educacionais locais é muitas vezes diferente, dada a história daquela nação ou região específicas. É especialmente o caso da opção escolar na China. O movimento de opção escolar tornou-se visível na China na década de 1990. Estudos anteriores, como os de Tsang (2003), Qin (2008) e Wu (2008, 2011, 2014), indicaram quatro aspectos exclusivos das práticas de opção escolar no contexto chinês. Primeiro, a opção escolar é oficialmente proibida pelo governo central chinês. Segundo, a opção escolar pelos pais é um movimento de baixo para cima iniciado pelos pais chineses "que querem escolher uma boa escola para os filhos já no jardim de infância (pré-escolar)" (WU, 2014, p. 1). Terceiro, escolas públicas chaves (*zhongdian xiao*, 重点校) são as escolas opcionais desejadas. Quarto, há taxas escolares para "todos os custos adicionais ligados à opção dos pais" (WU, 2008, p. 605). Para melhor entender essas características únicas, teríamos que analisar atentamente o contexto chinês que produz tais diferenças. Nesta seção discutiremos a recontextualização da opção escolar na China, maneira importante de examinar as especificidades históricas e sociais relativas à Educação. Como um de nós argumentou muito mais extensamente em outros trabalhos (APPLE, 2006, 2014; APPLE et al., 2003), pensar as questões educacionais de forma relativizada permite prestar atenção à dinâmica de poder criada por contextos sociais específicos.

A educação básica na China cobre 12 anos, incluindo seis de escola fundamental, três de ensino médio e três de ensino secundário. No entanto, só nove anos de educação fundamental e média são obrigatórios. Isso foi estabelecido na Lei de Educação Obrigatória da República Popular da China, promulgada em 1986 e emendada em 2006. A lei estipula os princípios da educação obrigatória, incluindo a gratuidade, ausência de exames para ingresso no sistema, matrícula "em uma escola próxima da moradia registrada" e igualdade de direitos (CONGRESSO NACIONAL DO POVO DA REPÚBLICA POPULAR DA CHINA, 2006). Isso significa que a opção escolar não é oficialmente permitida na educação pública obrigatória. No entanto, é crucial entender que forças sociais contestadoras desafiaram e desafiam as regras, criticando o investimento insuficiente do governo na Educação, o sistema vigente de escolas-modelo, os exames seletivos e significativas mudanças de classe social na China contemporânea, sob condições históricas em que a descentralização da autoridade, a devolução de responsabilidades e a marquetização foram adotadas para reformar os serviços públicos de ensino, de saúde, de moradia e outros, a fim de melhorar o desenvolvimento, a eficiência e eficácia econômicas (LIU, 2015, 2016; MOK et al., 2009; WU, 2014). Essas condições e mudanças foram articuladas de forma complexa para criar o mercado escolar optativo na China, ao mesmo tempo em que tornavam as políticas de opção educacional um território contestado.

Descentralização e diversificação financeira na Educação – Ascensão da abordagem neoliberal nas reformas educacionais chinesas

A paisagem educacional da China mudou a partir dos anos 80 do século passado. As reformas econômicas voltadas para o mercado, visando a modernização da sociedade, influenciaram profundamente as reformas na educação nacional. Educar com vistas ao desenvolvimento econômico virou o discurso dominante que orienta a reforma educacional na China contemporânea como em muitos outros países (APPLE, 2006; BALL, 2013; MOK et al., 2009). Os esforços do governo chinês para a modernização do sistema educacional começaram com a reforma descentralizadora e de diversificação financeira da Educação. O programa foi lançado em 1985 com a Decisão do Comitê Central do Partido Comunista da China sobre a Reforma do Sistema Educacional, e reafirmado em 1993 com as Diretrizes para a Reforma e Desenvolvimento da Educação na China (MOK et al., 2009; NGOK, 2007; COMITÊ CENTRAL DO PARTIDO COMUNISTA DA CHINA E CONSELHO DE ESTADO, 1993). A reforma dá ênfase à devolução pelo governo central da responsabilidade financeira e gestão do setor educacional aos governos locais, que são convocados junto com as escolas públicas a lançar mão de múltiplos mecanismos para a melhoria dos serviços educacionais e a provisão de recursos (CHENG, 1997; LIU & DUNNE, 2009; NGOK, 2007; TSANG, 1996). Tais reformas para a autonomia escolar estimulam as escolas estatais com recursos educacionais de qualidade a gerar receita extra com a expansão de seus serviços para satisfazer necessidades sociais. O que levou à marquetização educacional na China (MOK, 1997; MOK et al., 2009).

Investimento insuficiente do governo chinês na Educação

As últimas três décadas foram testemunhas de um tremendo crescimento econômico da China, associado à política de "Reforma e Abertura" iniciada em 1978. Como observam Mok, Wong e Zhang (2009, p. 506), desde a década de 1980 a economia chinesa vem crescendo a uma média anual entre 9 e 10%. No entanto, o índice de gastos do governo chinês com a Educação foi baixo. A evidência empírica revela que menos de 3% do Produto Nacional Bruto (PNB) foram gastos com a Educação na China contemporânea, tendo sido 2,86% em 1991, caindo para 2,41% em 1995, depois 2,49% em 1997, subindo para 2,79% em 1999, chegando a atingir 3,14% em 2001, mas recuando para 2,81% em 2005. Embora o índice tenha alcançado 3,48% em 2008, os gastos do governo chinês com educação estão ainda abaixo da média regional no Extremo Oriente e Pacífico e bem abaixo do nível de países "desenvolvidos" que gastam 6% ou mais do seu PIB com educação (MOK et al., 2009; WU, 2014). Por um lado, com o investimento insuficiente em educação, o governo central chinês devolve as responsabilidades pela manutenção do serviço educacional aos governos locais. Por outro, incentiva vários tipos de organizações públicas e os cidadãos a fazerem doações ao sistema de ensino (CONGRESSO NACIONAL DO POVO DA REPÚBLICA POPULAR DA CHINA, 1986, 2006). Essas realidades históricas e políticas destacam os desafios que as escolas enfrentam. Tais condições levaram as escolas a se moverem rumo ao mercado, cobrando um preço pelos serviços educacionais que podem oferecer às famílias e levantando fundos com a admissão de estudantes opcionais dos quais cobram altas taxas. Assim, para muitas escolas a mercantilização educacional parece uma maneira adequada de enfrentar o desafio do investimento insuficiente do governo, porque isso lhes permite não apenas atualizar equipamentos, melhorar os benefícios para os professores e manter as operações de rotina, mas também reduzir as pressões financeiras sobre os governos locais (QIN, 2008; TSANG, 2003; WU, 2014). O contexto político aqui descrito ajuda-nos a entender por que o governo achou que tinha que se comprometer e basicamente dar luz verde à opção escolar, ainda que as práticas optativas continuem de fato oficialmente proibidas no ensino público obrigatório.

Sistema de escola-modelo na China

O sistema vigente de escola-modelo é outro importante fator para a criação do mercado escolar opcional. Citando Yuan (1999), Xiaoxin Wu diz que a história do sistema de escola-modelo remonta ao "começo dos anos 40 na área do Yunan sob controle comunista, onde as escolas primárias eram divididas em escolas centrais e escolas regulares, com mais atenção sendo dada àquelas" (2014, p. 22). Uma série de políticas educacionais promulgadas pelo governo no início da década de 1950 levou à criação do sistema nacional de escolas-modelo ou escolas-chave. A política geral baseava-se em duas diretrizes. Primeiro, era considerada a forma mais eficiente de "produzir o máximo retorno educacional no menor tempo possível para satisfazer a crescente necessidade imediata de mão de obra no país", quando o governo chinês enfrentava os desafios de escassos recursos educacionais e um limitado orçamento para a Educação no estágio inicial da República Popular da China (ibid.). Segundo, as escolas-chave deveriam funcionar como modelos letivos e de aprendizagem para as escolas regulares. Desde então elas ganharam prioridade na destinação de verbas suficientes do governo, com boas instalações, professores qualificados e estudantes de alto desempenho nos exames padronizados. A distribuição desigual de recursos educacionais tem ocorrido não apenas entre as escolas-modelo e as escolas comuns, mas também entre as áreas urbanas e rurais, uma vez que as escolas-chave se concentraram em regiões urbanas. Mas mesmo entre as escolas-modelo há disparidades em função do nível administrativo a que pertencem: distrital, rural, municipal, provincial ou nacional. Quanto mais alto o nível da administração, melhor é a situação da escola-modelo em termos de reputação, suporte governamental, resultados acadêmicos, e assim por diante.

Além disso, o sistema de escolas-chave permeia todos os níveis de instituições educacionais na China, desde a pré-escola até o ensino superior. Influenciadas por uma série de reformas educacionais, as instituições-modelo têm mudado de nomes. Quer escolas demonstrativas, como eram chamadas as antigas escolas-modelo estatais de nível secundário, quer escolas convertidas como o antigo ensino médio público modelar, quer as "211 universidades de projeto", como foram conhecidas as universidades públicas modelares, as instituições-chave ainda representam em todos os níveis a imagem de alta qualidade educacional aos olhos do povo chinês. Frequentar uma escola-modelo é considerado o meio ideal de chegar às universidades de elite e daí a posições sociais também de elite (LIU, 2013, 2016; SHAO & ZHANG, 2013; WANG, H., 2011; YE, H., 2015; YOU, 2007). As escolas e universidades modelares estão no topo de uma íngreme estrutura piramidal de ensino e não passam de uma pequena porcentagem das instituições educacionais do Estado. Por isso essas escolas funcionam como um importante campo de competição por posições sociais (BROWN, 2003).

Sistema de exames educacionais na China

O sistema de exames seletivos na China tem uma longuíssima história (NIU, 2007, citado por LIU & DUNNE, 2009). Passar ao nível subsequente de ensino é em grande parte determinado pelo desempenho do estudante nos exames de admissão. Antes de ser implantada a Lei de Educação Obrigatória de 1986, havia um Exame de Admissão ao Ensino Médio conduzido pelas autoridades educacionais locais. Com a matrícula aberta na educação obrigatória como estabelecia a lei, o Exame de Admissão ao Ensino Médio foi cancelado (WU, 2012). No entanto, ainda há exames para ingresso nos níveis de ensino não obrigatório, incluindo um Exame de Admissão ao Ensino Secundário (*zhongkao*, 中考) e o Vestibular Universitário (*gaokao*, 高考). O exame de admissão às escolas secundárias é organizado pelas autoridades locais de ensino e o vestibular para as universidades é controlado por inscrição nacional. Tanto o exame de admissão quanto o vestibular são guardiães cruciais do sistema educacional chinês, porque seus resultados têm um papel-chave não apenas na definição da passagem ao ensino secundário e à educação superior, mas também na identificação do tipo de educação recebida – acadêmica ou vocacional, em escola-modelo ou comum, o tipo de escola secundária modelo e que espécie de universidade (HANNUN et al., 2011, p. 299). As escolas chinesas médias e secundárias modelares são conhecidas pelo sucesso em preparar seus alunos para um alto desempenho no exame de admissão ou no vestibular, importante razão para serem vistas por muitos pais na China como preciosos trunfos educacionais. Estudos quantitativos de D. Yang (2005) e Y. Wu (2013) indicam que estudantes de famílias com *status* socioeconômico mais elevado têm probabilidade maior de frequentar escolas-modelo secundárias e que frequentar uma escola-modelo em determinado estágio educacional aumenta as chances de o estudante ingressar em outra escola-chave no nível seguinte de ensino. Fica claro que o sistema de exames de alto risco articulado com o de escolas-modelo favorece o sistema chinês de rastreamento, o que reforça ainda mais as diferenças de oportunidades educacionais e de mobilidade social.

Mudanças de classe social na China contemporânea

A posição oficial que proíbe as práticas de opção escolar é desafiada não apenas por condições políticas e históricas, mas também por substanciais mudanças econômicas e sociais. A política de "Reforma e Abertura" trouxe rápido desenvolvimento econômico e melhorou as condições materiais para muitos chineses. No entanto, também levou a índices significativos de estratificação social e transformou as estruturas de classe, especialmente a partir da última década do século XX (HARVEY, 2005; YAN & CHANG, 2009). A ascensão das novas classes médias, que se concentram sobretudo em áreas urbanas, está fundamentalmente ligada às "reformas de mercado e liberalização econômica pós-Mao, que criaram condições para o crescimento de empresas e a acumulação de riqueza privadas" (ZHANG, 2010, p. 5-6). Os chineses urbanos de classe média têm maior capacidade de investir na educação dos filhos – de modo geral, na educação do filho único, dada a política chinesa de um só filho por casal[8]. O desejo que têm de uma "educação de qualidade" para o próprio filho significa que enfocar as famílias chinesas de classe média é crucial, porque elas são agentes centrais da opção escolar pelos pais na China.

Escolha paterna no ensino médio – Estratégia de conversão da classe média

As questões de opção escolar em todos os estágios de transição educacional merecem estudos críticos (BALL, 2003). Nesta seção focalizaremos o exame da escolha de escolas de ensino médio pelos pais, porque este é o ponto em que as práticas de opção paterna são submetidas a manobras mais intensas. Nossa análise baseia-se no excelente livro de Xiaoxin Wu publicado em 2014, *School Choice in China – A Different Tale?*, que aborda questões de opção no ensino

---

8 Essa política de filho único foi um tanto alterada recentemente.

médio em Nanning, capital da Região Autônoma de Guangxi Zhuang, no Sul da China. Como metrópole, Nanning tem muitas semelhanças com outras cidades chinesas. Muito das forças, práticas e discursos identificados no estudo de Wu aplica-se também a questões de opção escolar na faixa de educação obrigatória em qualquer cidade da China.

Embora focando na opção escolar paterna de classe média, Xiaoxin Wu está ciente de outras classes e da posição delas numa situação cada vez mais mercantilizada para o progresso social. Com a crescente urbanização e o fluxo de milhões de trabalhadores migrantes para as cidades chinesas, é também de considerável importância mostrar como a situação desses migrantes em relação à opção escolar é nitidamente diferente da situação das famílias de classe média. Dessa forma, Xiaoxin emprega um ponto de vista comparativo no seu projeto de pesquisa e coleta de dados. Escolheu três escolas médias estatais de Nanning com níveis diferentes: as escolas A e B são escolas-modelo, com maior probabilidade de ter estudantes opcionais provenientes de famílias privilegiadas, enquanto a escola C é de nível comum, inferior, e tende a servir filhos de operários e migrantes. Com uma série de dados, o estudo fornece um quadro holístico da opção escolar dos pais e nos mostra como esse sistema serve de fato à reprodução das desigualdades existentes e mesmo à produção de novas desigualdades. Seu enfoque em revelar as práticas de opção escolar adotadas por pais de classe média é importante também por documentar o processo de recontextualização dessa escolha educacional na China. Como veremos, a definição de "democracia como escolha" beneficia claramente atores de determinadas classes.

Xiaoxin Wu recorre à teoria de Pierre Bourdieu sobre formação, acumulação e mobilização de capital para demonstrar as práticas chinesas de opção escolar pelos pais com base no mercado. Ao fazê-lo, também nos dá um exemplo de como até as análises empíricas mais detalhadas podem ser enriquecidas pela utilização de recursos teóricos substantivos. A obra de Bourdieu, como devem saber muitos leitores, tornou-se poderoso arcabouço teórico para desvendar os complexos processos de opção escolar em contextos ocidentais de mercado educacional (BALL, 2003; BALL et al., 1995; BALL & VINCENT, 1998; ROLLOCK et al., 2014). Bourdieu (1986) descreveu três formas principais de capital (econômico, cultural e social) e ressaltou que esses três tipos diferentes podem ser convertidos em outras modalidades de capital. A partir dessas distinções, Xiaoxin Wu (2014) aplica com perspicácia a teoria de Bourdieu às condições específicas da opção escolar na China, enfatizando, repito, a investigação das práticas entre famílias de classe média.

É amplamente reconhecido que há uma relação especial entre classe média e educação; a classe média é mais dependente de qualificações educacionais que outras classes (APPLE, 2006; BALL, 2003; BERNSTEIN, 1977; BOURDIEU, 1984; POWER & WITTY, 2006). Como seus equivalentes ocidentais, os pais chineses de classe média também se envolvem decididamente na educação dos filhos, levando-os em viagens culturais e ajudando-os na aquisição de capital cultural, incluindo a acumulação de credenciais educacionais em coisas tais como competições de matemática e de língua inglesa. Não é surpresa que o estudo de Xiaoxin Wu revele que a maioria dos pais, tanto da escola A como da escola B e apenas alguns da escola C, colocava os filhos em atividades extracurriculares. Essa disparidade é consistente com a diferença dos níveis educacionais paternos entre as três escolas, pois também não é surpresa que os pais dos alunos das duas escolas-modelo (A e B) sejam mais bem educados que os da escola C.

Além de contratarem professores particulares, as famílias chinesas de classe média mandam seus filhos matriculados no ensino obrigatório a vários tipos de aulas depois do horário regular da escola. O propósito aí não é apenas o simples cultivo dos talentos especiais dos filhos, mas também a acumulação de capital cultural para o *zhankeng* (占坑, garantir uma colocação ou admissão). Isso significa que um estudante com aulas extracurriculares ministradas nas escolas modelos ou em cursos particulares intimamente ligados a elas (as chamadas aulas *zhankeng*, 占坑班) terá mais oportunidades de admissão nessas escolas-modelo. O fenômeno *zhankeng* tem um jogo parcialmente velado. Embora a *Lei de Educação Obrigatória* isente os estudantes de exames de admissão e coíba as escolas de realizar tais exames, as escolas-modelo querem mesmo assim recrutar alunos de alto desempenho para manter a própria reputação. As aulas *zhankeng* não apenas permitem que elas avaliem o desempenho acadêmico e o potencial dos estudantes, descobrindo os de sua preferência, mas também dão aos jovens a possibilidade de serem admitidos nas escolas-modelo desejadas.

Em cidades cosmopolitas como Beijing, a competição pela opção escolar é ainda mais acirrada. Para aumentar as oportunidades de os filhos frequentarem escolas-chave, muitos pais registram as crianças para aulas *zhankeng* em várias dessas instituições. Se há conflitos de horário para os filhos assistirem às aulas de treinamento em certas escolas, os pais vão a algumas delas, tomam notas e depois instruem as crianças em casa. Essas práticas exigem um investimento paterno de dinheiro e também de tempo. Assim, *zhankeng* virou uma metáfora viva da competição por posições no mercado de opção escolar.

A recompensa do envolvimento dos pais na aquisição de capital cultural pode ser constatada na conversão do capital cultural em capital econômico na competição pela escolha da escola. Por exemplo, o filho de um pai entrevistado por Xiaoxin Wu tem mais de 20 certificados obtidos em competições de matemática e de inglês. A aquisição desse capital cultural permitiu ao estudante frequentar uma escola modelo de ensino médio com a isenção da taxa de opção e um prêmio de ￥500 [500 *yuan*: 元, unidades "circulantes"; ou 500 *renmimbi*: 人民幣, "moeda do povo". O valor do yuan no início de outubro de 2019 era de cerca de US$ 0,14 ou R$ 0,57 – N.T.].

Como disse o pai do estudante,
> É óbvio agora que o investimento mais valioso para a família é no filho. Seu sucesso nos estudos pode lhe valer uma vaga na escola preferida e economizar a taxa de opção para a família, matando assim dois coelhos com uma cajadada (2014, p. 65-66).

Mas o *zhankeng* não está sozinho. Está intimamente ligado a outra coisa de considerável importância. No processo de optar por uma escola, a motivação profunda dos pais chineses privilegiados em adquirir formas valorizadas de capital cultural é equivalente ao investimento e à mobilização de seu capital social. Para entender, precisamos dizer algo sobre as ligações disso com o conceito de *guangxi* (关系, relações) no contexto chinês:
> Nas palavras de Xiaoxin Wu, *guangxi* é considerada uma forma de capital social e a rede de relações consiste nos laços entre pessoas e no acesso aos recursos. O montante de capital social possuído por alguém depende do tamanho de suas redes de *guangxi* e da quantidade de capital social que cada [...] membro da rede possui (2014, p. 69).

Dada a história do sistema político hierárquico na China, as redes de *guangxi* desempenham um importante papel no processo de opção escolar. A árdua competição por espaços limitados em escolas super disputadas dá a estudantes com "recomendação superior" uma maior probabilidade de ingressar em instituições de ensino modelares do que os que não têm fortes ligações com pessoas em posições influentes ou de poder. Além disso, como o governo chinês oficialmente proíbe práticas de opção escolar, a ausência de inscrições abertas e de seleção transparente obriga os pais a buscar formas eficazes de obter informação privilegiada sobre a política de admissão e o valor da taxa de opção nas escolas desejadas. Quem você conhece é importante porque em larga medida isso vai determinar quanta informação privilegiada você pode obter e se terá ou não a possibilidade de conseguir excepcionalmente que seu filho seja admitido numa escola preferida.

O que é mais interessante no *guangxi* é que as relações pessoais podem ser convertidas em capital econômico. Xiaoxin Wu assinala que relações importantes podem reduzir o valor da taxa de opção escolar ou mesmo conseguir sua isenção no caso de *guangxi* muito forte. Dada a importância da rede *guangxi*, pais privilegiados geralmente começam bem cedo a fazer investimentos para ampliar suas relações e acumular capital social para possível uso futuro. A construção e mobilização de redes *guangxi* no contexto chinês estão intimamente ligadas à utilização do capital econômico, uma vez que é preciso desembolsar dinheiro para pagar as taxas de opção escolar e boa quantidade monetária é necessária ao longo do processo para investir nas atividades preparatórias, como aulas extracurriculares, contratação de professores particulares e participação em diversos tipos de competições de conhecimento (2014, p. 82).

As estratégias sociais e econômicas e as conversões em capital acima descritas são cruciais. As taxas de opção escolar constituem um dos aspectos marcantes da opção escolar pelos pais no contexto chinês. Essas taxas variam, dependendo da localização e da reputação das escolas, do desempenho dos estudantes, da influência do *guangxi*, e assim por diante. Com a disseminação da opção escolar pelos pais a partir do início da década de 1990, as taxas de opção aumentaram de forma acentuada. Xiaoxin Wu assinala que a mais alta taxa de opção em Beijing passou de ¥ 50 mil em 1995 para ¥ 120 mil em 2007. Pagar pela escolha de uma escola desejada na China tornou-se "uma regra encoberta", uma norma disfarçada, o que infelizmente levou a um aumento da corrupção ligada ao esquema. Por causa disso, a exigência de taxa de opção no nível escolar obrigatório tornou-se uma das questões mais contestadas na educação chinesa, pois conflita com a instituição do "ensino gratuito" estabelecida em lei. A "democracia", portanto, definitivamente *não* é gratuita.

O capital econômico também opera de outras maneiras além da "regra oculta" da cobrança de taxas para opção escolar. Como muitos pais no Ocidente, os chineses tentam em geral comprar uma casa na área atendida pelas escolas de sua preferência para os filhos, que é chamada de "casa para captação", porque é a forma mais confiável e legítima de alcançar a escola desejada. Como observamos anteriormente, a *Lei de Educação Obrigatória* insiste que os estudantes devem matricular-se em escolas próximas de suas residências registradas. Em muitos casos, ao se adquirir uma "casa para captação" escolar, o *hukou* (registro residencial) da família pode ser alterado para indicar endereço na área atendida pela escola desejada. Isso basicamente garante que a criança frequente aquela escola do bairro mesmo que não possua capital cultural e social suficiente.

Mas temos que ser honestos: como acontece muitas vezes em outros países, em geral apenas pessoas afluentes conseguem fazer a mudança da família adquirindo "casas de captação" escolar, devido às condições atuais do mercado imobiliário na China. Casas em áreas de captação das melhores escolas tornaram-se caras demais para as famílias chinesas comuns de classe média. Em larga medida, portanto, é o capital econômico que determina a capacidade de uma família chinesa atuar de forma eficaz na escolha de uma escola para os filhos.

Os pais não são, no entanto, os únicos agentes centrais no processo de opção escolar. Tanto as próprias escolas quanto o governo chinês estão também profundamente envolvidos, em diversos níveis, no processo econômico da escolha. O envolvimento de múltiplos agentes no mercado de opção escolar torna mais complicado o quadro da escolha por iniciativa dos pais. Recorrendo à análise de Xiaoxin Wu sobre quem se beneficia com as práticas de opção, especialmente as taxas envolvidas, precisamos discutir uma série de consequências adicionais e bem complicadas das políticas de escolha escolar no contexto chinês. O que permitirá também uma compreensão mais detalhada de como de fato funciona a opção e pode nos dar uma visão menos romântica dos seus efeitos e das realidades sociais a que, por um lado, responde e que, por outro, cria.

Efeitos contraditórios e a política de "fechar os olhos"

Como vimos, *School Choice in China* (2014) faz uma descrição bem equilibrada dos efeitos (aparentemente) positivos e negativos das políticas de escolha escolar e de opção da escola pelos pais na China. Mas a análise de Xiaoxin Wu não termina aí. Ele assinala que tanto as escolas quanto o Estado chinês também se beneficiam com as taxas de opção escolar. Face ao investimento insuficiente do governo na Educação, as taxas de opção tornaram-se importante fonte não orçamentária de verbas para as escolas. Xiaoxin Wu verificou que as "[t]axas de opção possibilitaram [às escolas] atualizar as instalações de ensino, adquirir novos equipamentos, construir novos prédios, reformar os antigos e fazer a manutenção de campus" (p. 101). Alguns professores também são beneficiários porque as taxas de opção pagas pelos pais são usadas para aumentar seus salários e melhorar sua assistência social. A perda de professores altamente qualificados é em geral acompanhada da transferência de professores de elevado desempenho das escolas comuns para as escolas-modelo. Como é de se esperar, isso antes aumenta (em vez de reduzir) as disparidades de nível entre as escolas.

As taxas de opção escolar também são uma fonte significativa de arrecadação para o governo chinês. Em muitos lugares as escolas têm que submeter ao governo local as taxas que cobram; o governo em geral retém 30% do valor e restitui o restante às escolas. Essa verba é usada para a construção de novas escolas e/ou destinada para a redistribuição às escolas comuns ou carentes de recursos para atualizar seu equipamento de ensino ou ajudá-las a emparelhar-se com as escolas-modelo. Nesse sentido, é uma política que permite aos governos locais arrecadar com a emergência da opção escolar pelos pais, gerando verbas adicionais para a educação pública a partir da contribuição das famílias.

Xiaoxin Wu ressalta que o interesse econômico não é apenas o fator que estimula as escolas públicas chinesas a admitir alunos opcionais, mas que ele também influenciou decisões do governo central de implementar políticas nesse sentido. Por exemplo, durante um certo tempo o governo chinês acomodou as reivindicações dos pais de classe média por uma educação de qualidade convertendo escolas públicas de ensino obrigatório em instituições semipúblicas. Essas "escolas convertidas" podiam cobrar taxas de opção e altos encargos por aulas extras sem violar a *Lei de Educação Obrigatória* (WU, 2008, p. 608). Como comentam Z. Wu e Shen (2006), se por um lado a política governamental oficialmente proibia as práticas de opção escolar no ensino público obrigatório, por outro tendia a acomodá-las. Surgiu uma "zona cinza" de mercado a partir dos conflitos entre a proibição oficial e as práticas efetivas de opção escolar com a participação dos pais, das escolas e dos governos locais. A consequência disso é que a arrecadação de taxas de opção escolar foi basicamente removida do sistema de auditoria orçamental.

No essencial, a situação é tal que seria bem definida como um "nevoeiro epistemológico". O conhecimento é perigoso. Não ver o que efetivamente acontece é a melhor atitude para os grupos dominantes e os funcionários do governo, pois o conhecimento pode exigir ação (cf. APPLE, 2013, 2016). De modo que a corrupção ligada à cobrança de taxas de opção escolar virou um problema corriqueiro, com sérias questões envolvidas, tais como o desvio e malversação dos recursos arrecadados e o abuso do poder político com interesses particulares através do envio de "recomendações superiores" ou do recebimento de propinas para admissão nas escolas. Isso coloca o Estado numa posição profundamente paradoxal, pois se vê ao mesmo tempo e constantemente em luta contra as práticas de opção escolar e suas complexas consequências muitas vezes contraditórias. Nesse processo, a própria legitimidade do Estado fica sujeita a questionamento.

Como observa Xiaoxin Wu, a opção escolar pelos pais no contexto chinês surgiu de baixo para cima. Mas seu estudo revela que tanto pais quanto escolas e governos locais tornaram-se todos, com base em interesses próprios, agentes dessa prática no ensino obrigatório. Embora ele assinale que há tensões e conflitos nítidos entre esses grupos de interesse, as políticas atuais ligadas à opção escolar parecem soluções pragmáticas que satisfazem as necessidades de grupos dominantes. Desse modo, é ainda mais imperativo perguntarmos nos interesses de quem são conduzidas essas políticas, quem elas incluem e quem elas excluem (APPLE, 2004, 2006). Como *School Choice in China* mostra claramente, essas práticas incluem famílias de classe média e excluem famílias operárias e migrantes. Gostaríamos que pesquisas como essa de Xiaoxin Wu e outros nos dessem mais depoimentos dos grupos desfavorecidos, mas mesmo a sua contribuição limitada nos ajuda a entender melhor a realidade da opção escolar pelos pais na China (cf. tb. YU, 2016).

Como demonstramos até aqui, a escolha pelos pais de escolas do ensino médio nas cidades da China é "uma combinação articulada" de múltiplas forças sociais (históricas, políticas, econômicas, ideológicas), de variados discursos (como o de promover a modernização da sociedade chinesa e o da busca de uma educação de "qualidade") e de práticas opcionais das emergentes classes médias (HALL, 1980). As reformas sociais e educacionais voltadas para o mercado criaram a possibilidade aparentemente poderosa dessas (re)articulações. No entanto, os efeitos contraditórios da opção escolar no setor de ensino obrigatório mostram as lutas de grupos sociais dominantes, como o Estado chinês, governos locais, escolas-modelo e famílias de classe média, no processo de legitimação de suas posições dominantes durante a passagem de um sistema de educação igualitária socialista para um modelo competitivo liberal. Lutas semelhantes ocorrem na opção para o ensino secundário em áreas urbanas, mas com uma nova configuração.

Mapeando o contexto da opção por escolas secundárias com foco internacional

A educação secundária não é obrigatória na China. Há dois tipos principais de escolas secundárias nesse estágio educacional não compulsório: as escolas secundárias gerais (*putong gaozhong* 普通高中) e as escolas secundárias vocacionais (*zhiye gaozhong* 职业高中). As escolas secundárias gerais dividem-se em comuns e modelares. Como já dissemos, há diferentes escalões de escolas secundárias modelares – nacionais, provinciais, municipais, rurais e distritais. Quanto mais alto o nível, melhor a escola. O fenômeno opcional em escolas secundárias concentra-se na opção por escolas públicas de tipo geral, especialmente escolas-chave ou modelos.

As reformas educacionais orientadas para o mercado e as forças sociais, políticas, históricas e ideológicas conflitantes que abordamos acima também atuam no mercado de opção das escolas secundárias. A íntima relação entre a admissão às escolas secundárias e o sistema concursivo chinês de exames seletivos criou uma configuração única para o processo de opção nesse estágio educacional, especialmente quanto à questão das taxas. Na China, o ingresso na escola secundária desejada depende das notas obtidas no *zhongkao* (中考, Exame de Admissão ao Ensino Secundário). Esse exame e a política de admissão são de responsabilidade das autoridades locais de ensino. Xiaoxin Wu (2008, p. 605) explica que "[c]ada escola pública recebe uma quota de inscrições chamada matrícula obrigatória ou planejada. Depois de completarem suas quotas, elas podem aceitar estudantes com notas em geral abaixo do mínimo exigido". São os chamados "estudantes opcionais" (*zexiao sheng*, 择校生), dos quais cobram taxas de opção (*zexiao fei*, 择校费). Essas taxas variam dependendo da região, do tipo de escola pública, do desempenho do estudante no *zhongkao* e das mudanças políticas na admissão por escolha. Por exemplo,

> Em 2003, uma escola de Beijing deixou claro em sua política de admissão de estudantes opcionais que co-

braria ¥ 10 mil por cada ponto tirado no exame abaixo da nota mínima exigida (CHEN, 2003). Ou seja, quem tirasse cinco pontos abaixo do limite teria que pagar ¥ 50 mil.

Na província de Jiangxi, a taxa anual de opção para escolas médias modelares passou de ¥ 1.289 em 1997 para ¥ 10 mil em 2004. A poupança anual média *per capita* das famílias de renda mais baixa ou média inferior nessa província era de apenas ¥ 1.010,50 em 2002 (LENG & LENG, 2004). Para uma família de três pessoas (as famílias chinesas normalmente têm apenas um filho), a poupança em potencial era de cerca de ¥ 3 mil. Portanto, teriam que poupar durante dez anos para cobrir três anos de estudo do filho nessa escola, o que sabemos ser impossível porque as economias têm que ser usadas também em moradia, saúde e outras despesas (WU, 2008, p. 605).

A admissão de estudantes opcionais e a cobrança de taxas de admissão são controvertidas, o que fica claro pelas mudanças que sofrem essas políticas. As políticas do governo chinês sobre a opção escolar no ensino secundário público passaram por três estágios. Primeiro, de 1990 a 2000, a tendência governamental foi aceitar a emergência e aumento da opção escolar na educação pública secundária e não havia uma regulamentação clara a respeito. O rápido crescimento do mercado opcional nesse nível de ensino levou então a uma situação caótica. Além de cobrar taxas de admissão, as práticas opcionais das escolas secundárias também incluíam outras estratégias, como "taxas de apadrinhamento" e "de cofundação", que também eram comuns no nível educacional compulsório. Taxas de apadrinhamento (*zanzhu fee*, 赞助费) significam "a larga soma de dinheiro extra que supostamente alguém dá 'de bom grado' à escola de destino para garantir uma vaga", ao passo que as taxas de cofundação (*gongjian fee*, 共建费) referem-se ao "dinheiro dado a escolas preferidas por locais de trabalho para garantir que os filhos dos trabalhadores naqueles locais possam frequentar as escolas que eles ajudam a manter, que são, na maioria dos casos, as melhores escolas das redondezas" (XU, 2008, p. 600). Essas taxas e cobranças arbitrárias envolvem o uso do poder político e econômico no mercado de opção escolar, o que leva à desigualdade educacional (YANG, 2006; YANG, 2009; YE, 2012).

O segundo estágio por que passaram as políticas do governo chinês sobre a opção escolar no ensino secundário foi de 2001 a 2011. Diante da cobrança cada vez mais caótica de taxas ligadas à opção escolar e ao aumento das reclamações públicas a respeito, o governo central chinês publicou em 2001 as *Opiniões do serviço de retificação do Conselho de Estado e do Ministério da Educação sobre novas restrições à cobrança de taxas arbitrárias*. Focalizando a questão das taxas de opção escolar em cidades grandes e médias, o documento traz claras determinações sobre o recrutamento de estudantes secundaristas opcionais, constituindo o que ficou conhecido como a Política das Três Restrições (do número de estudantes, do montante das taxas de opção e das notas para admissão). E desde 2001 o governo chinês vem editando a cada ano um guia de atualização com o título de "Esforço para restringir a cobrança de taxas arbitrárias". A adoção dessas políticas tem envolvido a participação de sete departamentos-chave do governo central: o Ministério da Educação, o Serviço de Retificação do Conselho de Estado, o Ministério da Supervisão, a Comissão de Desenvolvimento e Reforma Nacional, o Ministério das Finanças, o Serviço de Auditoria Nacional e a Administração Geral de Imprensa e Publicações, o que mostra a seriedade com que o governo trata essa questão educacional. De acordo com a Política de Três Restrições, a proporção máxima de estudantes opcionais numa escola é de 30% do seu corpo discente (MINISTÉRIO DA EDUCAÇÃO, 2006). No entanto, "essa restrição nem sempre é rigorosamente observada" (XU, 2008, p. 605). A Política de Três Restrições também exige que os valores das taxas de opção sejam propostos pelas autoridades educacionais locais e aprovados pelos governos das províncias, sendo então divulgados à sociedade. Apesar desses esforços do governo chinês para regular a opção nas escolas públicas secundárias, uma das reclamações mais significativas contra essa política é que o ingresso de estudantes opcionais em escolas secundárias modelares afeta de maneira negativa as oportunidades educacionais de outros estudantes que também desejam frequentar escolas de qualidade.

Dadas as controvertidas questões acerca dos estudantes opcionais em escolas secundárias, o governo central chinês estipulou que a partir do outono de 2012 o percentual desses alunos que cada escola poderia aceitar não ultrapassasse 20% do total matriculado. E anunciou que planejava cancelar a admissão de estudantes opcionais em escolas secundárias públicas dentro de três anos (MINISTÉRIO DA EDUCAÇÃO, 2012). Até 2015, Beijing e Guangdong estavam entre as muitas cidades e Anhui entre as muitas províncias que haviam cancelado o ingresso de alunos opcionais nas escolas secundárias. As práticas e consequências dessas políticas de opção merecem uma investigação mais a fundo. Mas o interessante é que, a partir do momento em que a Política das Três Restrições passou a ser estritamente regulada pelo governo chinês, emergiu uma nova tendência de opção escolar pelos pais no ensino secundário. É o que abordaremos na próxima discussão, que vai examinar como as estratégias internacionais e nacionais de conversão rearticularam cada vez mais a "democracia como opção" para beneficiar atores de determinada classe. O próprio currículo e as políticas de "saber oficial" (APPLE, 2014) desempenham largo papel nesse caso.

Rearticulação dos mercados chinês e global de Educação

Desde 2010 tem crescido velozmente o número de estudantes secundaristas chineses que se candidatam a universidades nos Estados Unidos. Muitos desses estudantes optaram pelos programas curriculares de enfoque internacional oferecidos pelas escolas públicas secundárias nas grandes cidades da China. Esses programas destinam-se a preparar os estudantes para o processo de ingresso nas faculdades americanas através de treinamento com um currículo internacionalizado – uma integração do currículo nacional chinês com vários tipos de currículo importados, como o de Colocação Avançada (CA) e o de Avaliação Global (AG). Esses programas emergentes são oficialmente públicos, mas as taxas são caras – de cerca de ¥ 60 mil a ¥ 120 mil anuais (entre US$ 9.600 e US$ 19 mil), muito mais altas que as de qualquer escola secundária estatal, com taxas anuais entre ¥ 1 mil e ¥ 2 mil aproximadamente (LI, 2008; LIU et al., 2012; SHEN, 2006; XUE & TANG, 2016). Comparando à renda média familiar anual na China de ¥ 13.033 em 2012 (XIE et al., 2013), fica claro que só as famílias chinesas abastadas podem colocar os filhos nesses programas pagos de ensino secundário. Os programas oficialmente "públicos" excluem estudantes desfavorecidos e criam desigualdade no acesso aos currículos internacionalizados. Esse fenômeno faz surgir uma nova configuração no processo opcional do ensino secundário na China. As consequências e implicações de como esses programas curriculares internacionais mudaram o acesso à escola merecem um estudo sério.

Recente projeto de pesquisa de Shuning Liu faz exame mais detalhado desse fenômeno educacional. Uma parte do estudo desta pesquisadora examina as complexidades da opção dos estudantes urbanos na China para ingressar em escolas secundárias públicas emergentes com enfoque internacional. Os dados que discutimos nesta seção são extraídos do seu projeto mais amplo de pesquisa sobre as experiências educacionais de estudantes chineses que decidem ir para universidades nos Estados Unidos. Nesse amplo estudo, Shuning recorreu à etnografia multifocada como abordagem sistemática para a coleta de dados em vários lugares da paisagem social, econômica e política vivida pelos jovens chineses privilegiados. Além de analisar documentos de política educacional, Shuning realizou intenso trabalho de campo em 2013 em uma escola secundária de enfoque internacional, numa cidade cosmopolita chinesa que apelidou de Cidade Lunar. A escola é apelidada de Seção Solar Secundária Internacional e oferece um programa curricular que ela chama de Projeto de Acesso Internacional (PAI). Trata-se de uma escola-modelo renomada e seu programa PAI tem o maior dos 24 programas curriculares internacionais aprovados pelo governo nessa grande cidade. Shuning utilizou observação participante, conversas informais, entrevistas semiestruturadas, uma sondagem de campo na escola focalizada e o arquivo documental da instituição para produzir uma rica variedade de descrições. Também realizou entrevistas aprofundadas com estudantes, pais, professores e pessoal administrativo da escola.

Como examinamos no início desta seção, há "disjunções, contradições, antagonismos e tensões" na organização interna do crescente mercado opcional do ensino secundário chinês. A seguir, analisaremos como "suas condições externas de existência criaram a possibilidade de 'desarticulação e rearticulação' no movimento de escolha do ensino secundário com enfoque internacional" (CLARKE, 2015, p. 277). Também faremos conexão entre a análise das contradições e tensões internas das práticas opcionais e a análise das condições externas. Examinaremos especificamente como a nova configuração da escolha da escola secundária é formada pela combinação da (re)articulação dos mercados educacionais chinês e global, os discursos de internacionalização da Educação e o cultivo de "talentos internacionais" enfatizado nas recentes reformas educacionais chinesas, junto com as práticas opcionais das classes média alta e alta na China. Também discutiremos os efeitos contraditórios do processo de articulação, rearticulação e desarticulação, assim como a política educacional de caráter neoliberal.

Como argumentamos em outro trabalho (LIU, 2015, 2016), os programas curriculares internacionais no ensino secundário chinês surgiram num momento específico em que os mercados educacionais da China se ligavam aos mercados internacionais de educação.

A entrada do país na Organização Internacional do Comércio (OIT) em 2001 abriu espaços para a infiltração da indústria mundial de serviços educacionais nos mercados de educação da China, criando oportunidades para as famílias chinesas abastadas mobilizarem seu capital no mercado global de ensino. Particularmente a partir de 2008, com a crise financeira mundial, muitas universidades dos Estados Unidos enfrentaram cortes no orçamento e se abriram cada vez mais para estudantes chineses ricos que têm condições de pagar pelo estudo superior em instituições privadas internacionais. Ao mesmo tempo, as políticas restritivas do governo chinês para a opção no ensino secundário público reduziam as chances de famílias privilegiadas mandarem os filhos a escolas e universidades de elite da China. A alta demanda por uma educação de qualidade pelas classes sociais privilegiadas do país articulava-se com a tendência à educação superior global, o que criou um mercado potencial para o negócio internacional de educação. Além disso, a visão neoliberal do comércio de serviços educacionais embutida no Acordo Geral de Comércio de Serviços (Gats, na sigla em inglês) (ROBERTSON, 2003) dava às escolas secundárias chinesas a oportunidade de entrar no mercado global da educação, uma vez que o ensino secundário não é compulsório na China e os serviços educacionais chineses de nível secundário podem ser comercializados no mercado internacional. Essas condições criaram a possibilidade de desarticulação entre a opção universitária e a do ensino secundário na China, rearticulando uma opção por universidades de classe internacional no exterior com o mercado interno emergente das escolas secundárias de enfoque global.

Discursos de internacionalização da Educação e cultivo dos "talentos internacionais"

Na sequência das reformas educacionais voltadas para o mercado, tais como a descentralização e diversificação financeira da Educação, três importantes reformas e políticas educacionais na primeira década do século XXI criaram novas condições e forneceram discursos para o desenvolvimento dos programas internacionais de ensino secundário na China. Essas políticas incluem a *Nova reforma curricular da educação básica chinesa*, a *Cooperação Externa em Gestão Escolar* (Cege) e as *Diretrizes nacionais para a reforma e desenvolvimento educacionais em médio e longo prazos* (2010-2020). A articulação dessas políticas educacionais coloca em primeiro plano os discursos sobre a internacionalização da Educação e o cultivo de "talentos internacionais" que passam a ditar a orientação das escolas secundárias chinesas de enfoque internacional.

A *Nova reforma curricular da educação básica chinesa* foi iniciada em 1999 e implementada ao longo da década seguinte. Esperava-se que essa reforma do currículo transformasse a educação chinesa de um sistema baseado em exames (*yingshi jiaoyu*, 应试教育) em uma educação de qualidade (*sushi jiaoyu*, 素质教育) (GUAN & MENG, 2007; ZHONG, 2006). A reforma enfatiza a melhoria da competência global da população chinesa face aos desafios de uma economia baseada no conhecimento. Ela reflete o fato de o governo chinês fazer ligação entre o incentivo aos "talentos" (*rencai*, 人才, isto é, capital humano) e a construção de uma nação-estado competente em resposta às exigências da competição econômica internacional. Mas a Nova Reforma Curricular se deparou com muitos "gargalos", o que fez o governo chinês buscar soluções através de forças externas. Em especial, o Estado deposita esperança na introdução de recursos educacionais estrangeiros de alta qualidade através de novos programas de cooperação internacional. Essa solução para os desafios da Nova Reforma Curricular indica uma articulação com a política de *Cooperação Externa em Gestão Escolar* (Cege).

A nova versão da Cege foi promulgada em 2003 e aprimorada em 2004 (MINISTÉRIO DA EDUCAÇÃO, 2003, 2004). As práticas dessa política foram estendidas das universidades chinesas às escolas secundárias e envolvem a exploração de novos modelos para o cultivo de talentos. Desde 2008 o governo chinês vem gradualmente aprovando programas Cege de Educação Secundária, comumente chamados de currículos internacionais. Em 2014, havia 90 programas internacionais de ensino secundário aprovados pelo governo chinês (NETEASE EDUCATION, 2015)[9]. A maioria desses programas tinha sido criada recentemente em escolas públicas secundárias de elite nas grandes cidades através de uma suposta cooperação com instituições de ensino estrangeiras. Aí está centrada a pesquisa de Shuning. A estrutura institucional única da política de Cege atrai companhias estrangeiras privadas do setor educacional para desenvolver programas internacionais na China em busca de lucro. O programa curricular internacional PAI da Seção Solar é um exemplo. Shuning cita em seu estudo documento do governo segundo o qual a Solar foi parceira de uma escola secundária particular dos Estados Unidos na criação desse currículo internacional. Mas uma empresa chinesa de caráter lucrativo do setor educacional foi a parceira de fato da escola pública modelo no desenvolvimento do programa PAI Solar. Essa empresa ajudou a fazer a ligação entre a Solar e a escola americana, tratando da parceria exigida pela Cege, importando dos Estados Unidos um programa curricular internacional e colaborando com a Solar na integração do currículo aos padrões chineses (cf. detalhes em LIU, 2015). Em larga medida, as intervenções de instituições privadas nas reformas da educação pública na China são, tacitamente, práticas de negócio. Os programas opcionais, portanto, não apenas favorecem cidadãos chineses mais afluentes como abrem espaço para uma atividade lucrativa (cf. tb. BALL, 2007, 2012).

---

9 Segundo a NetEase Education (2015), há apenas 90 programas internacionais de educação secundária aprovados pelo governo chinês. Mas até 2013 o número de escolas chinesas que adotaram programas internacionais de ensino secundário tinha aumentado de 22 para 338 em 12 anos. Essa estatística mostra o rápido crescimento do mercado de educação internacional de nível secundário na China.

As *Diretrizes nacionais para a reforma e desenvolvimento educacionais em médio e longo prazos 2010-2020* (MINISTÉRIO DA EDUCAÇÃO, 2010), abreviadamente *Diretrizes*, fornecem o contexto histórico e político para a criação na China de escolas secundárias públicas de enfoque internacional. Essa nova política educacional coloca a internacionalização na agenda do ensino secundário, ressaltando a importância da diversificação das escolas chinesas, o sistema de gestão escolar e as modalidades educativas. Também estimula as escolas públicas modelos a expandir seus recursos letivos de alta qualidade para satisfazer as necessidades dos estudantes de potencial diferenciado. As *Diretrizes* marcaram um novo estágio no processo de modernização e internacionalização do sistema educacional chinês, fornecendo um discurso normativo para legitimar os programas internacionais de ensino secundário voltados para o mercado.

O estudo de Shuning mostra que os emergentes programas curriculares internacionais do ensino secundário se apoiam na política de *Cooperação Externa em Gestão Escolar* (Cege) e são legitimados pelo governo chinês. No processo de legitimação, os programas internacionais são apresentados em escolas públicas secundárias modelares e por autoridades locais do setor educacional como experiências da *Nova reforma curricular*. O Estado parece "aceitar" esse discurso sobre o caráter experimental dos programas. Para legitimá-los ainda mais, os grupos sociais dominantes relacionam esses programas ao cultivo de "talentos internacionais" (*guoji rencai*, 国际人才, isto é, capital humano internacional), discurso articulado pelas *Diretrizes*. Especificamente, os programas são apresentados como formas de impulsionar a formação de estudantes com perspectivas internacionais e compreensão intercultural para o desenvolvimento econômico da China.

A globalização neoliberal da política de ensino cria condições e possibilidades para os grupos sociais dominantes produzirem as conexões entre práticas, interesses, discursos teóricos, senso comum e forças sociais. A prática da articulação não é fixa e enfrenta contradições, que são melhor entendidas examinando-se as práticas e efeitos da opção pelos pais de escolas públicas secundárias com enfoque internacional.

Ensino secundário de enfoque internacional – Nova opção escolar dos pais na China?

Nesta seção examinaremos como a opção dos pais pelo Programa Curricular Internacional (PAI) da Escola Secundária Solar reflete os interesses e estratégias das florescentes classes de elite chinesas em sua luta por legitimação e reconhecimento[10]. Esta seção pretende desvendar as complexidades da opção estudantil por escolas secundárias de enfoque internacional.

O estudo de Shuning revela que todos os estudantes matriculados no programa internacional PAI da Escola Secundária Solar têm registro residencial (*hukou*, 户口) urbano. São divididos em três grupos. A maioria deles é residente da Cidade Lunar. Cerca de um quarto não tinha registro de moradia ali, mas metade desse grupo havia cursado a escola elementar e o ensino médio nessa grande cidade, com a outra metade tendo concluído a educação pré-secundária em outras províncias. Apesar da diferença de terem ou não *hukou* na Cidade Lunar, todos tinham origem familiar semelhante. Os pais eram todos profissionais ou administradores de alta posição, proprietários de empresas ou funcionários do governo, com elevado capital econômico, social e/ou cultural. Na linguagem dos professores e pessoal escolar entrevistados por Shuning, esses pais são "pessoas bem-sucedidas" (*chenggong renshi*, 成功人士). Em outras palavras, pertencem a um

---

10 Adotamos aqui a definição de Khan (2012, p. 362) para "elites", que são "aqueles com controle sobre ou acesso a um recurso de forma altamente desproporcional". Tem havido discussão quanto ao termo "elites" designar ou não uma classe social distinta (MAXWELL, 2015). Neste capítulo, usamos as expressões "classes de elite" ou "classes média alta e alta" chinesas como equivalentes.

grupo de interesse muito beneficiado na sociedade chinesa contemporânea (YAN & CHANG, 2009). Com base na renda das famílias, esses grupos sociais de elite seriam considerados classes média alta e alta. Os dados da pesquisa realizada na escola mostram também, além disso, que 80% dos seus estudantes frequentaram escolas públicas modelos de ensino médio.

Os dados das entrevistas revelam o complexo de motivações e fatores contextuais que influenciaram a opção escolar desses estudantes da elite social chinesa. Seus pais envolveram-se a fundo no processo de escolha e tomada de decisão por aquela escola. Ou seja, a opção estudantil pela escola secundária é uma escolha de iniciativa dos pais. Para a maioria dos estudantes da Solar PAI, a principal razão de terem procurado os departamentos ou programas curriculares internacionais criados por escolas públicas secundárias modelares foi o fato de não terem obtido notas suficientes no *zhongkao* (中考, Exame de Admissão ao Secundário) para ingressar normalmente nessas escolas. Como a elite acadêmica correspondente, eles prefeririam frequentar escolas secundárias modelos porque em geral só estudantes excelentes conseguem ser selecionados por essas escolas, as quais funcionam como portais simbólicos para acesso às melhores universidades da China. Como explicou um dos pais entrevistados,

> Há muitos portais no sistema educacional chinês. Por quê? Porque temos gente demais na China. A consequência da expansão das matrículas universitárias é que muitos chineses com formação superior não encontram emprego. O mercado de trabalho é extremamente competitivo. O sistema de escolas-modelo pode mantê-lo na pista da elite – cursar uma escola elementar modelo, depois um colégio-modelo de ensino médio, em seguida uma escola secundária modelo e, por fim, uma universidade chinesa de elite. Se você não tem acesso ao sistema de escolas-modelo, não há esperança de entrar numa boa universidade e arranjar um bom

emprego. Se você não está na pista (da elite), então há menos chance de ter sucesso e achar um emprego.

Esse trecho esclarece bem a importância de pegar a pista da elite no sistema educacional chinês. Isso confirma o que diz a literatura a respeito: apesar da expansão substancial das oportunidades educacionais no ensino secundário e superior da China a partir da década de 1990, a competição pelas escolas públicas secundárias modelares intensificou-se porque frequentar uma delas aumenta a probabilidade de entrar nas melhores universidades chinesas (WU, 2010; WU & ZHANG, 2010; YE, 2015). Como seus pais, muitos estudantes do programa Solar PAI reconheceram que no contexto chinês as qualificações educacionais de instituições de elite funcionam como "instrumento seletivo" e a educação de elite como "uma arena de competição e exclusão social" (BALL, 2003, p. 15). Assim, competir pelo acesso à tradicional pista da elite é para eles algo definido. No entanto, as notas baixas no *zhongkao* puseram em risco seu ingresso na educação de elite. Os programas curriculares internacionais criados pelas escolas públicas modelos de nível secundário abriram, porém, um caminho alternativo para eles – não para as universidades de elite chinesas que originalmente preferiam, mas para as universidades estrangeiras de nível internacional que são ainda mais valorizadas que aquelas. É exatamente o que se aplica a muitos estudantes do programa Solar PAI, que cursaram escolas-modelo de ensino médio e orientaram sua opção de escola secundária com vistas ao ensino superior de elite.

Para muitos pais entrevistados, mandar os filhos para escolas secundárias emergentes de enfoque internacional era um "plano B". Sabendo de antemão que os filhos provavelmente não conseguiriam notas suficientes no *zhongkao* para ingressar em escolas públicas modelos, alguns pais logo começaram a se informar sobre o novo tipo de ensino secundário. Seu capital social e cultural teve importante papel na coleta de informações. Amigos cujos filhos frequentavam escolas semelhantes forneciam "dicas" preciosas e indicações de "atalhos" para as "melhores" instituições. Dados formais "frios" e "objetivos" podiam ser obtidos em reuniões informativas organizadas pelas escolas (BALL & VINCENT, 1998). Essas iniciativas mostram que os pais participam ativamente na escolha das escolas.

Embora não interessados de início em frequentar escolas secundárias de enfoque internacional, estudantes que não se saíam bem no *zhongkao* e sabiam não ter chance de ingressar numa escola-modelo logo aceitavam com satisfação o plano B dos pais. Para justificar sua opção para os filhos, muitos pais argumentavam que o currículo internacional da Solar, em contraste com o sistema letivo das escolas chinesas regulares baseado em exames, visava ajudar os estudantes a seguirem um plano de estudos personalizado. Como disse um pai, "[p]arecia que os estudantes matriculados nesses cursos tinham vida escolar relaxada e podiam também mais facilmente ir para uma faculdade nos Estados Unidos". A primeira turma do programa PAI Solar formou-se em 2011. A escola informou que todos os formandos foram admitidos em alguma das 50 principais universidades americanas. Esse resultado empolgou outros pais que tinham a Solar em perspectiva. Eles sabiam que aquela primeira turma não era de estudantes com alto desempenho acadêmico porque muitos ingressaram no programa internacional da escola, no *zhongkao* de 2008, com notas bem inferiores às de seus filhos. Muitos acreditavam que, se aqueles alunos tinham alcançado universidades dentre as 50 melhores dos Estados Unidos, seus filhos poderiam facilmente atingir o mesmo objetivo.

Para os estudantes que cursaram o ensino obrigatório na Cidade Lunar mas não tinham registro residencial ali, um secundário com enfoque internacional era uma escolha "relutante". Estudantes sem o respectivo *hukou* não podiam fazer o *gaokao* (高考, vestibular universitário) na cidade. Como disse uma mãe que migrou para a cidade e virou uma empresária bem-sucedida, a sua experiência em escolher escola para o filho na Cidade Lunar foi de dificuldade no ensino médio, e isso se repetiria no secundário e no vestibular devido às restrições do sistema de registro residencial. Com a ajuda de amigos, ela encontrou a pessoa certa e pagou ¥ 150 mil (aproximadamente US$ 23 mil) em taxa de opção para o filho ingressar no nível médio da Solar. Ela nem sabia como era distribuído o valor da taxa, ou seja, quanto dinheiro revertia efetivamente para a escola, o que mostra a corrupção que envolve o processo de opção, como já mencionamos neste capítulo. Ela disse que não se preocupou em saber por que o importante era o resultado. O pagamento da taxa de fato ajudou o filho a cursar o ensino médio na escola modelo desejada. Ela afirmou que voltaria a recorrer à rede social (claro, com o necessário pagamento de taxas de opção e apadrinhamento) para ajudar o filho a fazer também o secundário na Solar.

No entanto, sabendo que o filho não era um aluno excelente, ela estava preocupada que ele não fosse tão competente quanto os estudantes de elite da escola e pudesse ser desprezado pelos demais, o que poderia levá-lo a uma perda de confiança em si mesmo. E mais importante, disse ela, a falta de registro domiciliar na cidade impedia o filho de fazer ali o exame vestibular para a universidade. Ela não podia mandá-lo de volta à província natal para fazer o vestibular porque o currículo na Cidade Lunar era diferente do que se estudava lá. Além disso, as notas eliminatórias do *gaokao* na sua província de origem eram muito altas e seria incerto demais o sucesso do filho. Assim, ela tinha que escolher um "caminho macio" para o filho e mandá-lo para o Departamento Internacional da Solar, o que poderia lhe permitir o ingresso numa faculdade de elite no exterior.

Para essas famílias migrantes de renda elevada, a escolha de escolas secundárias de enfoque internacional parece de fato uma opção "relutante". Mas é também uma opção estratégica. Apesar da restrição do sistema de registro domiciliar, essas famílias conseguiam utilizar seu capital econômico, social e cultural para ajudar os filhos a navegar no processo em busca do ingresso em caminhos alternativos para a educação de elite. Comparadas às milhões de famílias migrantes de baixa renda, cujos filhos enfrentam dificuldades semelhantes de acesso aos recursos e oportunidades educacionais na China (YU, 2016), as elites migrantes de alta renda conseguiam superar ou contornar as barreiras lançando mão de vários tipos de capital.

Nossa análise da opção escolar secundária por pais privilegiados demonstra como suas práticas foram moldadas pela disputa de posições de elite no processo para ingressar numa educação elitista. Quando encontram restrições no sistema chinês de educação de elite, tais como altas exigências de desempenho nos exames e limitações impostas pelo esquema de registro residencial, as classes alta e média alta da China lutam para manter e melhorar suas posições na ordem social através do acesso a instituições educacionais de elite. Graças à globalização neoliberal, universidades ocidentais de alto nível abrem oportunidades para esses grupos sociais acederem à educação de elite internacional. Os programas internacionalizados criados recentemente nas escolas secundárias da China fornecem a essas elites um novo caminho para a educação internacional privilegiada. Eles constituem uma intercessão da educação de elite (tanto no contexto chinês quanto mundial) com a divisão de classes, criando um novo campo de relações de poder e também de conflitos. De modo que esses atores sociais "reproduzem ou mudam inconscientemente as diferenças de classe pelo simples fato de seguirem suas próprias estratégias nos cenários de restrições e oportunidades a que têm acesso" (SWARTZ, 1997, p. 134). Portanto, claramente, essas práticas específicas das classes alta e média-alta chinesas estão relacionadas a estratégias de classe e ao poder. Falemos mais sobre isso.

As práticas opcionais dessas emergentes classes de elite chinesas no mercado de educação secundária com enfoque internacional são movidas por interesses. Suas aspirações a instituições educacionais de elite de nível superior, tanto chinesas quanto estrangeiras, representam a luta por importantes formas de capital cultural – inclusive capital educacional, que muitas vezes se traduz em credenciais elitistas, uma forma institucionalizada de capital cultural (WATERS, 2006). Com "relutância" ou não, para esses optantes a acumulação de formas mais valiosas de capital cultural é uma estratégia tida como óbvia para assegurar uma posição dominante de poder.

Os pais desses estudantes privilegiados da Solar foram altamente estratégicos na sua decisão de compromisso com um mercado de educação internacional. A conversão de capital foi usada para transferir vantagem estratégica desses pais privilegiados para seus filhos. O estudo de Shuning revela como as famílias da nova elite chinesa utilizam várias formas de capital – econômico, cultural e social – no processo de opção e decisão. Atenção particular deve ser dada ao uso do capital econômico, porque ele funciona como precondição para a escolha educacional das classes alta e média alta chinesas. Alguns dos pais entrevistados calcularam o custo de um curso secundário internacional e de uma universidade americana – era de cerca de ¥ 2 milhões (aproximadamente US$ 300 mil). O "montante" de capital econômico (de recursos materiais) necessário para essa opção educacional excluía as famílias sem condições de arcar com tal custo.

O gosto por essa nova educação de elite não é barato (BALL, 2015). Só famílias chinesas ricas podem comprar o acesso a recursos e oportunidades internacionais de educação para seus filhos, convertendo seu capital econômico em capital cultural e social, mais tarde reconvertível em capital financeiro. Como salientou um pai que era diretor de um laboratório científico nacional, "[o]s seus colegas de turma e de escola importam um bocado, porque você estuda nessa escola preparando-se para tentar uma faculdade americana e também para construir uma rede social para uso no futuro". O capital social acumulado através da construção de ligações sociais nessa escola secundária de foco internacional pode ser convertido em capital econômico através do acesso a informações e recursos valiosos. As estratégias de classe utilizadas por famílias chinesas das camadas média alta e alta levam à produção social.

Em resumo, esta seção examinou as complexidades envolvidas na opção por programas curriculares internacionais das escolas secundárias chinesas. Demonstramos as práticas da escolha educacional pelos pais com base no mercado. Argumentamos que as classes alta e média alta em ascensão na China mobilizam várias formas de capital e poder no mercado de educação internacional com vistas a seus interesses de classe. Suas práticas no campo educacional, seja o uso de estratégias de classe ou a aceitação inconsciente das regras do jogo em que estão envolvidas, constituem a produção dos programas curriculares internacionais das escolas secundárias e da educação de elite internacional, que se justapõem a diversos outros campos, como o das classes sociais. Pela obtenção de vantagens sociais na educação, as práticas de opção por iniciativa dos pais no sistema de ensino secundário público chinês com enfoque internacional favorecem a mercantilização e privatização do ensino, exacerbando as desigualdades sociais e educacionais existentes. Nesse processo, as práticas no campo específico do ensino e nos outros diferentes campos também moldam a construção de identidade dessas classes sociais.

Efeitos contraditórios e a política de "experimentação educacional"

A análise da escolha pelos pais de escolas secundárias de foco internacional aponta para os interesses, lutas e estratégias das novas classes de elite chinesas. A ligação entre esta análise e a das condições exteriores de vida ressalta a estrutura objetiva das relações entre as posições ocupadas pelos participante-chave, incluindo as classes alta e média alta, as escolas públicas modelares de nível secundário na China, o Estado chinês e várias empresas educacionais domésticas e estrangeiras de finalidade lucrativa[11]. Cada participante tem interesses

---

11 Sobre a maneira como os vários atores sociais estiveram envolvidos no desenvolvimento do Programa PAI Solar, ver Liu (2015).

próprios e compete pela legitimação do seu poder nos campos específicos de sua atuação. No entanto, a marquetização e privatização educacionais facilitadas pela globalização neoliberal e as políticas e práticas de ensino voltadas para o mercado abrem espaço para que os participantes se articulem e rearticulem, maximizando seus interesses próprios e realizando os interesses comuns. O estudo de Shuning assinala que os interesses das escolas secundárias públicas modelares, do Estado chinês e de várias empresas domésticas e estrangeiras de fins lucrativos são coordenados com os interesses das novas elites da China. Mas é um processo de coordenação cheio de contradições.

O avanço das políticas e práticas neoliberais de educação nos espaços internacionais cria para os estudantes de famílias chinesas ricas a possibilidade de fazerem cursos no exterior como forma de conversão de capital para ocupar posições de comando num mundo globalizante. Os programas internacionais emergentes de escolas secundárias públicas modelares satisfazem as necessidades e interesses privados dessas classes privilegiadas – ou seja, a mobilidade social ascendente. As classes média alta e alta da China tornaram-se atores--chave no mercado de programas curriculares internacionais do ensino secundário. Como disse um pai, "[c]omparado à zona cinzenta dos mercados de opção familiar das escolas públicas chinesas modelares, o mercado de programas internacionais do secundário é transparente porque dá o preço que preciso pagar pela oferta do serviço". Os cursos secundários emergentes de foco internacional são procurados pelas classes de elite chinesas e procuram por elas.

Para escolas públicas-chave como a Solar, desenvolver um programa com currículo internacional tem significados educacionais, sociais, políticos e econômicos. Como ressaltaram funcionários da escola, tal programa veio satisfazer uma necessidade, dando aos estudantes que não conseguiam ingressar nas universidades de elite chinesas a oportunidade de optar por uma faculdade no exterior. O programa foi apresentado como tendo grande potencial para incrementar as reformas educacionais na China. Ajudou a alavancar o perfil internacional da escola e fortalecer a sua reputação a fim de ocupar uma posição competitiva entre as escolas-modelo. Nesse sentido, contribuiu para a produção e manutenção do seu elitismo. Como várias vezes ressaltaram funcionários da escola, o mercado de cursos internacionais em que ela atua é muito competitivo e era preciso lutar para recrutar estudantes.

Mais importante, as altas taxas cobradas no programa internacional geraram uma importante receita para a sobrevivência e desenvolvimento da escola. Como observou a Sra. Zhao, uma das administradoras do Departamento Internacional da Solar:

> O programa secundário PAI Solar é um projeto experimental. Tem um papel-chave no desenvolvimento dos programas curriculares internacionais das escolas secundárias da Cidade Lunar. Situa-se no próprio gume das reformas educacionais chinesas. Se esse programa for bem desenvolvido, o Estado vai popularizar nossa experiência bem-sucedida. Na verdade, o programa internacional é um novo fator para o crescimento econômico. Precisamos de fato gerenciá-lo, pois o governo não investiu aí. Assim, os próprios estudantes e suas famílias precisam investir nele. Esse programa ajuda a melhorar a escola e as condições econômicas de nossos professores, porque o aumento anual de 15% no salário docente depende em grande parte da eficiência econômica do programa. Portanto, ele é um novo fator de crescimento econômico da nossa escola, um vetor de crescimento da Solar.

Essa declaração põe em relevo os interesses econômicos que o programa internacional trouxe para a Seção Secundária Solar. Ele tornou-se para a escola uma fonte crucial de receita não orçamentária.

Por outro lado, os lucros produzidos pelo programa para a escola-modelo aliviam os encargos financeiros do governo chinês com o investimento na Educação.

Para várias empresas do setor educacional, o lucro é o motivo principal de seu interesse no desenvolvimento de programas secundários internacionais. O envolvimento da escola particular secundária dos Estados Unidos e de outros serviços internacionais de educação norte-americanos no desenvolvimento do programa PAI Solar indica seu interesse na expansão dos negócios de ensino daquele país para o mercado global. A "colaboração" e a "parceria" defendidas pela política chinesa de *Cooperação Externa em Gestão Escolar* (Cege) permitem que essas empresas educacionais busquem os seus interesses através dos programas secundários de foco internacional.

Para o governo chinês, esses programas recentes constituem um experimento educacional na exploração de diversas abordagens de gestão escolar e na implementação das reformas curriculares na escola secundária. O discurso da experimentação dá ao governo flexibilidade de ação e espaço político. Do ponto de vista pragmático, a criação desses programas internacionais atendeu a demandas sociais, particularmente as necessidades das classes alta e média-alta em expansão na China, evitando ao mesmo tempo a drenagem de capital do país ao manter esse público consumindo a educação secundária do mercado doméstico. Definições neoliberais de democracia "resolveram", portanto, os problemas enfrentados por diversos atores e instituições.

É evidente que os programas internacionais emergentes são socialmente produzidos por interações entre grupos de interesse dominantes. E há tensões entre esses grupos. Por exemplo, a busca de qualidade no desenvolvimento curricular e a ênfase no aperfeiçoamento do programa em longo prazo conflitaram com o foco das empresas educacionais chinesas na produção de lucro e sua falta de dedicação ao aprendizado estudantil. Os estudantes privilegiados queixavam-se de que a Solar destinava as altas taxas que eles pagavam ao campus principal da escola, onde estudava a elite acadêmica, em vez de investir mais recursos na Divisão Internacional frequentada por eles. A distribuição das taxas era propositalmente mantida numa zona de sombra pelos grupos dominantes. Era um segredo resguardado do "olhar público", o que configura em parte o que Apple (2013, 2016) chama de névoa epistemológica. Preservar a névoa permite a continuidade das práticas dominantes.

Além das contradições entre os diversos campos, há tensões internas em cada campo. Por exemplo, a escola lutava para equilibrar seus interesses econômicos e o compromisso educacional com os estudantes. O próprio Estado chinês lutava com a contradição de defender ideias igualitárias socialistas, a ideologia do Partido Comunista da China, ao mesmo tempo em que desigualdades e outros problemas eram criados pelos programas internacionais "públicos" das escolas secundárias. Quando mais e mais vozes se levantaram criticando esses programas por usarem recursos do ensino público para a oferta de serviços educacionais no exterior, a névoa epistemológica que encobria os programas curriculares internacionais foi gradualmente se dissipando.

Essas críticas na esfera pública levaram o governo chinês a tomar uma atitude. A partir de 2014, o governo municipal da Cidade Lunar parou de dar aprovação a novos programas curriculares internacionais nas escolas secundárias. As diretrizes sobre encargos educacionais dos programas Cege na escola secundária foram aplicadas à política governamental para o ingresso nesse nível de ensino em 2014 (MINISTÉRIO DA EDUCAÇÃO, 2014). A questão dos programas internacionais foi em 2015 um tema "quente" da *Lianghui* (全国两会, sessão anual mista do Congresso e do Comitê Nacional do Conselho Político Popular da China)[12]. Wei Hu, vice-diretor da Academia de Ciência Educacional de Xangai e também membro do Comitê Nacional do Conselho Político Popular da China (CPPC), propôs regulamentar o mercado de educação secundária internacional. De acordo com o Comunicado do Ministério da Educação (2016) sobre a Proposta 0140 (Educação 029) da Quarta Sessão do 12º Comitê Nacional do CPPC, o governo central chinês vinha trabalhando no

---

12 A *Lianghui* tem a função de anualmente tomar decisões políticas em nível nacional.

esboço de uma política sobre os programas internacionais de educação secundária com base em investigações aprofundadas e solicitava o conselho geral de especialistas na área e das escolas que ofereciam tais programas. Isso dá a entender que o governo continuamente se debate com a questão dos cursos opcionais de foco internacional nas escolas secundárias e as complicadas e contraditórias consequências dessa política. E também coloca em primeiro plano o espaço para intervenção nas reformas educacionais voltadas para o mercado. Deve-se dar especial atenção à posição estratégica do Estado sobre essas reformas, que se reflete no discurso da "experimentação educacional". Nossa análise crítica mostra que esse discurso permite ao Estado chinês distanciar-se das realidades das reformas educacionais e, ao mesmo tempo, lhe dá uma maior possibilidade de impor a sua legitimidade para governar a Educação.

Conclusão e implicações

Neste capítulo, investigamos a formação e desenvolvimento da "democracia magra" do movimento de opção escolar na China. Mapeamos a maneira como certas forças, momentos, discursos e práticas sociais particularmente profundos se articulam para produzir essa febre de opção escolar no país. A abordagem de "pensar relações e conexões" (SLACK, 1996, p. 115) permite ver que a febre é uma prática articulada em desenvolvimento. Examinando o que se articulou e rearticulou nas mutáveis configurações do movimento de opção escolar na China, nossa análise coloca em primeiro plano o papel das reformas educacionais voltadas para o mercado em "levar à dissolução de velhas conexões e ao surgimento de novas rearticulações" (HALL, 1985, p. 113).

Utilizando os conceitos de Bourdieu de capital e estratégia de conversão, examinamos as práticas de opção das classes média alta e alta chinesas nos mercados educacionais de níveis obrigatório e pós-obrigatório. A análise ilustra como essas classes privilegiadas utilizam estrategicamente vários tipos de capital nos seus processos de escolha para obter vantagem na educação. E assinala que a (re) produção da vantagem através das práticas de opção escolar leva a desigualdades educacionais e sociais. Fazendo ligação da pesquisa crítica sobre a opção escolar pelos pais no ensino médio com o estudo de Shuning sobre a escolha de programas de foco internacional na escola secundária, o capítulo mostra o consumo diferenciado de vários tipos de capital, que caracteriza fraturas de classe entre os grupos sociais chineses privilegiados.

Através da análise de como as reformas educacionais voltadas para o mercado se articulam, rearticulam e desarticulam com as especificidades históricas, políticas e sociais da China, o capítulo revela a participação de grupos dominantes – famílias de classe média, média alta e alta, escolas públicas modelos de nível secundário, instituições educacionais de fins lucrativos, governos locais e o Estado chinês – nas mudanças do mercado de opção escolar na China e a criação e manutenção de um consenso entre eles. Nesse processo de desarticulação e rearticulação, os recursos educacionais são redistribuídos e estudantes de famílias privilegiadas têm mais oportunidade de acesso à educação de qualidade. As necessidades educacionais das classes média e alta chinesas são mais reconhecidas e satisfeitas pelas escolas-modelo, pelo governo chinês e suas políticas de ensino. A exclusão das famílias operárias e migrantes de baixa renda do mercado de opção escolar revela a política de representação. Fraser (2005, 2009) diz que a política de redistribuição, reconhecimento e representação indica que a opção escolar de iniciativa dos pais não apenas leva a desigualdades educacionais, como também cria injustiça social.

Ilustramos no capítulo muitos dos efeitos contraditórios das políticas e práticas de opção escolar nos setores compulsório e pós-compulsório da Educação na China. Ressaltamos o fato de que a opção escolar é um terreno de contestação. Por exemplo, os conflitos entre um governo central que proclama a proibição dessas práticas e governos locais que podem estimular as escolas a cobrar taxas de opção não permitidas refletem as contradições entre os diferentes níveis de administração. Captar as áreas de confronto é especialmente importante para entender tanto a crise da Educação quanto a do Estado. Quando as reformas educacionais voltadas para o mercado fazem parte de um processo de abertura da economia, podem também criar uma poderosa crise ideológica.

Há outras crises ideológicas possíveis as quais precisamos prestar atenção. Como o capítulo ressalta, o movimento de baixo para cima de opção escolar pelos pais contribui para diversas formas ideológicas, como o crescente desejo dos pais de garantir uma educação de qualidade para o filho único. Essas novas formas ideológicas são muitas vezes conflitantes com a formação ideológica desejada pelo Partido Comunista Chinês. Nessas tensões ideológicas, para que lado pendem as escolas? Como o governo chinês pode apoiar de forma encoberta o avanço da opção escolar, posição que privilegia a noção de democracia como opção de consumo baseada na "posse individualista" (cf., p. ex., APPLE, 2006), e ao mesmo tempo manter viva e relevante na atividade cotidiana a ideologia do Partido Comunista? É uma questão que tem a ver com o âmago do projeto ideológico e social chinês de construir o socialismo com as características da China.

Nossa análise política das lutas constantes do governo chinês com as políticas relacionadas à opção escolar e seus complicados efeitos mostra, ademais, as contradições dentro do Estado. Ela sugere que as reformas educacionais voltadas para o mercado, tais como a política de descentralização e devolução na educação, não significam necessariamente que o poder do Estado foi enfraquecido. As reformas implicam, antes, uma passagem do controle estatal da Educação para um sistema de governança (MOK, 2001). Como argumentam Clarke e Newman (1997, p. 105), a "autoridade descentralizada", o "empoderamento condicional" e a "autonomia estruturada" moldam o Estado gerencial. Entender o papel do Estado é crucial para investigar as complexas relações entre o Estado e a sociedade civil, que constituem a "pedra de toque da democracia" (CASTELLS, 2008).

Com um exame comparativo das políticas de opção escolar, particularmente a opção pelos pais, esperamos que o capítulo aprofunde nosso conhecimento das semelhanças e diferenças entre tais políticas na China e no Ocidente. A recontextualização da opção escolar na paisagem histórica, política, econômica e social da China demonstra como essa política é interpretada de forma diferente no contexto chinês. O uso da teoria da articulação de Hall na análise crítica das questões envolvidas na opção escolar tem implicações metodológicas e políticas. Ela fornece um poderoso recurso de abordagem para pensar as relações e conexões nos estudos críticos da Educação. Mais importante, ela nos direciona aos espaços em que podem ter lugar ações mais progressistas e anti-hegemônicas.

Direcionar a nossa atenção para esses espaços é crucial. Nossa análise documenta que as atuais políticas e práticas de opção escolar pelos pais na China não apenas exacerbam as desigualdades sociais e educacionais existentes, como também levam à injustiça social. Isso é significativo não apenas para a China, mas para a política educacional em termos globais. Este capítulo nos lembra uma das perguntas mais sérias que devemos nos fazer constantemente: "Quais são as implicações em *longo prazo* da atual febre e das políticas de opção escolar na China e em outros lugares?" Essa é uma das questões principais que os futuros pesquisadores das políticas neoliberais terão que continuar a encarar de forma muito séria. Da resposta que for dada a tal questão dependem as futuras versões mais "densas" de democracia na Educação.

Referências

ADAMSON, F.; ASTRAND, B. & DARLING-HAMMOND, L. (eds.) (2016). *Global Education Reform* – How Privatization and Public Investment Influence Education Outcomes. Nova York: Routledge.

APPLE, M.W. (2016). Challemging the epistemological fog: The roles of the scholar/activist in education. In: *European Educational Research Journal*, 15 (5), p. 505-515.

_____ (2014). *Official Knowledge* – Democratic Education in a Conservative Age. 3. ed. Nova York: Routledge.

_____ (2013). *Can Education Change Society?* Nova York: Routledge.

_____ (ed.) (2010). *Global Crises, Social Justice, and Education*. Nova York: Routledge.

_____ (2006). *Educating the "Right" Way* – Markets, Satndards, God, and Inequality. 2. ed. Nova York: Routledge.

_____ (2004). Creating difference: Neo-liberalism, neo-conservatism and the politics of educational reform. In: *Educational Policy*, 18, p. 12-44.

_____ (2001). *Educating the "Right" Way* – Markets, Satndards, God, and Inequality. Nova York: Routledge.

APPLE, M.W. & BEANE, J.A. (eds.) (2007). *Democratic Schools* – Lessons in Powerful Education. 2. ed. Portsmouth, NH: Heinemann.

APPLE, M.W.; AASEN, P.; CHO, M.K.; GANDIN, L.A.; OLIVER, A.; SUNG, Y.K. & WONG, T. (2003). *The State and the Politics of Knowledge*. Nova York: Routledge Falmer.

BALL, S.J. (2015). Elites, education and identity: An emerging research agenda. In: VAN ZANTEN, A.; BALL, S. & DARCHY-KOECHLIN, B. (eds.). *World Yearbook of Education 2015* – Elites, Privilege and Excellence: The National and Global Redefinition of Educational Advantage. Nova York: Routledge, p. 233-240.

_____ (2013). *Education Debate*. 2. ed. Bristol: The Policy Press.

_____ (2007). *Education plc* – Understanding Private Sector Participation in Public Sector Education. Nova York: Routledge.

_____ (2003). *Class Strategies and the Education Market* – The Middle Class and Social Advantage. Nova York: Routledge.

_____ (1998). Big policies/small world: An introduction to international perspectives in education policy. In: *Comparative Education*, 34, p. 119-130.

_____ [s.d.]. *Global Education Inc.* – New Policy Networks and the Neo-Liberal Imaginary. Nova York: Routledge.

BALL, S.J.; BOWE, R. & GEWIRTZ, S. (1995). Circuits of schooling: A sociological exploration of parental choice of school in social class contexts. In: *Sociological Review*, 43, p. 52-78.

BALL, S.J. & VINCENT, C. (1998). "I heard it on the grapevine": "Hot" knowledge and school choice. In: *British Journal of Sociology of Education*, 19, p. 377-400.

BERNSTEIN, B. (1977). *Class, Codes and Control*. Vol. 3 – Towards a Theory of Educational Transmissions. Nova York: Routledge.

BOURDIEU, P. (1986). The forms of capital. In: RICHARDSON, J.G. (ed.). *Handbook of Theory and Research for the Sociology of Education*. Nova York: Greenwood Press, p. 241-258.

_____ (1984). *Distinction* – A Social Critique of the Judgement of Taste. Cambridge, MA: Harvard University Press.

BROWN, P. (2003). The opportunity trap: Education and employment in a global economy. In: *European Educational Research Journal*, 2, p. 141-179.

BURAS, K. & APPLE, M.W. (2005). School choice, neoliberal promises, and unpromising evidence. In: *Educational Policy*, 19, p. 550-564.

CASTELLS, M. (2008). The new public sphere: Global civil society, communication networks, and global governance. In: *The Annals of the American Academy of Political and Social Science*, 616 (1), p. 78-93.

COMITÊ CENTRAL DO PARTIDO COMUNISTA CHINÊS (1985). *A decisão do Comitê Central do Partido Comunista da China sobre a reforma do sistema educacional* [em chinês – Disponível em www.moe.edu.cn/publicfiles/business/htmlfiles/moe/moe_177/200407/2482.html – Acesso em 10/02/2017].

COMITÊ CENTRAL DO PARTIDO COMUNISTA CHINÊS & CONSELHO DE ESTADO (1993). *Diretrizes para reforma e desenvolvimento da educação na China* [em chinês – Disponível em www.moe.edu.cn/publicfiles/business/htmlfiles/moe/moe_177/200407/2484.html – Acesso em 10/02/2017].

CHEN, F. (2003). School choice: Global investigation report. In: *Xinhua Digest*, 11, p. 178-179.

CHENG, B. (1997). Exploring the practice and theory of Chinese private schools. In: *Chinese Education & Society*, 30 (1), p. 23-37.

CHUBB, J.E. & MOE, T.M. (1990). *Politics, Markets and America's Schools*. Washington, DC: The Brookings Institution.

CLARKE, J. (2015). Stuart Hall and the theory and practice of articulation. In: *Discourse* – Studies in the Cultural Politics of Education, 36 (2), p. 275-286.

CLARKE, J. & NEWMAN, J. (1997). *The Managerial State* – Power, Politics and Ideology in the Remaking of Social Welfare. Thousand Oaks, CA: Sage.

DALE, R. (1989). The Thatcherite project in education: The case of the City Technology Colleges. In: *Critical Social Policy*, 9 (27), p. 4-19.

FORSEY, M.; DAVIES, S. & WALFORD, G. (eds.) (2008). *The Globalization of School Choice?* Oxford, RU: Symposium Books.

FRASER, N. (2005). Mapping the feminist imagination: From redistribution to recognition to representation. In: *Constellations*, 12 (3), p. 295-307.

_____ (2009). *Scales of Justice* – Reimagining Political Space in a Globalizing World. Nova York: Columbia University Press.

FRIEDMAN, M. & FRIEDMAN, R. (1980). *Free to Choose* – A Personal Statement. Nova York: Houghton Mifflin Harcourt.

GROSSBERG, L. (1986). On postmodernism and articulation: An interview with Stuart Hall. In: *Journal of Communication Inquiry*, 10 (2), p. 45-60.

GUAN, Q. & MENG, W. (2007). China's new national curriculum reform: Innovation, challenges and strategies. In: *Frontiers of Education in China*, 2 (4), p. 579-604.

HALL, S. (1985). Signification, representation, ideology: Althusser and the post-structuralist debates. In: *Critical Studies in Media Communication*, 2 (2), p. 91-114.

_____ (1980). Race, articulation and societies structured in dominance. In: ORGANIZAÇÃO EDUCACIONAL, CIENTÍFICA E CULTURAL DAS NAÇÕES UNIDAS (ed.). *Sociological Theories* – Race and Colonialism. Paris: Unesco, p. 305-345.

HANNUM, E.; AN, X. & CHERNG, H.Y.S. (2011). Examinations and educational opportunities in China: Mobility and bottlenecks for the rural poor. In: *Oxford Review of Education*, 37 (2), p. 267-305.

HARVEY, D. (2005). *A Brief History of Neoliberalism*. Oxford, RU: Oxford University Press.

HENIG, J.R. (1994). *Rethinking School Choice* – Limits of the Market Metaphor. Princeton, NJ: Princeton University Press.

KHAN, S.R. (2012). The sociology of elites. In: *Annual Review of Sociology*, 38, p. 361-377.

LAUDER, H. & HUGHES, D. (1999). *Trading in Futures* – Why Markets in Education Don't Work. Filadélfia, PA: Open University Press.

LENG, S.L. & LENG, C.Z. (2004). An analysis of high school fees and costs in Jiangxi Province. In: *Finance and Economy*, 6, p. 31-34.

LI, F. (2008). Análise da atual situação do investimento educacional nas escolas secundárias gerais da China [em chinês]. In: *Research in Educational Development*, 11, p. 55-59.

LIU, S. (2016). *Becoming International* – High School Choices and Educational Experiences of Chinese Students Who Choose to Go to U.S. Colleges. Universidade de Wisconsin-Madison [Tese de doutorado].

_____ (2015). "International Access Project": A network analysis of an emerging international curriculum program in China. In: AU, W. & FERRARE, J.J. (eds.). *Mapping Corporate Education Reform* – Power and Policy Networks in the Neoliberal State. Nova York: Routledge, p. 86-105.

LIU, Y. & DUNNE, M. (2009). Educational reform in China: Tensions in national policy and local practice. In: *Comparative Education*, 45 (4), p. 461-476.

LIU, J.; TANG, T. & WU, J. (2012). O impacto do investimento e gastos de verbas educacionais no desenvolvimento das escolas secundárias comuns – Baseado em análise da província de Hunan [em chinês]. In: *Journal of the Chinese Society of Education*, 12, p. 15-19.

MAXWELL, C. (2015). Elite: Some questions for a new research agenda. In: VAN ZANTEN, A.; BALL, S. & DARCHY-KOECHLIN, B. (eds.). *World Yearbook of Education 2015* – Elites, Privilege and Excellence: The National and Global Redefinition of Educational Advantage. Nova York: Routledge, p. 15-28.

MINISTÉRIO DA EDUCAÇÃO DA REPÚBLICA POPULAR DA CHINA (2016). *Comunicado em resposta à Proposta 0140 (Educação 029) da Quarta Sessão do 12º Comitê Nacional do Conselho Político Popular da China* [em chinês – Disponível em www.mof.gov.cn/zhengwuxinxi/zhengcefabu/201405/t20140505_1074921. htm – Acesso em 02/04/2017].

_____ (2014). *Diretriz para implementar a padronização de encargos educacionais e dirigir o esforço para refrear a cobrança arbitrária de taxas em 2014* [em chinês – Disponível em www.moe.edu.cn/publicfiles/business/htmlfiles/moe/s3144/201001/81023.html – Acesso em 02/04/2017].

_____ (2012). *Diretriz do Ministério da Educação e outros seis departamentos para o esforço de refrear a cobrança arbitrária de taxas em 2012* [em chinês – Disponível em www.moe.edu.cn/publicfiles/business/htmlfiles/moe/s7503/201407/171881. html – Acesso em 02/04/2017].

_____ (2010). *Diretrizes nacionais para a reforma e desenvolvimento educacionais em médio e longo prazos (2010-2020)* [em chinês – Disponível em www.moe.gov.cn/publicfiles/business/htmlfiles/moe/moe_838/201008/93704. html – Acesso em 06/05/2014].

_____ (2006). *Diretriz do Ministério da Educação e outros seis departamentos para o esforço de refrear a cobrança arbitrária de taxas* [em chinês – Disponível em www.moe.edu.cn/publicfiles/business/htmlfiles/moe/s3144/201001/81023. html – Acesso em 02/04/2017].

_____ (2004). *Medidas de implementação das regulamentações da República Popular da China sobre a cooperação exterior em gestão escolar* [em chinês – Disponível em http://www.crs.jsj.edu.cn/index.php/default/news/index/6 – Acesso em 18/03/2014].

_____ (2003). *Regulamentações da República Popular da China sobre a cooperação exterior em gestão escolar* [em chinês – Disponível em www.moe.edu.cn/publicfiles/business/htmlfiles/moe/moe_861/200506/8646.html – Acesso em 18/08/2014].

MOK, K.H. (2001). From state control to governance: Decentralization and higher education in Guangdong, China. In: *International Review of Education*, 47 (1), p. 123-149.

_____ (1997). Privatization or marketization: Educational development in post-Mao China. In: *International Review of Education*, 43 (5), p. 547-567.

MOK, K.H.; WONG, Y.C. & ZHANG, X. (2009). When marketisation and privatisation clash with socialist ideals: Educational inequality in Urban China. In: *International Journal of Educational Development*, 29 (5), p. 505-512.

CONGRESSO NACIONAL DO POVO DA REPÚBLICA POPULAR DA CHINA (2006). *Compulsory Education Law of the People's Republic of China (amended)* [Disponível em www.npc.gov.cn/englishnpc/Law/2007-12/12/content_1383936.htm – Acesso em 09/03/2015].

_____ (1986). *Lei de Educação Obrigatória da República Popular da China* [em chinês – Disponível em http://www.lawinfochina.com/display.aspx?id=1166&lib=law – Acesso em 10/11/2017].

NETEASE EDUCATION (2015). *Educational Experts said that the international classes created by public high schools should not be across the board*. Ministry of Education will announce guidelines [Disponível em edu.163.com/15/0311/13/AKEA301N00294MBF_all.html – Acesso em 21/03/2017].

NGOK, K. (2007). Chinese education policy in the context of decentralization and marketization: Evolution and implications. In: *Asia Pacific Education Review*, 8 (1), p. 142-157.

NIU, W. (2007). Western influences on Chinese educational testing. In: *Comparative Education*, 43 (1), p. 71-91.

OLSSEN, M.; CODD, J.A. & O'NEIL, A.M. (2004). *Education Policy* – Globalization, Citizenship and Democracy. Thousand Oaks, CA: Sage.

PLANK, D.N. & SYKES, G. (eds.) (2003). *Choosing Choice* – School Choice in International Perspective. Nova York: Teachers College Press.

POWER, S. & WHITTY, G. (2006). Education and the middle class: A complex but crucial case for the sociology of education. In: LAUDER, H.; BROWN, P.; DILLABOUGH, J.A. & HALSEY, A. (eds.). *Education, Globalization, and Social Change*. Oxford, RU: Oxford University Press, p. 446-453.

QIN, H. (2008). School choice in China. In: *Frontiers of Education in China*, 3 (3), p. 331-345.

ROBERTSON, S. (2003). WTO/GATS and the global education services industry. In: *Globalisation, Societies and Education*, 1 (3), p. 259-266.

ROLLOCK, N.; GILLBORN, D.; VINCENT, C. & BALL, S. (2014). *The Colour of Class* – The Educational Strategies of the Black Middle Classes. Londres: Routledge.

SHAO, Z. & ZHANG, L. (2013). Por que é tão difícil resolver o problema da opção escolar? [em chinês]. In: *Educational Research*, 9, p. 4-11.

SHEN, B. (2006). Análise das diferenças regionais de encargos no último estágio da escola geral secundária na China [em chinês]. In: *Forum on Contemporary Education*, 5, p. 24-27.

SLACK, J.D. (1996). The theory and method of articulation in cultural studies. In: MORLEY, M. & CHEN, K. (eds.). *Stuart Hall* – Critical Dialogues in Cultural Studies. Londres: Routledge, p. 113-119.

SWARTZ, D. (1997). *Culture and Power* – The Sociology of Pierre Bourdieu. Chicago, IL: University of Chicago Press.

SERVIÇO DE RETIFICAÇÃO DO CONSELHO DE ESTADO DA REPÚBLICA POPULAR DA CHINA (2001). *Opiniões do Serviço de Retificação do Conselho de Estado e do Ministério da Educação sobre novos freios à cobrança arbitrária de taxas escolares* [em chinês – Disponível em www.moe.edu.cn/moe_879/moe_165/moe_0/moe_7/moe_16/tnull_166.html – Acesso em 15/02/2017].

TSANG, M.C. (2003). School choice in the People's Republic of China. In: PLANK, D.N. & SYKES, G. (eds.). *Choosing Choice* – School Choice in International Perspective. Nova York: Teachers College Press, p. 164-195.

_____ (1996). Financial reform of basic education in China. In: *Economics of Education Review*, 15 (4), p. 423-444.

WANG, H. (2011). Access to higher education in China: Differences in opportunity. In: *Frontiers of Education in China* 6, (2), p. 227-247.

WATERS, J.L. (2006). Emergent geographies of international education and social exclusion. In: *Antipode*, 38 (5), p. 1.046-1.068.

WHITTY, G. (1997). Creating quase-markets in education: A review of recent research on parental choice and school autonomy in three countries. In: *Review of Research in Education*, 22, p. 3-47.

WHITTY, G.; POWER, S. & HALPIN, D. (1998). *Devolution and Choice in Education* – The School, the State and the Market. Filadélfia, PA: Open University Press.

WILLIAMS, R. (2014). *Keywords* – A Vocabulary of Culture and Society. Nova York: Oxford University Press.

WU, Xiaopang (2010). Economic transition, school expansion and educational inequality in China, 1990-2000. In: *Research in Social Stratification and Mobility*, 28 (1), p. 91-108.

WU, Xiaopang & ZHANG, Z. (2010). Changes in educational inequality in China, 1990-2005. Evidence from the population census data. In: EMILY, H.; PARK, H. & BUTLER, Y. (eds.). *Globalization, changing demographics, and educational challenges in East Asia*. Bingley, RU: Emerald Group Publishing Limited, p. 123-152.

WU, Xiaoxin (2014). *School Choice in China* – A Different Tale? Nova York: Routledge.

_____ (2012). School choice with Chinese characteristics. In: *Comparative Education*, 48 (3), p. 347-366.

_____ (2011). The power of positional competition and market mechanism: An empirical study of parental choice of junior middle school in Nanning, PR China. In: *Research Papers in Education*, 26 (1), p. 79-104.

_____ (2008). The power of positional competition and market mechanism: A case study of recent parental choice development in China. In: *Journal of Education Policy*, 23, p. 595-614.

WU, Y. (2013). O sistema escolar modelo, trilhas e estratificação educacional na China, 1978-2008 [em chinês]. In: *Sociological Studies*, 4, p. 179-202.

WU, Z. & SHEN, J. (2006). School choice and education equity – Change in school choice policies and new direction in public school reform in China. In: *Tsinghua Journal of Education*, 6, p. 111-118.

XIE, Y.; ZHANG, X.; LI, J.; YU, X. & REN, Q. (eds.) (2013). *Informe sobre o desenvolvimento do bem-estar na China 2013* [em chinês]. Beijing: Ed. Universidade de Pequim.

XUE, H. & TANG, Y. (2016). Investimento de verbas educacionais no estágio final das escolas secundárias gerais da China: Situação atual, problemas e sugestões [em chinês]. In: *Journal of Educational Studies*, 12 (4), p. 89-101.

YAN, G. & CHANG, Y. (2009). The circumstances and the possibilities of critical educational studies in China. In: APPLE, M.W.; AU, W. & GANDIN, L.A. (eds.). *The Routledge International Handbook of Critical Education*. Nova York: Routledge, p. 368-386.

YANG, D. (2006). *A realidade e o ideal de justiça educacional na China* [em chinês]. Beijing: Ed. Universidade de Pequim.

_____ (2005). A research into the senior high school students' social class stratification and education acquisition. In: *Tsinghua Journal of Education*, 26 (3), p. 53-59.

YANG, P. (2009). A política das Três Restrições e opção nas escolas secundárias públicas [em chinês]. In: *Research in Educational Development*, 19, p. 36-40.

YE, H. (2015). Key-point schools and entry into tertiary education in China. In: *Chinese Sociological Review*, 47 (2), p. 128-153.

YE, X. (2012). "Use o poder para a opção escolar": O capital político dos pais e a opção escolar dos filhos [em chinês]. In: *World Economic Papers*, 4, p. 52-73.

YOU, Y. (2007). A deep reflection on the "key school system" in basic education in China. In: *Frontiers of Education in China*, 2 (2), p. 229-239.

YU, M. (2016). *The politics, practices, and possibilities of migrant worker schools in contemporary China*. Nova York: Palgrave Macmillan.

YUAN, Z.G. (1999). *Sobre as mudanças na política educacional chinesa* – Um estudo de caso sobre a relação entre igualdade e benefícios nas escolas médias chaves [em chinês]. Guangzhou: Ed. Educacional de Guangdong.

ZHANG, L. (2010). *In Search of Paradise* – Middle-class Living in a Chinese Metropolis. Ithaca, NY: Cornell University Press.

ZHONG, Q. (2006). Curriculum reform in China: Challenges and reflections. In: *Frontiers of Education in China*, 1 (3), p. 370-382.

5

A democracia crítica é durável?

Porto alegre e a luta pela democracia "densa" na Educação

Luís Armando Gandin e Michael W. Apple

Introdução

Abrir caminho para as chamadas "utopias reais" (WRIGHT, 2010) não é fácil. Mas isso é absolutamente crucial se quisermos refazer nossas instituições econômicas, políticas e culturais para torná-las lugares de séria transformação crítico-democrática. Para os que têm trabalhado anos e anos para ligar os movimentos na Educação e em torno dela a movimentos sociais mais amplos em prol da igualdade (cf., p. ex., APPLE, 2010, 2013; ANYON, 2005; LIPMAN, 2011), compreender os limites e possibilidades dessas ligações tem sido fundamental.

Um ponto essencial está no cerne das questões que cercam as relações de projetos educacionais com movimentos e projetos sociais críticos mais amplos. Como seria um sistema educacional democrático? A palavra "sistema" é chave aqui. Num capítulo anterior examinamos uma escola específica que, mesmo com suas contradições em termos de raça e classe, levava a sério a questão da democracia. Mas como seria todo um sistema escolar? Seria isso possível?

Um lugar vem à mente de imediato, um lugar em que essa questão foi respondida com transformações reais: o sistema municipal de educação de Porto Alegre, a capital do estado brasileiro do Rio Grande do Sul (GANDIN, 2009, 2010; GANDIN & APPLE, 2002). Este capítulo examina as mudanças estruturais que tiveram lugar no ensino municipal portalegrense e, em especial, o desenvolvimento das práticas crítico-democráticas do Orçamento Participativo e da Escola Cidadã nos 16 anos de exercício da Administração Popular (coalizão de partidos de esquerda liderada pelo Partido dos Trabalhadores que governou a cidade de 1989 a 2004). Fizemos uma avaliação das condições que permitiram a experiência da Escola Cidadã e focalizamos algumas das lições que são possíveis de se aprender sobre a construção de sistemas educacionais democráticos. Algumas das questões que abordamos: Como ocorreram essas mudanças? Quais as condições que permitiram essa experiência? Quais foram os seus componentes? O que foi alcançado? Qual o legado da experiência realizada? O que ela nos diz sobre as perspectivas de reformas crítico-democráticas?

Para responder a essas questões, primeiro situamos Porto Alegre no seu contexto de lutas mais amplas contra a injustiça, tanto hoje quanto historicamente, em especial o avanço dos novos movimentos sociais de base. Em seguida, examinamos por que o sistema de ensino municipal merece ser estudado e o que ele alcançou. Também expomos alguns desafios que a experiência enfrenta atualmente e, por fim, revisitamos o sistema escolar de Porto Alegre seis anos depois de o Partido dos Trabalhadores ter deixado o governo, abordando o que foi preservado e o que mudou.

Mapeando as condições para a democracia – Novos movimentos sociais, um novo sindicalismo e o Partidos dos Trabalhadores

Entender como foi possível um projeto como o da Escola Cidadã requer um exame do contexto em que é possível florescer a democracia. Experiências democráticas "densas" exigem participação; e participação não é algo que pode ocorrer de uma hora para outra. Isso requer prática. Na seção seguinte investigamos a história da construção da democracia e da participação – nas condições mais adversas – que tornou possível o projeto Escola Cidadã.

Em 1964, o Brasil sofreu um golpe militar contra o presidente democraticamente eleito. A junta militar tomou o poder para evitar a suposta ameaça do comunismo no país, embora o governo à época fosse um governo populista de centro-esquerda. Os militares instalaram uma ditadura que durou até 1985, quando um civil foi eleito presidente (embora por votação indireta no Congresso – a primeira eleição direta após a ditadura só teria lugar em 1989). No começo do regime militar, a junta baniu todos os partidos políticos e fechou a Câmara dos Deputados e o Senado. Espaços tradicionais de mobilização, como os sindicatos e partidos políticos de oposição, foram postos na ilegalidade e toda oposição severamente perseguida. As histórias de assassinatos, tortura e exílio forçado perpetrados pelos militares, muitos deles treinados na Escola das Américas, do Exército dos Estados Unidos[13], são inúmeras e muito bem documentadas[14].

---

13 É uma escola mantida pelo Exército dos Estados Unidos cujo objetivo oficial é treinar as Forças Armadas latino-americanas, promover o profissionalismo militar e incentivar a cooperação com forças militares internacionais. Seu envolvimento no treinamento de pessoal militar que praticou torturas e cometeu assassinatos na América Latina é bem conhecido e muito bem documentado. A escola ainda existe, apesar dos esforços de ativistas para fechá-la. É agora chamada Instituto do Hemisfério Ocidental para Cooperação em Segurança [Western Hemisphere Institute for Security Cooperation] e está localizada no estado da Geórgia. De acordo com o grupo chamado School of the Americas Watch, que faz vigilância de suas atividades, "[e]m setembro de 1996, sob intensa pressão de movimentos religiosos e de base, o Pentágono liberou para divulgação sete manuais de treinamento em língua espanhola usados na escola até 1991. O *New York Times* reportou que 'os americanos podem agora ler por si mesmos algumas das nocivas lições que os Estados Unidos deram a milhares de latino-americanos [...]. [Os manuais da Escola das Américas] recomendavam técnicas de interrogatório como a tortura, a execução, a chantagem e a prisão de parentes dos interrogados" (SCHOOL OF THE AMERICAS WATCH, 2002). Para mais informações sobre a história da Escola das Américas, cf. Nelson-Pallmeyer, 1997.

14 Um livro documentando as torturas praticadas pelos governos militares do Brasil durante a ditadura foi publicado pela Arquidiocese de São Paulo da

Mas gradualmente o regime militar começou uma reabertura do Congresso e, devido às pressões políticas, criou dois partidos, um que defendia os interesses do governo e da coalizão que apoiou o golpe, outro que representaria a oposição. No início da década de 1970, o Congresso não tinha poder efetivo e a maioria da população não apoiava o partido oposicionista, preferindo "anular" seu voto nas eleições compulsórias.

Sem espaços institucionais para se organizarem, os movimentos de oposição tiveram que entrar na clandestinidade. A ausência de espaços institucionais de mobilização criou as condições para o surgimento do que se chamou "novos movimentos sociais"[15]. Foram movimentos não diretamente ligados aos partidos ou sindicatos (daí o adjetivo "novos") que começaram a surgir em bairros pobres por todo o Brasil. Durante esse período, as condições urbanas deterioravam-se e os salários estavam estagnados, gerando assim igualmente mobilizações anti-hegemônicas. Esses novos movimentos sociais foram criados para lutar contra uma série de condições, como o transporte precário, o custo de vida crescente e a falta de creches, entre outras.

Há um consenso entre os pesquisadores no Brasil de que a liderança progressista dentro da Igreja Católica, que nessa altura desenvolvia a Teologia da Libertação[16], era crucial para disponibilizar espaços de mobilização e organização, isso desde o pior momento da repressão política, no final da década de 1960. A organização se dava nas paróquias locais, nos bairros e nas comunidades. O melhor exemplo

---

Igreja Católica em 1985, ano do fim do regime. Para a tradução inglesa do livro, cf. Arquidiocese de São Paulo, 1998.

15 Para uma análise abrangente dos "novos movimentos sociais" no Brasil, cf. Schrer-Warren e Krischke, 1987.

16 A Teologia da Libertação é um movimento iniciado na Igreja Católica latino-americana que ligava o ativismo sociopolítico progressista (e, em alguns casos, revolucionário) à religião e incorporava o marxismo e a análise de classe à sua interpretação e prática na realidade social. Para uma abordagem acadêmica do movimento, cf. Löwy, 1996.

disso são as Comunidades Eclesiais de Base, as CEBs[17]. A maneira como essas CEBs funcionavam é descrita por Keck (1986, p. 135-136): "Encontram-se regularmente para rever as experiências dos participantes no dia a dia à luz do ensinamento bíblico e vice-versa. Através de um reexame dos ensinamentos cristãos, muitas comunidades, particularmente nas áreas pobres, desenvolvem uma crítica social baseada na experiência imediata". Para entender o alcance das CEBs no Brasil é preciso apenas saber que, no auge de sua organização, havia 80 mil Comunidades Eclesiais de Base operando em todo o Brasil (DELLA CAVA, 1988).

Talvez o melhor exemplo do tipo de mobilização que as CEBs iniciaram no país tenha sido o Movimento do Custo de Vida. Em 1973, comissões de mães das Comunidades Eclesiais de Base organizaram greves contra a terrível carestia enfrentada pelas famílias pobres. No auge do movimento, milhares de bairros em todo o país – muitos particularmente ativos em Porto Alegre – mobilizaram-se e estabeleceram ligações com vários outros movimentos, inclusive de mulheres e entidades estudantis. Muitos eram também integrantes de organizações apoiadas pela Igreja no setor educacional, como a Juventude Estudantil Católica (JEC) e a Juventude Universitária Católica (JUC). Como ressalta Keck (1986, p. 138), a Igreja exerce o papel múltiplo de "arena, promotora e também protetora" dos movimentos. É claro que esse ambiente de estímulo e proteção criava um espaço que não existia antes no Brasil sob regime militar. Era um incentivo para os movimentos sociais, que se tornariam duradouros e cruciais para futuras mobilizações.

Os espaços fornecidos pelas CEBs eram também locais para estabelecer relações entre esses e outros movimentos. Como os espaços tradicionais de mobilização, como partidos e sindicatos, eram ex-

---

[17] Para mais informação sobre as CEBs, cf. Azevedo, 1987. Sobre as CEBs e o envolvimento da Igreja Católica na política progressista no Brasil, cf. Mainwaring, 1986.

tremamente reprimidos, o porto seguro criado pelas CEBs ajudou a favorecer as ligações entre grupos que de outra forma não se encontrariam. Como diz Keck (1986, p. 136):

> As CEBs foram extremamente importantes na produção de ativistas conscientes que participariam em outros movimentos sociais. Membros das CEBs atuaram em movimentos de bairros e na renovação do movimento operário. Havia grande interação dos ativistas das Comunidades Eclesiais de Base com organizações comunitárias e de trabalhadores; o espaço social fornecido pela Igreja nos anos de 1970 facilitou a comunicação entre as organizações.

As CEBs não estavam sozinhas, porém outras organizações dentro da Igreja Católica, como a Juventude Operária Católica (JOC), cujos integrantes também participavam das CEBs, foram igualmente espaços cruciais de organização para os trabalhadores que não podiam se reunir nos sindicatos. Como diz Telles,

> as mobilizações de bairro possibilitaram o surgimento de muitos militantes, o que o ambiente das fábricas não permitia ou restringia bastante. Muitos trabalhadores aprenderam a organizar-se nos bairos [e nas CEBs] antes de se tornarem militantes nas fábricas (TELLES, citado em KOWARICK, 2000, p. 37).

No final da década de 1970, a ditadura foi forçada a afrouxar as políticas e práticas repressivas. Isso em grande parte devido às vitórias eleitorais obtidas pelo partido oposicionista – os cidadãos que antes anulavam seus votos passaram a votar no partido de oposição, grandemente influenciados pelo trabalho dos movimentos de bairro. Ao mesmo tempo, protestos populares, novos sindicatos operários, especialmente no centro industrial do Brasil, o estado de São Paulo, começaram a se tornar mais ativos. Esse período também foi testemunha de uma crítica crescente ao sindicalismo herdado dos anos 30, 40 e 50 do século passado, visto cada vez mais como um sindicalismo burocrático e não combativo o bastante. Os novos sindicatos que eram formados em resposta a essa situação foram altamente influenciados pelas experiências democráticas das organizações de bairro e das CEBs e não aceitavam qualquer centralismo em sua estrutura. Por conseguinte, os novos sindicatos distanciaram-se da tradicional posição de "vanguarda" assumida pelas correntes marxistas da época. Em 1978, os metalúrgicos de São Bernardo, cidade da região metropolitana de São Paulo, altamente organizados em comissões democráticas de chão de fábrica, desencadearam uma greve e, depois de árdua batalha, conseguiram seu objetivo de um aumento salarial. Luís Inácio da Silva – Lula, como é conhecido no Brasil – era o líder desse sindicato. Em 1980 ele seria um dos fundadores e líderes do Partido dos Trabalhadores. A vitória sindical seria mais do que uma mera vitória econômica. A natureza democrática do sindicato, seu alto nível de organização, com delegados em cada fábrica, virariam exemplos de como organizar mobilizações com sucesso. Os anos de 1978, 1979 e 1980 foram agitados por greves em vários setores, de bancos a escolas. As escolas, com efeito, foram muitas vezes locais importantes de ação e, para a história que temos que contar, mais ainda os sindicatos de professores.

Entre as mobilizações sindicais de professores, as que ocorreram no estado do Rio Grande do Sul foram com certeza as mais atuantes. Em 1978, o Centro dos Professores do Estado do Rio Grande do Sul (CPERS) – naquele momento ainda não tecnicamente um sindicato, embora atuando como tal, porque os funcionários públicos eram proibidos por lei de organizar sindicatos – começou a mudar sua estrutura e criou uma organização descentralizada por todo o território gaúcho. Com 42 subdivisões atuando nas regiões do estado, o CPERS realizava encontros a cada mês com delegados de todas elas. Numa greve histórica por melhores salários em 1979, o CPERS reuniu 15 mil professores numa assembleia e decidiu entrar em ação.

O poder do sindicato pode ser medido pelo número de professores que congrega. Em 1991, 70% de todos os professores das escolas públicas eram filiados ao CPERS, o que fazia dele o maior sindicato de docentes do Brasil, com 78 mil membros (BULHÕES & ABREU, 1992, p. 13-14). Entre 1979 e 1991, os professores das escolas públicas do Rio Grande do Sul organizaram nove greves. Os ganhos econômicos das greves foram significativos; mas a situação econômica do país, marcada por altíssima inflação, acabou por reduzir muitos desses ganhos. Houve, no entanto, um importante ganho que por vezes não é destacado como devia na literatura sobre as lutas dos professores. As mobilizações sindicais superaram políticas e tendências corporativistas dominantes e voltaram-se para a defesa da escola pública e da gestão escolar democrática. Assim, o CPERS foi capaz de resistir a muitas reformas conservadoras que os governos tentaram introduzir nas escolas do estado ao longo dos anos, inclusive o pagamento por desempenho que remunerava mais professores que produziam boas notas e por Gestão de Qualidade Total (GQT). Como diz Hypolito (1999, p. 95):

> Todas as propostas conservadoras iniciadas no Rio Grande do Sul pelos últimos governos não puderam ser implementadas. Mesmo as que tinham caráter pedagógico sequer chegaram às salas de aula [...]. As ações do sindicato e dos professores, por vezes com greves, manifestações e protestos – quando as medidas pediam uma contestação da política oficial e luta por melhores condições de trabalho –, e às vezes com o silêncio – quando o governo tentava impor alguma orientação pedagógica –, foram cruciais para impedir a consolidação de um projeto educacional explicitamente conservador.

Essa resistência do movimento organizado dos professores[18] foi fundamental no ensino público e influenciou diretamente as iniciativas

---

18 Sobre a história da mobilização dos professores no estado do Rio Grande do Sul, cf. Bulhões e Abreu, 1992. Para um exemplo de como o CPERS conseguiu rearticular símbolos em apoio à sua causa, cf. Gandin e Hypolito, 2000.

de política educacional em Porto Alegre, em especial porque todos os seus líderes faziam parte das mobilizações de professores do CPERS. Essas mobilizações de professores e a luta por gestão democrática entre o Estado e as escolas e dentro das escolas são componente essencial das condições que permitiram o projeto Escola Cidadã em Porto Alegre.

Pode-se ver pelo que expusemos que os movimentos organizados de trabalhadores e grupos a eles ligados avançaram de forma persistente em Porto Alegre e em todo o Brasil. Relações eram estabelecidas e a organização crescente nos bairros não se limitava a práticas localizadas. Mas é importante resistir a classificar as lutas nas associações de bairros e nas CEBs como meros preparativos para um ativismo mais amplo e significativo. Como ressalta Kowarick (2000, p. 37), essas organizações não eram importantes apenas porque "alimentavam" as lutas dos trabalhadores (o que é verdade), como alegaria uma interpretação marxista ortodoxa. Esses "novos" movimentos sociais eram fundamentais também porque representavam um momento em que os grupos podiam refletir sobre as condições de exploração e dominação em que viviam. Essas reflexões críticas geraram uma "consciência de exclusão" e serviram para abrir espaço às pessoas oprimidas para construírem ativamente novas práticas que lhes permitiam mudar essas condições. Mais uma vez é precisa a descrição de Kowarick (2000, p. 38):

> Naquele momento histórico, em grande parte graças à ação da Igreja Católica através das CEBs, clubes de mães, associações de jovens e outras articulações ligadas à pastoral católica, as pessoas começaram a se reconhecer, a perder o medo de pensar e agir e, de forma embrionária e fragmentada, passaram a organizar um campo de resistência e organização popular.

O "campo da resistência e organização popular" é a origem exata do Partido dos Trabalhadores e foi essa origem que constituiu a sua novidade. Esses processos de aprendizado sobre como viver a democracia participativa foram cruciais quando o projeto da Escola Cidadã criou os espaços para participação. Para a maioria das comunidades não era uma prática nova: elas já haviam experimentado práticas democráticas.

O Partido dos Trabalhadores nasceu dessas mobilizações e teve como objetivo inicial uma radical democratização. Criado em 1980, era um dos primeiros partidos criados após a reforma política conduzida pelos militares permitindo o surgimento de novas agremiações políticas. (O objetivo do governo tinha sido enfraquecer a oposição, concentrada naquele momento em um único partido oposicionista legal. A estratégia, no entanto, fracassou, pois o governo perdeu a maioria nas eleições nos anos seguintes.) De acordo com Meneguello (1989, p. 57-58), o Partido dos Trabalhadores foi criado por uma coalizão de forças: o novo sindicalismo, liderado por Lula; alguns membros esquerdistas do único partido legal de oposição até aquele momento; intelectuais de esquerda; certas organizações marxistas; e parcelas dos novos movimentos sociais coordenadas pela ala esquerda da Igreja Católica (integrantes das CEBs, das associações de moradores, da JOC, e assim por diante).

Embora o partido esteja hoje em dramática necessidade de retomar o caminho de volta a suas origens democráticas, ao nascer o Partido dos Trabalhadores opunha-se firmemente ao tradicional centralismo dos partidos comunistas. A organização garantia uma "base para o aprendizado da participação e tomada de decisão democráticas e [...] criava também uma oportunidade para o surgimento de novos líderes em suas fileiras" (KECK, 1986, p. 299-300). A criação do Partido dos Trabalhadores representou uma mudança radical na política brasileira. Num país em que a política era sempre algo para as elites[19], o Partido dos Trabalhadores foi a materialização do primeiro partido político (fora o Partido Comunista, ilegal na maior parte da sua história no país) criado para defender e promover os interesses da classe operária

---

19 Sobre isso, cf. Kowarick, 1979; Keck, 1986.

brasileira (PINHEIRO, 1989). Como explica Keck neste trecho longo, mas essencial:

> A própria organização do Partido dos Trabalhadores desafiava elementos importantes da concepção dominante de política no Brasil. A ideia de que os trabalhadores deviam representar a si mesmos no palco político "não fazia sentido" sob vários aspectos. Primeiro porque os trabalhadores não possuíam conhecimento político para representar a si mesmos; faltava-lhes não apenas educação, mas também a exposição a preocupações públicas que devem ter os integrantes da elite política. Segundo, [...] os trabalhadores não possuíam a rede de relações para se tornar atores efetivos na arena pública. Para a maioria dos brasileiros, essas observações não passavam de "senso comum" [...]. O Partido dos Trabalhadores propunha, por outro lado, um novo "senso comum" para os trabalhadores, segundo o qual [...] "se você quiser conseguir alguma coisa, tem que fazê-la por si mesmo" (1986, p. 490).

Essa é uma mudança fundamental de perspectiva. Uma vez que as elites e grupos dominantes do Brasil nada fariam por eles, os trabalhadores e classes subalternas teriam que propor novas formas para se governarem. Como nos lembra Gramsci (1997), romper a compreensão de mundo do senso comum dominante e criar uma nova e mais libertadora é crucial para uma sociedade mais democrática. A tarefa de criar um novo senso comum era parte importante da agenda do Partido dos Trabalhadores. E, como veremos, seria parte central do projeto Escola Cidadã.

Desde o começo, o Partido dos Trabalhadores insistiu que era importante para os sindicatos e os movimentos sociais em geral manterem a independência. Também enfatizava a necessidade de levar em conta outras lutas além das econômicas. Em seu discurso na primeira convenção do partido, em 1981, Lula, líder do PT, já insistia que no passado as pessoas acreditavam que somente os partidos políticos eram capazes de centralizar a organização do movimento popular. Hoje reconhecemos que os melhores frutos são os dos movimentos que, exatamente como o nosso partido, têm suas raízes nas organizações rurais, de bairros, favelas, de locais de trabalho e de estudo e em questões específicas como as lutas dos negros e das mulheres (LULA, citado por GANDOTTI & PEREIRA, 1989, p. 67).

Essa posição tornou-se cada vez mais um ponto-chave no avanço da estratégia eleitoral do partido. Na primeira eleição de que participou, em 1982, o Partido dos Trabalhadores não conseguiu transformar a mobilização popular em votos. Por causa disso, o discurso de um partido que tinha um projeto específico para a classe operária mudou um bocado nas eleições subsequentes. O Partido dos Trabalhadores aprendeu muito rápido que não poderia ser eleito se não tivesse um projeto para toda a sociedade.

Talvez o melhor exemplo do reconhecimento pelo Partido dos Trabalhadores da importância de um foco mais amplo e do que isso significava para a construção de uma democracia "densa" na Educação e em outros setores seja a cidade de Porto Alegre e sua Administração Popular. Na seção seguinte descrevemos os objetivos da Administração Popular e os mecanismos primordiais que criou, resumidos na política de Orçamento Participativo, para envolver a população no governo da cidade.

A Administração Popular e o Orçamento Participativo

De 1989 a 2004, a cidade de Porto Alegre foi governada por uma coalizão de partidos de esquerda, sob a forte liderança do Partido dos Trabalhadores, chamada Administração Popular. Cada mandato de prefeito municipal dura quatro anos no Brasil. O Partido dos Trabalhadores foi reeleito três vezes em Porto Alegre e governou a cidade por quatro mandatos – 1989-1992, 1993-1996, 1997-2000 e 2001-2004. Segundo um dos ex-prefeitos de Porto Alegre, Tarso Genro, membro nacionalmente respeitado do Partido dos Trabalhadores, o propósito da Administração Popular é

> resgatar as energias utópicas, [...] criar um movimento que contenha, como processo social real, as origens de uma nova forma de vida, construindo uma "nova vida moral" (Gramsci) e uma nova articulação entre Estado e sociedade [...] que possa levar a atividade social e a consciência de cidadania a uma nova ordem (GENRO, 1999, p. 9).

A Administração Popular trouxe significativas melhorias materiais para os cidadãos mais pobres do município. Para dar apenas um exemplo, como assinala Santos, "com relação aos serviços sanitários básicos (água e esgoto), em 1989 apenas 49% da população era servida. No final de 1996, 98% dos domicílios tinham água e 85% eram servidos pelo sistema de esgotos" (SANTOS, 1998, p. 485). Em termos de educação, o número de escolas mais do que dobrou desde o início da Administração Popular.

Uma medida particularmente importante adotada pela Administração Popular – o Orçamento Participativo (OP) – realocou recursos para os bairros pobres. O OP[20] é um mecanismo que garante participação e deliberação ativas da população no processo de tomada de decisões sobre alocação de recursos para investimento na cidade. Nas palavras de Santos:

> O orçamento participativo promovido pela prefeitura de Porto Alegre é uma forma pública de governo que tenta romper com a tradição autoritária e patrimonialista nas políticas públicas, recorrendo à participação

---

20 Aqui fazemos uma breve descrição da estrutura do Orçamento Participativo. Para mais informações sobre essa renomada experiência, cf. Santos, 1998; Baiocchi, 2001; Fedozzi, 1997.

direta da população nas diversas fases de preparação e implementação orçamentárias, com cuidado especial na definição de prioridades para a distribuição de recursos de investimento (SANTOS, 1998, p. 467).

De fato, a política no Brasil tem-se caracterizado historicamente pelo patrimonialismo e o clientelismo[21]. Para ter investimentos em suas comunidades, as associações de moradores têm que achar um vereador que possa propor ao governo municipal o investimento naquela área. Há todo tipo de arranjo "clientelista" que troca por votos o apoio às causas comunitárias. A tradição do Estado no Brasil também sempre foi altamente excludente de participação popular. A tradição impede que pessoas comuns, especialmente gente pobre, tenha qualquer voz ativa em assuntos de Estado. O que se coloca em radical oposição ao compromisso do Partido dos Trabalhadores de colocar os setores populares no centro da discussão política.

O governo da Administração Popular conseguiu romper com a tradição elitista dominante e parte do seu sucesso deveu-se à ativa participação popular na definição de políticas e alocação de recursos. O Orçamento Participativo foi o centro do projeto, que visava transformar a cidade de Porto Alegre e incorporar no processo decisório uma população pobre historicamente excluída. A história dos movimentos sociais urbanos examinada acima, na qual estiveram diretamente envolvidos militantes do Partido dos Trabalhadores, foi certamente uma fonte de inspiração para a Administração Popular, que teria a chance de institucionalizar os espaços de participação

---

21 O patrimonialismo pode ser definido como a *suposta* independência da estrutura burocrática do Estado em relação aos conflitos sociais. Segundo esta noção, a estrutura burocrática independente do Estado é o melhor lugar para decisões que são sempre "técnicas". Como mostram muitos pesquisadores, no Brasil essa tradição acabou por significar uma privatização do Estado pelos interesses do pessoal técnico que atua em favor de grupos dominantes. Sobre isso, cf. Faoro, 1958; Schwartzman, 1988. O clientelismo é a prática de trocar apoio político e eleitoral por benefícios econômicos e sociais. Sobre isso, cf. Santos, 1995; Schmidt, 1977.

popular e formas diretas de democracia. Uma nova relação entre o Estado e a sociedade civil poderia ajudar a reduzir a histórica espoliação urbana no Brasil. Foi exatamente o que fez o Orçamento Participativo em Porto Alegre, restaurando o papel do Estado como provedor dos bens públicos que garantem as condições materiais para a verdadeira cidadania.

É importante dizer, no entanto, que dar à população pobre acesso a bens públicos anteriormente inexistentes não foi a única mudança significativa, segundo encarregados da Administração Popular e também vários pesquisadores que estudaram a experiência de Porto Alegre (BAIOCCHI, 1999; SANTOS, 1998; ABERS, 1998; AVRITZER, 1999). Além disso, o Orçamento Participativo gerou um processo educativo que deu origem a novas organizações e associações de moradores. A cidadania municipal foi empoderada por um processo de aprendizado político na construção de suas organizações para participar do OP. Assim, o aspecto educacional das ações da administração municipal fica extremamente visível. Na verdade, o Orçamento Participativo pode ser considerado o que Wright e Fung chamam de uma "escola de democracia" (WRIGHT & FUNG, 2003), porque o aprendizado adquirido no seu processo transfere-se para outras esferas da vida social (BAIOCCHI, 1999). Teóricos da democracia deliberativa[22] alegam que, embora os "cenários de deliberação tenham lugar em contextos sociais desiguais em que a dominação estrutura a maioria das relações, a expectativa é de que a própria deliberação possa promover a paridade dentro do cenário participativo" (BAIOCCHI, 2001, p. 397). O principal mecanismo é o processo de aprendizado que ocorre quando os cidadãos, individual e coletivamente, apropriam-se das habilidades necessárias para lutar por suas necessidades em

---

22 Para um exame mais detalhado dos dilemas da democracia e da participação, que não dispomos de espaço para fazer neste capítulo, cf. Cohen e Rogers, 1995; Wright e Fung, 2003.

solidariedade aos outros[23]. O Estado age proativamente em Porto Alegre para criar canais em que essa paridade se torna possível, sem a perspectiva voluntarista de ficar esperando que a participação ocorra por um passe de mágica.

Mas há outro aspecto educacional muito interessante no Orçamento Participativo. Os próprios departamentos do governo municipal tinham que ser "reeducados". O processo do Orçamento Participativo enseja a transição da "tecnoburocracia" para a "tecnodemocracia" (SANTOS, 1998). É uma forma alternativa de governança, diferente do mercado e do mero Estado burocrático. Envolve ativa participação da cidadania no processo de planejamento e monitoramento, permitindo ao mesmo tempo eficiência e controle público. Os funcionários técnicos dos órgãos municipais tiveram que aprender como se comunicar com a população leiga para permitir a efetiva participação popular e a deliberação e o monitoramento eficientes pelo povo.

Santos faz uma descrição resumida de como funcionava o Orçamento Participativo:

> Em poucas palavras, o OP baseia-se em assembleias plenárias regionais e temáticas, nos Fóruns de Delegados e no Conselho do Orçamento Participativo (COP). Há duas rodadas de assembleias em cada uma das seis regiões municipais e para cada uma das cinco áreas temáticas. Entre as duas rodadas, há reuniões preparatórias nas microrregiões e por áreas temáticas. As assembleias e as reuniões têm um objetivo triplo: definir e ranquear as reivindicações e prioridades regionais e temáticas, eleger os delegados para os respectivos fóruns e os conselheiros para o COP, além de avaliar o desempenho do Executivo. Os delegados funcionam como intermediários entre o COP e os cidadãos, individualmente ou como participantes de organizações comunitárias ou temáticas. Eles também supervisionam

---

23 A tese de doutorado de Baiocchi dedica-se ao exame desse processo e suas descobertas confirmam esta afirmação. Cf. Baiocchi, 2001; cf. tb. Abers, 1998.

a aplicação do orçamento. Os conselheiros definem os critérios gerais que presidem ao ranqueamento de reivindicações e à alocação de verbas e votam o Plano de Investimentos proposto pelo Executivo (SANTOS, 1998, p. 469).

Através dessa sofisticada estrutura de governança, o Orçamento Participativo foi capaz de envolver as comunidades mais pobres no processo de mobilização que, como já ressaltamos, teve consequências não apenas econômicas.

No final dos anos de 1980, os municípios brasileiros ganharam maior autonomia, inclusive autonomia fiscal, o que foi altamente benéfico. A Administração Popular rapidamente soube explorar essa oportunidade. Foi capaz, por exemplo, de arrecadar mais recursos com as reformas fiscais que implantou. Norteada por um forte compromisso com a ética da distribuição e justiça sociais, passou a cobrar mais impostos sobre ricas propriedades imobiliárias e reduziu a tributação para cidadãos de áreas pobres. O processo de descentralização implantado neste momento no Brasil (altamente influenciado por princípios neoliberais de devolução, mas com contradições que a Administração Popular foi capaz de explorar e usar com propósitos democráticos mais densos) também criou mais recursos diretos para as administrações municipais, recursos que antes tinham sido altamente concentrados pelo governo federal.

Trabalhando em conjunto com o Orçamento Participativo, o projeto educacional Escola Cidadã foi implantado pela Secretaria Municipal de Educação (SME). Era um projeto com o mesmo direcionamento e que visava iniciar uma versão "densa" de educação para a cidadania desde os primeiros estágios do ensino formal através da criação de mecanismos institucionais democráticos.

É crucial entender esse contexto que descrevemos para compreender os elementos importantes que tornaram possível a Escola Cidadã. Na seção seguinte vamos descrever de modo mais detalhado a transformação que teve lugar no sistema de ensino municipal de Porto Alegre.

A democratização do sistema escolar

A partir do momento em que a Administração Popular foi eleita pela primeira vez, os líderes do projeto Escola Cidadã sabiam que teriam que mudar a maneira como eram tomadas as decisões no sistema educacional e nas escolas. Para que a democracia densa fosse vivida nas escolas de Porto Alegre, as decisões tinham que ser tomadas democraticamente. Os objetivos básicos do projeto – democratização do acesso à escola, democratização do conhecimento e democratização da governança – eram coletivamente trabalhados através da Assembleia Constituinte, uma estrutura participativa especialmente criada para estudar e definir esses objetivos.

A fim de elaborar os princípios que iriam guiar as ações da Escola Cidadã, o fórum democrático e participativo de deliberação foi estabelecido com essa Assembleia Constituinte. O projeto construiu-se através de um longo processo de mobilização das comunidades escolares, utilizando as inestimáveis lições aprendidas nas mobilizações para o Orçamento Participativo e na história da organização comunitária. O objetivo era gerar os princípios que guiariam a política do ensino municipal. Todo o processo começou em março de 1994 e levou 18 meses, envolvendo reuniões temáticas nas escolas, encontros regionais e a própria Assembleia, assim como a elaboração das normas internas das escolas. Os temas que nortearam as discussões foram gestão escolar, currículo, princípios de vida em comum e avaliações.

O projeto Escola Cidadã foi criado com o princípio de não separar a definição de objetivos e a criação dos mecanismos para implementá-los. O processo de geração dos objetivos práticos deveria representar em si mesmo um mecanismo inovador capaz de produzir transformações nas relações entre as escolas e a comunidade. As metas normativas para orientar a prática nas escolas seriam coletivamente elaboradas através de um processo participativo. A ideia era promover um governo que criasse canais para o verdadeiro desenvolvimento de objetivos regulatórios coletivamente construídos e mudasse a relação tradicional de funcionários públicos distantes gerindo escolas sobre as quais pouco sabiam.

A Assembleia Constituinte – que elegia delegados, entre os quais professores, pais, alunos e pessoal escolar – escolheu a democratização radical da Educação nas escolas municipais como principal objetivo normativo do projeto Escola Cidadã. Essa democratização radical teria que ocorrer nas três dimensões que mencionamos acima: acesso à escola, conhecimento e gestão. Esses três princípios seriam as linhas-mestras a nortear cada ação no sistema municipal de ensino. Foram princípios que mudaram a estrutura das escolas e a relação entre elas e a Secretaria de Educação. Passamos agora a descrever e analisar essas mudanças.

Democratização do acesso às escolas

As escolas municipais localizam-se nas áreas mais pobres de Porto Alegre. Para exercerem um impacto na vida das crianças moradoras desses bairros, era prioritário atacar as questões que cercavam o acesso inicial ao ensino. Para a Administração Popular, garantir esse acesso era, pois, o primeiro passo para promover a justiça social em comunidades historicamente excluídas dos bens da sociedade.

Garantir o acesso educacional a todas as crianças em idade escolar não é tão fácil como possa parecer. É enorme o número de crianças que historicamente não tiveram acesso à escola no Brasil. Estatísticas nacionais mostram que isso tem mudado rápido. Mas em 1991, quando mal começava a Administração Popular, e mesmo em 1994, quando o projeto Escola Cidadã existia apenas havia um ano, era grave a situação do acesso inicial à escolaridade. Quase 17% das crianças brasileiras em idade escolar não recebiam educação formal em 1991. Embora esse número tenha caído para quase 13% em 1994, era ainda claramente um quadro crítico.

Essa era uma preocupação central da Administração Popular e da Secretaria Municipal de Educação. O fato de que a democratização do acesso à escola era uma de suas prioridades centrais dá prova disso. A Secretaria de Educação investiu na construção de mais escolas e no aumento do número de professores preparados para trabalhar com as crianças.

Quando o Partido dos Trabalhadores foi eleito no pleito municipal de 1988, a cidade de Porto Alegre tinha apenas 19 escolas de educação fundamental (que inclui os 8 primeiros anos de ensino, o nível K-8 da nomenclatura inglesa), com 14.838 alunos e 1.698 professores, coordenadores e supervisores educacionais. Na Administração Popular o número de estudantes cresceu num índice notável. Entre 1988 e 2000, o número de alunos na educação fundamental do município aumentou 232%, o que mostra o profundo impacto das ações da Secretaria de Educação em Porto Alegre. Embora a comparação não seja de circunstâncias idênticas, vale observar que entre 1991 e 1998 o número de crianças em idade escolar no Brasil cresceu apenas 22,3% (INEP, 2000, p. 53).

O número de escolas de educação fundamental aumentou 12% nos governos da Administração Popular. E se considerarmos todas as escolas públicas municipais – incluindo as que se destinam à primeira infância, aos adolescentes e jovens adultos, além da educação especial – o índice de crescimento foi na verdade de 210%. É importante assinalar que essas escolas foram todas construídas em áreas muito pobres da cidade e que a maioria foi na verdade erguida dentro ou próximo de favelas. Isso significa que elas não apenas traziam de volta alunos que haviam abandonado o ensino público, mas que também criavam espaço para muitas crianças que nunca frequentaram escola e que provavelmente nunca frequentariam se não fossem as novas escolas municipais.

Mas garantir o acesso inicial à escolaridade não significa que essas crianças vão tirar proveito da escola. Para realmente democratizar o acesso às escolas, em 1995 a Secretaria de Educação propôs uma nova organização para o ensino municipal. Em vez de manter a estrutura tradicional de séries com duração de um ano (da 1ª a 8ª do Ensino Fundamental), a ideia foi adotar uma nova estrutura chamada Ciclos de Formação. É importante notar que a ideia de reorganizar o currículo e o espaço-tempo das escolas em ciclos em vez de séries não teve origem em Porto Alegre. O que a Escola Cidadã estava implantando não era novo em si, mas uma configuração que, de acordo com a Secretaria de Educação, ofereceria uma oportunidade substancialmente maior para lidar com a necessidade de democratização do acesso e do conhecimento.

Os administradores da secretaria estavam convencidos de que a questão do acesso às escolas poderia ser tratada de maneira muito melhor com o sistema de ciclos. De acordo com a secretaria, "a estrutura em ciclos é uma forma melhor de lidar seriamente com as dificuldades dos alunos, porque sua perspectiva educacional respeita, entende e investiga os processos sociocognitivos vividos pelos estudantes" (SME, 1999a, p. 11). A ideia é de que, com uma concepção diferente da equação aprendizagem/tempo, a Escola Cidadã não puniria os alunos por supostamente serem "lentos" no seu processo de aprendizado. Nessa nova configuração, o limite de tempo tradicional – o final de cada ano escolar, quando os alunos tinham que "provar" que haviam "aprendido" – foi eliminado em prol de uma outra organização temporal. O estabelecimento dos ciclos foi uma tentativa consciente de eliminar os mecanismos escolares que perpetuam a exclusão, o fracasso, a repetência e o abandono da escola, assim como a culpabilização das vítimas do processo.

Pelo novo sistema, estudantes da mesma idade eram agrupados em cada um dos anos, somando três ciclos. Isso visava mudar a realidade da maioria das escolas públicas voltadas para as classes populares no

Brasil. Quando a Administração Popular começou a governar a cidade, a Secretaria Municipal de Educação foi confrontada com um problema bem significativo. Havia grande número de alunos com múltiplas repetências em salas de aula destinadas a crianças muito mais novas. Para lidar com isso, a solução encontrada pela SME foi colocar estudantes da mesma idade no mesmo ano do ciclo. Dessa maneira, acreditava que os alunos várias vezes repetentes seriam remotivados.

Nas escolas que adotaram o sistema de ciclos, os alunos avançavam de um ano para outro dentro de cada um dos três ciclos. Assim eliminou-se a noção de "fracasso" com a repetência. Isso foi um ganho significativo na relação entre as escolas e os alunos pobres. Apesar dessa vitória, a SME também entendia que a eliminação de mecanismos de exclusão não era suficiente para atingir o objetivo de democratizar o conhecimento. Por isso, a Escola Cidadã criou vários mecanismos para garantir a inclusão dos alunos. Criou Grupos de Progressão para os alunos que tinham discrepâncias entre a idade e o aprendizado. A ideia era dar a esses estudantes que tiveram várias repetências no passado um ambiente de estímulo e desafio para que pudessem aprender no seu próprio ritmo e superar as lacunas de formação escolar existentes em função dos múltiplos fracassos que experimentaram. Além disso, os Grupos de Progressão eram também um espaço para os alunos que vinham de outros sistemas escolares (de outra cidade ou de escolas estaduais, p. ex.) e que igualmente viveram múltiplas repetências receberem mais atenção para serem finalmente integrados nos ciclos de acordo com a idade. A ideia era que a escola tinha que mudar sua estrutura para adaptar-se aos alunos e não o contrário, como tem sido historicamente o caso (SOUZA et al., 1999, p. 24-25).

Essa ideia de construir uma nova estrutura para melhor responder às necessidades dos alunos levou à criação de um outro mecanismo: o Laboratório de Aprendizado. Era um espaço em que os estudantes com problemas mais sérios de aprendizagem recebiam atenção individual, mas também um lugar em que os professores faziam pesquisa para melhorar a qualidade das aulas regulares. Para os estudantes com necessidades especiais foram criadas as Salas de Integração e Recursos, "espaços especialmente concebidos para estudar e auxiliar alunos com necessidades especiais que requerem trabalho pedagógico complementar específico para sua integração ou superação de suas dificuldades de aprendizado" (SME, 1999a, p. 50).

Com todos esses mecanismos, o projeto Escola Cidadã não apenas melhorou radicalmente o acesso inicial à escola, mas também garantiu que o espaço educacional ocupado pelas crianças de classes desfavorecidas fosse um espaço que as tratasse com a dignidade, respeito e qualidade necessários para mantê-las na escola e educá-las para se tornarem cidadãos realmente participantes.

Democratização do conhecimento

Como dissemos, a transformação do currículo era crucial para o projeto de construir uma cidadania ativa em Porto Alegre. É importante dizer que essa dimensão não se limita ao acesso ao conhecimento tradicional. O que se construía era também uma nova compreensão epistemológica do que é importante em termos de conhecimento. Não se baseava numa mera incorporação de conhecimento novo dentro dos limites de um "núcleo de sabedoria intacto da humanidade"; tratava-se, na verdade, de uma radical transformação. O projeto Escola Cidadã ia além da mera menção episódica de manifestações culturais ou da opressão de classe, raça, sexo e gênero. Incluía esses temas como parte essencial do processo de construção do conhecimento (APPLE, 2000).

O projeto Escola Cidadã problematizou a noção de "núcleo" e "periferia" no tocante ao conhecimento. O ponto inicial para a construção do conhecimento curricular era a cultura das próprias comunidades, não apenas em termos de conteúdo, mas também em termos de perspectiva. Todo o processo educacional visava inverter prioridades anteriores e estava sendo reconstruído para melhor servir os grupos historicamente excluídos e oprimidos. O ponto inicial desse novo processo de construção do conhecimento era a ideia de "complexos temáticos". Essa organização do currículo é uma forma de ter toda a escola trabalhando num tema gerador central, a partir do qual as disciplinas e as diversas áreas do conhecimento vão estruturando o foco dos seus conteúdos em um esforço interdisciplinar.

Através de pesquisa (realizada por professores nas comunidades em que se localizam as escolas), chega-se aos temas que interessam ou dizem respeito à comunidade. Depois de reunir elementos com integrantes da comunidade, os professores destacados para realizar esse trabalho e discutir a questão selecionam coletivamente as declarações que julgam mais significativas dos moradores para orientar a construção do complexo temático a ser abordado por toda a escola como foco central do currículo durante um período, que pode ser um semestre ou um ano inteiro.

Depois de definir os princípios, a tarefa é desenvolver a maior contribuição possível de cada área de conhecimento para a discussão daquele complexo temático, com a construção de uma matriz conceitual compreendendo uma rede de noções da área. Tomava-se cuidado para que isso não fosse meramente uma lista de fatos ou informações isolados. Ao contrário, devia ser uma rede baseada na compreensão dos professores sobre as formas e conteúdos do conhecimento essenciais para lidar com o complexo temático. Na consecução dessas tarefas, havia reuniões de professores por áreas de conhecimento e por cada ano dos ciclos para elaborar e planejar o currículo. Os professores tinham que "estudar" as suas áreas disciplinares para selecionar os conceitos que serviriam à problematização do complexo temático. Também tinham que trabalhar coletivamente com professores de outras áreas para montar um currículo integrado e denso o bastante de modo a abordar as questões listadas no complexo. Assim era constantemente construída, ao mesmo tempo, a democracia crítica coletiva entre os professores.

De acordo com um dos "criadores" dessa conceitualização no contexto do projeto Escola Cidadã, "o complexo temático produz uma percepção e compreensão da realidade e torna explícita a visão de mundo de todos os envolvidos no projeto" (ROCHA, citado em SME, 1999a, p. 21). Como o complexo temático é intimamente ligado aos problemas sociais, o processo faz os professores buscarem as relações de suas disciplinas com a realidade social como um todo. Por fim, como o ponto de partida para a criação do complexo temático é o conhecimento popular ou senso comum, os professores são também forçados a pensar quais são as relações entre o conhecimento oficial e esse saber comum do povo. Portanto, essa abordagem lida ao mesmo tempo com três grandes problemas da educação tradicional: a fragmentação do conhecimento, a "aparente" neutralidade do conteúdo escolar e a absoluta supremacia que as escolas tradicionais dão ao conhecimento "científico/erudito" sobre o conhecimento localizado das comunidades, especialmente as mais pobres – como é o caso em Porto Alegre.

O projeto Escola Cidadã concebe a organização do currículo em torno de um complexo temático não apenas como forma de gerar conhecimento alternativo dentro do espectro curricular, mas também como forma de intervenção política.

> Lecionar utilizando complexos temáticos não apenas gera a possibilidade de selecionar conhecimento significativo para os estudantes como também nos dá a perspectiva de ter um instrumento de análise que pode ajudá-los a organizar o mundo em que vivem para poder entendê-lo e atuar sobre ele através de uma prática social crítica, consciente e coletiva (GORODITCH & SOUZA, 1999, p. 78).

A rígida estrutura disciplinar tradicional é rompida e se criam áreas gerais interdisciplinares. São áreas de estudo chamadas expressão social, ciências físicas, químicas e biológicas, histórico-social e lógico-matemática.

Para dar um exemplo concreto de como isso funciona, vamos descrever de que forma foi feita a organização curricular da área de conhecimento histórico-social numa das escolas de Porto Alegre. Após a fase de pesquisa na comunidade, a escola escolheu como complexo temático "a qualidade de vida na favela". A área de conhecimento histórico-social teve que elaborar os seus princípios, isto é, que contribuição daria ao complexo temático escolhido. E a definiu como "a transformação individual e coletiva do cidadão no seu tempo e espaço, recuperando suas origens, com vistas a melhorar a qualidade de vida, levando em conta as ideias da comunidade em que o indivíduo se situa".

A partir do complexo temático geral – a qualidade de vida –, os professores listaram três subtemas na área histórico-social: o êxodo rural, a organização social e a propriedade. O primeiro subtema refletia a origem da comunidade, que vivia então numa favela mas provinha do campo. É uma história comum nas favelas, que reúnem muita gente que nada tinha na zona rural e vai para as cidades apenas para encontrar mais exclusão. As questões discutidas nesse subtema foram os movimentos migratórios, a superpopulação das cidades, a "desqualificação" da força de trabalho e a marginalização. No subtema da organização social, as questões foram distribuídas em termos de relações temporais, políticas, espaciais e socioculturais, também representando importantes aspectos da organização comunitária: o pragmatismo excessivo e acrítico de algumas associações de moradores e pontos culturais tais como religiosidade, expressão corporal, origens africanas, grupos de dança e escolas de samba. No terceiro subtema – propriedade –, as questões ligavam-se diretamente à situação das famílias faveladas, moradoras de lotes ilegais, sem títulos, tendo que lidar com a falta de água corrente, saneamento básico e outros problemas de infraestrutura, a história de como chegaram a essa situação e das lutas para a regularização dos lotes, e os seus direitos (aos bens públicos essenciais na comunidade) e deveres como cidadãos (de entender a importância e a função social dos impostos).

Esse exemplo mostra a real transformação curricular nas escolas de Porto Alegre. Os estudantes não aprendiam história nem faziam estudos socioculturais através de livros que nunca abordavam seus problemas e interesses reais. Através da organização em complexos temáticos, estudavam história começando com a experiência histórica de suas famílias. Estudavam importantes questões sociais e de cultura enfocando e valorizando suas próprias manifestações culturais. Importante ressaltar que, na sequência dos seus estudos, esses alunos aprenderiam história do Brasil e do mundo, aí incluída a "alta" cultura, mas através de lentes diferentes. Sua cultura não seria esquecida para aprenderem a cultura de "alto nível". Ao contrário, entendendo a sua situação e valorizando a sua cultura, seriam capazes de aprender e ao mesmo tempo ter a chance de transformar sua condição de excluídos. Ensinando sobre os problemas do êxodo rural, da vida em lotes ilegais etc., e não parando aí, mas mostrando a força da auto-organização nas associações de moradores, nos grupos e atividades culturais, a Escola Cidadã ajudava a construir alternativas para comunidades que viviam em condições terríveis.

Essa mudança do foco do conhecimento, daquilo que se considera o núcleo do que é preciso saber, afeta não apenas a concepção pedagógica que orienta o cotidiano das salas de aula; transforma também a maneira como a própria escola funciona de modo geral. Essa concepção de conhecimento difundiu-se por todo o sistema de ensino. O projeto serviu não apenas os "excluídos", gerando uma educação formal diferente para os estudantes, mas serviu-os também com a criação de uma estrutura inovadora que possibilitou à comunidade dos historicamente excluídos recuperar sua dignidade, tanto material quanto simbólica.

Democratização da gestão

Chegamos agora ao terceiro princípio estabelecido – governança. Como vimos, um dos mais importantes mecanismos que garantiam a democratização da governança era a Assembleia Constituinte. Ela não apenas fornecia o espaço para as decisões administrativas sobre o projeto, como também permitia a real participação na definição dos objetivos da Escola Cidadã.

Mas havia outros mecanismos centrais no processo de democratização. O Conselho Escolar era um desses elementos, uma vez que para a SME o objetivo de democratizar tinha também que levar seriamente em conta a necessidade de criar formas densas de democracia dentro das próprias escolas e não apenas na definição dos princípios que as guiariam. O papel do conselho era promover a democratização no processo de tomada de decisões e na gestão do ensino em nível bem local. Produto da vontade política da Administração Popular e das reivindicações dos movimentos sociais envolvidos com a questão do ensino, os conselhos foram criados por lei municipal em dezembro de 1992 e implantados em 1993. Eram as instituições mais importantes dentro das escolas. Formados por professores, funcionários, pais e estudantes eleitos, mais um integrante da administração, tinham funções consultivas, deliberativas e de monitoramento.

O Conselho Escolar reservava 50% de participação para os professores e funcionários e 50% para pais e alunos. Um lugar era garantido ao principal gestor da escola, geralmente a diretora, eleita por todos os membros da comunidade escolar.

A tarefa do conselho era deliberar sobre os projetos gerais da escola e os princípios básicos da administração, fazer a alocação dos recursos econômicos e monitorar a aplicação das decisões. A diretora e sua equipe eram responsáveis pela aplicação das políticas definidas pelo Conselho Escolar.

Em termos de recursos, é importante dizer que, antes da Administração Popular, a prática comum, aliás em todo o país, era um orçamento bastante centralizado. Cada despesa (mesmo gastos do dia a dia) tinha que ser informada à administração central antes de ser aprovada, com a verba sendo então enviada à escola ou, então, um departamento central comprando o produto ou serviço necessário. Em tal sistema, o Conselho Escolar teria "as mãos atadas", sem qualquer autonomia. A SME de Porto Alegre mudou essa estrutura na época da Administração Popular e estabeleceu uma nova política para disponibilizar a quantidade de verba necessária para cada escola a cada três meses. De acordo com a SME, foi essa medida que instaurou a autonomia financeira das escolas, o que lhes permitia administrar suas despesas segundo os objetivos e prioridades estabelecidos pelo Conselho Escolar. Além de criar autonomia, essa medida deu aos pais, alunos, professores e funcionários participantes do conselho uma noção de responsabilidade social na administração do dinheiro público, ensinando-os a hierarquizar os investimentos tendo em mente a solidariedade (SME, 1999b).

O Conselho Escolar também tinha o poder de monitorar a implementação de suas decisões pela diretoria da escola (SME, 1993, p. 3). Com efeito, era uma estrutura de poder nas escolas, o principal mecanismo de gestão dentro de cada uma delas, limitado apenas pela legislação e pela política educacional coletivamente definida em fóruns democráticos. O seu poder de deliberação incluía possíveis decisões sobre o currículo, constituindo grande inovação desse modelo a inclusão de pais, alunos e funcionários (ou mesmo professores, se considerarmos a escola tradicional).

Mas o Conselho Escolar não era o único mecanismo de democracia mais densa. Além dele, outra estrutura garantia espaços democráticos na Escola Cidadã. No sistema municipal de ensino em Porto Alegre, toda a comunidade escolar elegia em votação direta o(a) diretor(a) de cada unidade. Assim, a pessoa responsável pela implementação das decisões do Conselho Escolar, cabeça da direção, era ela mesma eleita. Pelo processo, o diretor ou diretora tinha que propor e defender um projeto específico de administração para a escola. Isso gerava legitimidade. O encarregado da direção, portanto, não era simplesmente alguém que necessariamente representava os interesses da administração central dentro do Conselho Escolar, mas alguém com uma maioria de apoiadores naquela específica comunidade educacional. Com isso, diretoras e diretores tinham um alto grau de integração, passando à SME a sensação de que era possível evitar o problema em potencial de que o responsável pela concretização das deliberações do Conselho Escolar fosse alguém sem ligação com o projeto. Mas a responsabilidade comunitária não se limitava a isso. Através do Conselho, a comunidade escolar podia monitorar as atividades da direção e cobrar-lhe a implementação de suas decisões democráticas.

A eleição direta da pessoa responsável por implementar as diretivas estabelecidas pelo Conselho Escolar, igualmente eleito de forma direta pela comunidade da escola, era um mecanismo que visava gerar o princípio da gestão democrática no nível local da unidade de ensino.

Esses processos de democratização do acesso à escola, do conhecimento e da gestão experimentados no projeto Escola Cidadã oferecem importantes lições para todos os que lutam pela democracia na Educação. Na seção seguinte, examinamos as razões que fizeram do projeto Escola Cidadã um exemplo de democracia densa na Educação que vale a pena estudar.

Alguns desafios

As seções anteriores focalizaram as políticas e práticas ambiciosas instauradas em Porto Alegre. Mas temos que indagar da atual situação no sistema de ensino da capital gaúcha, especialmente depois que o Partido dos Trabalhadores foi substituído no governo por partidos mais "centristas" e, por vezes, muito mais neoliberais e conservadores.

Um dos autores deste capítulo acompanhou a situação e encontrou muitos sinais estimulantes de que um grande número de princípios da transformação iniciada durante a Administração Popular não se perdeu. A abertura das escolas para as comunidades e a ética do cuidado com as crianças e a preocupação com seus inúmeros problemas sociais são ainda fortes. O papel das escolas como referência comunitária e espaço que as comunidades consideram como seu continua vivo e visível. No entanto, há sérios desafios para as políticas e práticas implantadas pelo projeto Escola Cidadã, desafios que ameaçam a qualidade da experiência como sistema educacional socialmente justo. Examinaremos de forma breve dois dos principais problemas das escolas municipais atualmente.

A primeira questão tem a ver com os conselhos escolares. Nas escolas (quatro unidades em diferentes partes da cidade) atualmente sendo pesquisadas por um de nós, a situação do conselho não é muito encorajadora. Em algumas não há alunos ou pais em número suficiente nas reuniões. Nas escolas que têm conselhos com todos os membros eleitos, eles raramente se reúnem. E, quando o fazem, parece que a maioria apenas ratifica decisões tomadas pela direção da escola ou simplesmente assina embaixo os relatórios da administração financeira. Nessas quatro escolas, dificilmente alguma decisão importante é tomada pelo conselho e não há mesmo um conselho atuante e participativo. Isso é grave, uma vez que os conselhos escolares são o canal oficial para a manifestação dos interesses de pais e alunos. Em nenhuma das quatro escolas pesquisadas o conselho tem participação atuante de mais que uns poucos pais e alunos. Há casos de pais com bastante envolvimento, mas são exceções nas escolas visitadas. Será importante continuar a monitorar se está se expandindo ou não o sentimento expresso por muitas mães participantes dos conselhos à pesquisadora Moira Wilkinson em 2007, ou seja, o de que não têm nada a contribuir ("O que é que eu sei?" – disse uma delas). Wilkinson evidenciou, em vez de empoderamento, uma crescente discriminação contra o conhecimento das mães nos conselhos escolares que estudou. Isso é causa de preocupação e representa o oposto do que se pretendia com os conselhos.

O segundo problema tem a ver com o currículo. Desde que a Administração Popular criou os ciclos de formação, forças oposicionistas alegaram que esse sistema significava uma educação menos rigorosa para as pessoas mais pobres, especialmente devido ao esquema de não repetência. Há forte evidência de que não foi o que ocorreu durante a Administração Popular (GANDIN, 2002). Uma avaliação rigorosa, combinada com mecanismos como os Laboratórios de Aprendizagem, fazia com que o currículo elaborado levando em consideração o conhecimento e as preocupações da comunidade garantisse que todos aprendiam o que era ensinado, ainda que em ritmos diferentes. Na série de visitas recentes a essas quatro escolas, foi possível sentir um tom diferente. Uma escola em particular, onde a grande maioria dos professores é identificada com as políticas da Administração Popular, dá um exemplo do que se tornou um sério problema. Houve importantes dificuldades na transformação da escola em um lugar onde as crianças são desafiadas intelectualmente e são cuidadas e se sentem protegidas. A coordenadora curricular dessa escola disse explicitamente numa entrevista:

> Desistimos de muitos professores, pois não acreditamos que vão mudar e se comprometer seriamente com os alunos. Agora concentramos toda a nossa energia diretamente nas crianças, porque elas precisam ter alguém concreto acreditando nelas. Fazemos com que se sintam acolhidas. Muitos estudantes ainda vêm à escola mesmo depois de formados.

Isso é algo realmente importante, em especial nas comunidades em que o tráfico de drogas, a atividade de milícias e incursões policiais ceifam as vidas de um número significativo de crianças e adolescentes. Mas certamente representa um desafio em termos de um sério trabalho escolar que também conecta o conhecimento à vida dos estudantes.

Precisamos, porém, ser cuidadosos nessa crítica, porque as opções que diretoras e coordenadoras enfrentam são extremamente difíceis. Como mostra a citação de uma entrevista, muitas delas têm dedicado toda a sua energia à criação de um ambiente em que as crianças se sintam acolhidas e sejam tratadas como seres humanos valiosos, o que não ocorre em outros locais de suas vidas. Um de nós documentou o dilema (embora sem a conotação mais política desse exemplo) que as professoras enfrentam entre o profissionalismo e o cuidado com as crianças (APPLE, 1988; cf. tb. LYNCH et al., 2012), mostrando os riscos tanto para o trabalho docente quanto para os alunos. É uma situação ainda mais difícil em Porto Alegre, pois, paradoxalmente, mesmo quando não é abertamente uma opção da parte delas, ao se concentrarem nos "cuidados" com os alunos essas diretoras e coordenadoras da capital gaúcha não reforçam simultaneamente a mensagem escolar de que todas as crianças são capazes de aprender.

Nas visitas às escolas, foi nítida a sensação de que as professoras não estavam exigindo muito dos estudantes em termos de aprendizado nem lhes passando a mensagem clara de que vinham de um ambiente que os condenava a permanecer no mesmo lugar. Exemplo disso foi o que contou uma professora: que ela não passava dever de casa e que os manuais escolares ficavam guardados na escola, não sendo enviados com os alunos para suas casas porque as professoras acreditavam que os livros não seriam devolvidos ou que voltariam sujos ou danificados devido às condições de vida das crianças e a falta de cuidado dos pais. Combatendo-se o ensino do conteúdo tradicional e evitando-se a abordagem à Paulo Freire de rigor na construção do processo de conhecimento, o perigo é recriar uma situação na qual, para usar a terminologia de Freire, os estudantes pobres são colocados no "gueto da sua linguagem". Prossegue Freire:

> Ao super-romantizar a linguagem dos estudantes para desencorajá-los a adquirir múltiplos discursos, inclusive o discurso "padrão" da sociedade dominante em

que vivem, os professores correm o risco de cair na armadilha de uma pedagogia do "sentir-se bem" que se passa por progressista. Se fizerem isso, não estão se comprometendo com os alunos em um mútuo processo de libertação (FREIRE, 1997, p. 305-306).

Esse perigo foi exatamente o que a Administração Popular e a SME tentaram combater de forma clara com suas políticas curriculares. Mas a atual administração municipal centrista iniciou um processo para implantar de modo centralizado um currículo mínimo em cada ano escolar, o que obviamente contraria de modo direto a posição da Administração Popular a favor de um currículo localizado. Ficar atento aos desdobramentos da mudança proposta será crucial para entender a posição que a administração vai adotar em relação às escolas. Também cruciais serão as reações a essa proposta por parte das próprias escolas e dos educadores, das comunidades e dos estudantes que foram transformados pelas políticas e práticas mais criticamente democráticas institucionalizadas pela Administração Popular.

Os problemas mencionados não são obstáculos pequenos. Com certeza será importante seguir acompanhando essas escolas para ver o que acontece com esses e outros problemas ligados à continuidade da experiência de Porto Alegre.

Política atual e a importância de reconhecer os ganhos

Em 1º de janeiro de 2005, uma nova coalizão política centrista assumiu o governo municipal, pondo fim aos 16 anos de Administração Popular do Partido dos Trabalhadores na prefeitura de Porto Alegre. Durante a campanha eleitoral, o candidato que acabaria vitorioso, José Fogaça, disse inúmeras vezes que "manteria o que fosse bom e mudaria o que não fosse". Prometeu que não tocaria no Orçamento Participativo, que classificou como "uma conquista da cidade".

Durante a campanha houve ataques à maneira como as escolas municipais organizavam os horários de ensino. A oposição ao Partido dos Trabalhadores alegou que a educação em Porto Alegre não era forte como foi no passado devido à nova política de não repetência. Na sua plataforma educacional, Fogaça incluiu a ideia de "rever a política de ciclos escolares". No entanto, logo após a eleição, uma pesquisa realizada com os professores da rede municipal mostrou que a grande maioria desejava manter a política de ciclos. O forte apoio aos ciclos revelado nas entrevistas a uma das professoras que à época trabalhava na Secretaria de Educação surpreendeu o novo governo, que decidiu manter a política adotada pela Administração Popular.

O governo centrista preferiu não se envolver, deixando as escolas livres para definir sua organização curricular. Não implantou, ao contrário do Partido dos Trabalhadores, os complexos temáticos e a pesquisa comunitária como elementos centrais para a definição do currículo. Para muitos professores identificados com a Administração Popular, havia um claro significado político na decisão do novo governo, vista como uma estratégia para destruir a política do Partido dos Trabalhadores sem confrontá-la abertamente. Não impondo uma clara política às escolas, a nova administração pretendia esvaziar o sentido da proposta dos governos anteriores. Com efeito, a grande maioria das escolas passou a organizar seu currículo sem recorrer ao complexo temático.

No entanto, o que não significa pouco, o mesmo grupo de escolas não voltou à tradição centrada no conteúdo que prevaleceu antes dos governos do Partido dos Trabalhadores. Muitas têm utilizado os "temas geradores" de Freire (1993), pesquisados pelos alunos de forma atuante em seus projetos (cf. HERNANDEZ & VENTURA, 1998). Por um lado, pode-se dizer que os projetos envolvendo esses temas geradores não são a mesma coisa que os complexos temáticos tão prioritários na Administração Popular como forma ideal de lidar simultaneamente com as dificuldades de ler o mundo e com as palavras. Mas, por outro lado, é igualmente plausível encarar isso como evidência marcante de que as escolas de Porto Alegre aprenderam a lição de que é necessário montar o currículo de forma profunda em termos locais e democráticos. Embora não estejam necessariamente repetindo e/ou reinventando o que foi concebido pela Administração Popular, estão na verdade mantendo muitos dos seus princípios intactos.

É apenas uma indicação de que, apesar de alguma oposição de determinadas escolas e grupos de professores durante a Administração Popular, depois que o Partido dos Trabalhadores deixou o governo a maioria das escolas manteve a estrutura básica proposta. Professores dizem abertamente em entrevistas que sentem falta de um governo com uma visão clara para a Educação, mesmo que não concordem necessariamente com todos os princípios adotados.

Há razões para essa avaliação positiva. Em parte ela se deve à sensação de que uma visão positiva é crucial num mundo em que as pessoas se preocupam profundamente com o que acontece – ou não – em suas vidas cotidianas. E mesmo preocupadas com alguns elementos do programa do Partido dos Trabalhadores, parte da avaliação positiva deve-se também ao reconhecimento das realizações obtidas com as mudanças que o Orçamento Participativo e a Escola Cidadã produziram. São conquistas que nos lembram por que a transformação de todo o sistema permanece tão significativa. Alguns dos ganhos – envolvendo o respeito pela comunidade, os alunos e os professores – merecem ser destacados novamente.

Nas vilas (ou favelas) onde a maioria das moradias tem paredes de madeira, zinco ou papelão, o prédio da escola é o mais bem construído. E se torna, assim, um lugar para a comunidade se reunir, praticar esportes e participar de atividades culturais. Enquanto em outros sistemas de ensino (o Brasil tem redes escolares municipais e estaduais) a escola é em geral completamente separada da comunidade, na experiência de Porto Alegre a Secretaria de Educação sempre encontrou maneiras de expandir e criar novos canais para o relacionamento entre a escola e a comunidade. As escolas, dessa forma, serviram na verdade não apenas aos estudantes, mas também às comunidades em que se localizam. Como nos disse o líder de uma associação de moradores em entrevista gravada durante o governo da Administração Popular:

> Temos muito orgulho dessa escola. Lutamos muito, nas assembleias do Orçamento Participativo, para que ela fosse construída. A escola surgiu porque estávamos organizados e a reivindicamos [...]. Temos um excelente relacionamento com os professores e a direção, e toda a comunidade usa a escola para reuniões, a prática de esportes e toda série de atividades culturais. Cuidamos bem dela porque consideramos que é nossa.

Como ressaltou o líder da associação de moradores, um outro exemplo da democratização do acesso não apenas para os estudantes mas para toda a comunidade é o conceito da escola como centro cultural, onde são montadas apresentações e desenvolvidas atividades que, de outra forma, não teriam um espaço para serem realizadas.

O "cuidado" que as comunidades dedicam às escolas fica também visível de imediato. Enquanto as escolas estaduais são constantemente danificadas, roubadas e vandalizadas, as escolas municipais quase nunca sofrem esse tipo de depredação. A maioria dos prédios escolares não tem problemas de monta e mesmo os mais velhos estão em muito boas condições. Não é algo comum, pois em todo o país, e mesmo nas escolas estaduais de Porto Alegre, há reclamações de professores, pais e alunos sobre as condições materiais.

Nas entrevistas que um dos autores realizou, os estudantes confirmaram a notável diferença de condições entre as escolas municipais e as estaduais. Indagado como se sentiam naquela escola municipal, um dos estudantes declarou, com a firme concordância dos demais:

> Esta escola é muito mais organizada do que a que eu frequentei no ano passado. A comida é muito boa; a gente não tinha almoço na outra escola, só um lanche. [...] Esta aqui é também muito limpa; os banheiros são muito limpos e tem sempre papel higiênico e papel

para secar as mãos. A gente não tinha nada disso na outra escola.

Os materiais mencionados podem parecer banais, mas os alunos claramente entendem que essas condições dizem um bocado sobre a maneira como a escola os vê e trata. E tinham mais a falar:

> Acho que as outras escolas deviam ser como esta, uma escola em que você tem um bom relacionamento com a direção, com os professores, com o pessoal da limpeza, com as cozinheiras. A gente sente que todos se preocupam com os alunos [...]. É exatamente como uma escola particular.

Esses alunos expressaram abertamente que, na opinião deles, essa escola é diferente das outras. É uma escola que "se preocupa com eles". Mencionaram escolas particulares porque, no modelo brasileiro dominante, as melhores escolas que se pode frequentar são as particulares, com melhores condições materiais, com os professores considerados mais dedicados e mais atividades extracurriculares. Com essa comparação, eles mostraram claramente que acham boa a sua escola e têm orgulho de frequentá-la.

Isso é crucial. Mas a maneira como são tratados os professores também diz bastante da seriedade de uma reforma educacional socialmente justa. Para preparar a participação dos professores no projeto, a Administração Popular e a Secretaria de Educação implantaram também um processo de "formação" profissional no emprego (com desenvolvimento e educação contínuos) e, o que também foi essencial, uma política de melhores salários.

Em termos de formação, a cada ano a SME promoveu dois seminários sobre temas intimamente ligados aos desafios enfrentados pelas escolas. Durante esses seminários, todas as aulas eram suspensas e os professores recebiam estímulos para participar. Um dos seminários ocorria em março e trazia pesquisadores brasileiros ao evento. O outro ocorria em julho e tinha um caráter internacional. A ideia era trazer os melhores pesquisadores progressistas em Educação para discutir com os professores. O Seminário Internacional era considerado um dos melhores do país (senão o melhor) no campo educacional, atraindo não só professores municipais mas também de redes estaduais e particulares, acadêmicos e pesquisadores de várias regiões do Brasil. Esses encontros permitiam que os professores municipais tivessem contato com o que havia de melhor e mais atual na pesquisa educacional progressista brasileira e estrangeira, o que não era nada comum no país naquela época. A educação contínua dos professores em termos de teoria educacional era parte da política da Administração Popular.

Além dos seminários, a Secretaria de Educação promovia encontros de "formação" dos professores (educação coletiva continuada), dez por ano, em cada escola, de modo que os professores tinham um espaço para aprender com os próprios erros e acertos e para discutir questões pedagógicas ligadas à realidade da escola. Os contratos dos professores foram também alterados para incluir cinco horas semanais de planejamento e estudo.

Outro aspecto que ajudava a garantir um desempenho refletido e compromissado dos professores era a política salarial. Os professores de escolas públicas no Brasil tinham sofrido tremendas reduções salariais. Os salários das escolas estaduais eram extremamente baixos, levando as pessoas a classificá-los como "os novos pobres". A Administração Popular sabia que esse era um ponto crucial. Se os professores estavam literalmente lutando para sobreviver, como poderiam se envolver num processo de participação e transformação que pedia mais deles como profissionais e promovia a discussão da injustiça nas salas de aula, quando sua própria situação econômica não era discutida? O salário dos professores municipais durante a Administração Popular tornou-se muito mais alto que o dos professores estaduais. Era na verdade duas ou três vezes mais alto naquele período. A diferença é mesmo ainda maior hoje, devido à falta de aumento para os professores estaduais. Um professor com 18 anos de experiência numa escola municipal e que trabalhe 40 horas por semana (e a Administração Popular encorajava os professores a trabalhar esse número de horas) ganhava (e ainda ganha) tanto quanto ou ainda mais que um professor universitário. O que mostra, comparativamente, como os professores eram (e ainda são) bem pagos nas escolas municipais.

Valorizando os professores, mudando todo o ambiente escolar com o envolvimento da comunidade na escola enquanto instituição pública e insistindo na importância de cada estudante, a rede de ensino de Porto Alegre atingiu o objetivo de democratizar o acesso à Educação. Ao fazê-lo, possibilitou um nível de acesso dos alunos e da comunidade aos benefícios públicos que não era anteriormente disponível. E tudo isso foi feito além de uma mudança fundamental na maneira como o próprio governo se democratizou.

Conclusão

A atual administração de Porto Alegre (que abraça novas propostas de gestão), iniciada em janeiro de 2017, tem mostrado sinais de que vai tentar concretamente mudar algumas estruturas do projeto Escola Cidadã, em especial as que garantiam professores extras e tempo para todos os professores trabalharem em conjunto no planejamento do ensino. Assim, as estruturas criadas durante a Administração Popular e enfraquecidas nos últimos três governos municipais serão colocadas realmente em teste. Mas há lições a aprender mesmo nessas questões de defesa e preservação da essência de uma forma densa e verdadeiramente participativa de democracia educacional crítica. Que lições são essas que fizeram a experiência de Porto Alegre tão importante para a criação de formas mais densas de democracia na Educação? Destaquemos alguns dos elementos mais significativos:

1) Ao contrário da maioria das reformas, a experiência de Porto Alegre não foi apenas participativa na aplicação de uma política, mas também na criação dessa política e de seus objetivos.

2) Porto Alegre problematizou concretamente as visões do senso comum sobre os estudantes pobres das favelas e suas comunidades. A Administração Popular entendeu que o estado físico dos prédios e as condições de trabalho e desenvolvimento profissional dos professores eram parte essencial das mudanças necessárias no modo como age o governo nessas comunidades.

3) Houve na experiência de Porto Alegre uma combinação de mobilização da sociedade civil com mudanças nos órgãos governamentais a fim de incorporar as necessidades comunitárias. É um caso clássico em que a própria administração estatal é "educada", educação contínua produzida tanto pelo desenvolvimento da política que o governo adotava quanto pelas organizações e movimentos da comunidade.

4) A experiência de Porto Alegre interessava-se de forma central na inclusão dos estudantes e no sucesso do ensino. Mas, ao contrário de muitas outras reformas, entendia muito bem que esses objetivos não podiam ser alcançados sem uma discussão radical e uma mudança do que é importante conhecer, qual conhecimento é parte da experiência formal e informal da escola e como criar uma nova relação entre o conhecimento popular e o acadêmico.

Uma intensa dedicação a esses ideais e sua incorporação a práticas reais criticamente reflexivas com administradores, professores, estudantes e comunidades reais tornou possíveis as lições acima. Não foi e jamais é "fácil". Mas Porto Alegre mostrou que pode ser realizado.

No documentário Žižek!, durante uma palestra na Argentina, Slavoj Žižek diz o seguinte sobre a utopia:

> A verdadeira utopia surge quando não há como resolver uma situação dentro das coordenadas do possível e, a partir do puro impulso de sobreviver, você tem que inventar um novo espaço. Utopia não é imaginação gratuita; é questão da mais profunda urgência; você é forçado a imaginar alguma outra coisa como única saída.

Essa concepção de utopia parece aplicar-se perfeitamente ao caso de Porto Alegre e às suas transformações socioeducacionais. Das lutas reais em tempos autoritários, da impossibilidade de construir relações socialmente justas na cidade dentro dos padrões dominantes de relação Estado/comunidade e da moldura institucional dominante, a Administração Popular foi forçada a imaginar e agir em termos utópicos. Teve que indagar – e então atuar sobre – algumas das questões mais cruciais que se podem levantar em tempo de agendas neoliberais e neoconservadoras. E se a democracia "densa" fosse realmente implantada? E se os cidadãos mais pobres do município pudessem decidir onde investir o dinheiro público? E se as comunidades mais pobres recebessem escolas novas em folha e os professores mais bem pagos do estado? E se a noção pedagógica de que todos podem estudar em escolas fosse implantada? E se o que realmente importa conhecer fosse criticamente revisitado e a organização escolar fosse reconstruída com base nessa noção?

Talvez uma das lições mais importantes de Porto Alegre é que o Estado é absolutamente necessário para institucionalizar as mudanças e proteger as escolas de uma agenda federal e internacional de neoliberalismo, algo que é absolutamente crucial lembrar numa época de ataques neoliberais a toda a esfera pública. Mas essa lição não poderia existir sem outra igualmente importante. A verdadeira transformação vem quando o Estado não é mais a origem primordial das transformações. É quando os professores nas escolas passam a viver a premissa da democracia, quando constroem o currículo com os estudantes e as comunidades, que ocorre a verdadeira transformação (cf. tb. APPLE & BEANE, 2007).

O sistema educacional de Porto Alegre ofereceu uma real alternativa ao aparente consenso sobre reforma educacional em torno de um gerencialismo com base no mercado, na prestação de contas, na competição e na opção de consumo. Mas não foi e não é uma utopia nascida da "imaginação gratuita", surgindo antes da luta concreta para criar um sistema educacional socialmente justo (cf. tb. WRIGHT, 2010). Certamente teve muitas falhas e contradições na sua implantação, mas o que tem a oferecer é a ideia radical de que é possível romper com aquele consenso forjado (e às vezes forçado), abrindo assim espaço para uma nova imaginação social e educacional. Mostra que novas estruturas educacionais são de fato possíveis dentro dos sistemas de ensino existentes – se movimentos sociais e alianças políticas forem construídos para desafiar o senso comum aceito e começar a criar um novo (cf. tb. APPLE, 2010, 2013).

Há uma outra implicação que precisa ser declarada aqui, esta para a pesquisa sobre política e prática educacionais. Muitas vezes, a pesquisa sobre política e prática – mesmo pesquisa com orientação crítica – baseia-se em períodos relativamente curtos. Mas as transformações duradouras levam tempo para realizar-se. E seus efeitos em longo prazo levam anos para se revelar, em especial quando visam expressamente transformações substanciais na relação entre o Estado e a sociedade civil, nas maneiras como interagem os movimentos sociais com as realidades escolares e no lugar fundamental que a Educação ocupa nas mudanças sociais. Não só precisamos de mais exemplos de "utopias reais" como a de Porto Alegre, mas também de muito mais estudos sobre a "longa revolução" (WILLIAMS, 1961) que esses casos podem ilustrar e da qual participam. Este capítulo é apenas uma tentativa disso. Precisamos de muitos estudos mais.

Referências

ABERS, R. (1998). From clientelism to cooperation: Local government, participatory policy and civic organizing in Porto Alegre, Brazil. In: *Politics & Society*, 26 (4), p. 511-537.

ANYON, J. (2005). *Radical Possibilities* – Public Policy, Urban Education, and a New Social Movement. Nova York: Routledge.

APPLE, M.W. (2013). *Can Education Change Society?* Nova York: Routledge.

_____ (ed.) (2010). *Global Crises, Social Justice, and Education*. Nova York: Routledge.

_____ (2006). *Educating the "Right" Way* – Markets, Standards, God, and Inequality. 2. ed. Nova York: Routledge.

_____ (2000). *Official Knowledge*. 2. ed. Nova York: Routledge.

_____ (1998). *Teachers and Texts*. Nova York: Routledge.

APPLE, M.W. & BEANE, J.A. (eds.) (2007). *Democratic Schools* – Lessons in Powerful Education. 2. ed. Portsmouth, NH: Heinemann.

ARQUIDIOCESE DE SÃO PAULO (1998). *Torture in Brazil* – A Shocking Report on the Pervasive Use of Torture by Brazilian Military Governments, 1964-1979. Austin, TX: University of Texas Press.

AVRITZER, L. (1999). *Public Deliberation at the Local Level* – Participatory Budgeting in Brazil [Manuscrito inédito].

AZEVEDO, M.C. (1987). *Basic Ecclesial Communities in Brazil* – The Challenge of a New Way of Being Church. Washington, DC: Georgetown University Press.

BAIOCCHI, G. (2001). *From Militance to Citizenship* – The Workers' Party, Civil Society, and the Politics of Participatory Governance in Porto Alegre, Brazil. University of Wisconsin-Madison [Tese de doutoramento].

_____ (1999). *Participation, Activism, and Politics*: The Porto Alegre Experiment and Deliberative Democratic Theory [Manuscrito inédito].

BULHÕES, M.G. & ABREU, M. (1992). *A luta dos professores gaúchos de 1979 a 1991* – O difícil aprendizado da democracia. Porto Alegre: L&PM.

COHEN, J. & ROGERS, J. (eds.) (1995). *Associations and Democracy*. Londres: Verso.

DELLA CAVA, R. (1988). *The Church and the Abertura in Brazil* – 1974-1985. Working Paper 114. Notre Dame, IN: The Kellog Institute for International Studies/University of Notre Dame.

FAORO, R. (1958). *Os donos do poder*. Porto Alegre: Globo.

FEDOZZI, L. (1997). *Orçamento Participativo* – Reflexões sobre a experiência de Porto Alegre. Porto Alegre: Tomo Editorial.

FREIRE, P. (ed.) (1997). A response. In: *Mentoring the Mentor* – A Critical Dialogue with Paulo Freire. Nova York: Peter Lang, p. 303-329.

_____ (1993). *Pedagogy of the Opressed*. Nova York: Continuum.

GADOTTI, M. & PEREIRA, O. (1989). *Pra que PT* – Origem, Projeto e Consolidação do Partido dos Trabalhadores. São Paulo: Cortez.

GANDIN, L.A. (2010). The democratization of governance in the Citizen School Project: Building a new notion of accountability in education. In: APPLE, M.W.; BALL, S.J. & GANDIN, L.A. (eds.). *The Routledge International Handbook of the Sociology of Education*. Londres: Routledge, p. 349-357.

_____ (2009). The citizen school project: Implementing and recreating critical education in Porto Alegre, Brazil. In: APPLE, M.W.; AU, W. & GANDIN, L.A. (eds.). *The Routledge International Handbook of Critical Education*. Nova York: Routledge, p. 341-353.

_____ (2002). *Democratizing Access, Governance, and Knowledge* – The Struggle for Educative Alternatives in Porto Alegre, Brazil. University of Wisconsin-Madison [Tese de doutoramento].

GANDIN, L.A. & HYPOLITO, A.L.M. (2000). Reestruturação educacional como construção social contraditória. In: HYPOLITO, A.L.M. & GANDIN, L.A. (eds.). *Educação em tempo de incertezas*. Belo Horizonte: Autêntica, p. 59-92.

GANDIN, L.A. & APPLE, M.W. (2002). Challenging neo-liberalism, building democracy: Creating the Citizen School in Porto Alegre, Brazil. In: *Journal of Education Policy*, 17 (2), p. 259-279.

GENRO, T. (1999). Cidadania, emancipação e cidade. In: SILVA, L.H. (ed.). *Escola Cidadã*: Teoria e prática. Petrópolis: Vozes, p. 76-84.

GORODITCH, C. & SOUZA, M.C. (1999). Complexo temático. In: SILVA, L.H. (ed.). *Escola Cidadã*: Teoria e prática. Petrópolis: Vozes.

GRAMSCI, A. (1997). *Selections from the Prison Notebooks*. Nova York: International Publishers [ed. Q. Hoare & G.N. Smith; reimpressão da 1. ed.: 1971].

HERNANDEZ, F. & VENTURA, M. (1998). *A organização do currículo por projetos de trabalho*. Porto Alegre: Artmed.

HYPOLITO, A.L.M. (1999). Trabalho docente e profissionalização: Sonho prometido ou sonho negado? In: VEIGA, J.P.A. & CUNHA, M.I. (eds.). *Desmistificando a profissionalização do magistério*. Campinas: Papirus, p. 81-100.

INEP (2000). Education for All – Evaluation of the Year 2000. Brasília: Inep.

KECK, M.E. (1986). *From Movement to Politics* – The Formation of the Workers' Party in Brazil. Nova York: Columbia University Press [Tese de doutoramento].

KOWARICK, L. (2000). *Escritos urbanos*. São Paulo: Ed. 34.

_____ (1979). *A espoliação urbana*. Rio de Janeiro: Paz e Terra.

LIPMAN, P. (2011). *The New Political Economy of Urban Education* – Neoliberalism, Race, and the Right to the City. Nova York: Routledge.

LÖWY, M. (1996). *The War of Gods* – Religion and Politics in Latin America. Nova York: Verso.

LYNCH, K.; GRUMMELL, B. & DEVINE, D. (2012). *New Manegialism in Education* – Commercialization, Carelessness and Gender. Nova York: Palgrave Macmillan.

MAINWARING, S. (1986). *The Catholic Church and Politics in Brazil, 1916-1985*. Stanford, CA: Stanford University Press.

MENEGUELLO, R. (1989). *PT – A formação de um partido* – 1979-1982. Rio de Janeiro: Paz e Terra.

NELSON-PALLMEYER, J. (1997). *School of Assassins* – The Case for Closing the School of the Americas and for Fundamentally Changing U.S. Foreign Policy. Maryknoll, NY: Orbis.

PINHEIRO, P.S. (1989). Prefácio. In: MENEGUELLO, R. *PT – A Formação de um partido* – 1979-1982. Rio de Janeiro: Paz e Terra, p. 9-13.

SANTOS, F.G.M. (1995). Microfundamentos do clientelismo político no Brasil: 1959-1963. In: *Dados*, 38 (3), p. 459-496.

SANTOS, B.S. (1998). Participatory budgeting in Porto Alegre: Toward a distributive democracy. In: *Politics and Society*, 26 (4), p. 461-510.

SCHMIDT, S.W. (ed.). (1977). *Friends, Followers, and Factions* – A Reader in Political Clientelism. Berkeley, CA: University of California Press.

SCHRER-WARREN, I. & KRISCHKE, P.J. (eds.) (1987). *Uma revolução no cotidiano?* Os novos movimentos sociais na América Latina. São Paulo: Brasiliense.

SCHWARTZMAN, S. (1988). *As bases autoritárias do Estado brasileiro*. Rio de Janeiro: Campus.

SME. (1999a). Ciclos de formação – Proposta político-pedagógica da Escola Cidadã. In: *Cadernos Pedagógicos*, 9 (1), p. 1-111.

_____ (1999b). Página oficial da SME [Disponível em www.portoalegre.rs.gov.br/smed – Acesso em 15/12/1999].

_____ (1983). *Projeto Gestão Democrática* – Lei Complementar n. 292 [Texto inédito].

SOUZA, D.H.; MOGETTI, E.A.; VILLANI, M.; PANICHI, M.T.C.; ROSSETTO, R.P. & HUERGA, S.M.R. (1999). Turma de Progressão e seu significado na escola. In: ROCHA, S. & NERY, B.D. (eds.). *Turma de Progressão* – A inversão da lógica da exclusão. Porto Alegre: SME, p. 22-29.

WILKINSON, M.N. (2007). *Learning to Participate* – Poor Women's Experiences in Building Democracy in Porto Alegre, Brazil. Nova York: Columbia University [Tese de doutoramento].

WILLIAMS, R. (1961). *The Long Revolution*. Londres: Chatto & Windus.

WRIGHT, E.O. (2010). *Envisioning Real Utopias*. Nova York: Verso.

WRIGHT, E.O. & FUNG, A. (2003). *Deepening Democracy* – Institutional Innovations in Empowered Participatory Governance. Londres: Verso.

Žižek! (2005). Documentário. Zeitgeist Films.

6

A luta continua

Lições aprendidas e o que pode ser feito

Michael W. Apple

Enfrentando a complexidade

Os quatro capítulos anteriores de *A luta pela democracia na Educação* documentaram os ganhos, perdas e tensões de tentativas em curso para instituir políticas e práticas democráticas "mais densas" ou "mais magras" na Educação ou para defender ganhos de caráter crítico-democrático obtidos ao longo dos anos. Já deve estar claro a esta altura que democracia é um conceito escorregadio. Não tem um significado essencial, mas é definida pelo uso (WITTGENSTEIN, 1963). Os neoliberais e neoconservadores empregam a palavra constantemente para convencer as pessoas a seguirem sua orientação. Para eles, a "democracia" é em grande parte garantida pela marquetização, a escolha individual e a defesa de culturas, identidades e estruturas "tradicionais" (APPLE, 2006, 2014). Para os progressistas, democracia também é uma "palavra-chave" (WILLIAM, 1985), que participa de uma economia emocional diferente: significa compromissos com visões plenamente participativas, densas, ligadas à igualdade estrutural e a uma política de emancipação.

Neste capítulo final quero focalizar tanto certas lições gerais como algumas específicas que podemos aprender com as histórias que contamos. Quero também observar determinadas precauções que devem nos guiar no seu entendimento. Além disso, detalharei o que tudo isso significa para muitas de nossas ações como educadores críticos. Por fim, argumentarei que enfrentar de forma honesta a realidade do que pode ocorrer ao mantermos a luta por uma democracia crítica mais robusta na Educação – com suas possíveis tensões e contradições – não deve nos levar à paralisia ou ao cinismo. Dada a natureza de nossas sociedades, há e sempre haverá contradições e conflitos mais gerais e, portanto, também na Educação. E sem dúvida sempre haverá diferenças em nossas posições sobre como lidar com isso. Mas não se trata aí de um pêndulo que automaticamente oscila de um lado para o outro. São necessários esforços concretos, compromissados e contínuos para interromper o individualismo egoísta e os efeitos destrutivos das desigualdades econômicas para defender e estabelecer formas criticamente mais participativas e deliberativas de democracia.

Há, naturalmente, uma longa história de discussão sobre o significado de democracia e sobre as contradições geradas por um enfoque primordial na posse individualista e uma fé quase religiosa no mercado, tanto nos Estados Unidos como em outros países (FONER, 1998). Há também uma longa e contínua história de debate igualmente acirrado dentro das esquerdas exatamente sobre essas questões e sobre como alcançarão uma "democracia verdadeira" (EAGLETON, 2011; HONNETH, 2016; SCHROYER, 1973; STEDMAN-JONES, 2016). Os argumentos refletem-se no âmbito da Educação em posições diferentes sobre democracia e como chegar lá, em debates doutrinários entre figuras como John Dewey e George Counts (APPLE, 2013) e entre Dewey e progressistas de menos inclinação política e mais voltados para a criança (DEWEY, 1938). Esses argumentos também se projetam nas importantes reivindicações das pessoas de cor, nas mobilizações de mulheres, de grupos LGBT+, de movimentos de direitos de pessoas com deficiências, de ativistas ambientais e outros, de modo que qualquer versão de democracia que não envolva um reconhecimento profundo de suas (nossas) lutas e uma participação nelas não pode ser considerada de fato verdadeira e criticamente democrática.

Se esses debates devem ser levados a sério, uma coisa é certa: entender o contexto socioeconômico é crucial para saber o que realmente acontece e quem ganha ou perde. Mesmo isso, no entanto, é genérico demais. Como vimos, precisamos focalizar as complexas e específicas relações de poder que existem dentro e também em volta desses contextos. Não prestar atenção suficiente à dinâmica múltipla que opera numa situação específica pode nos levar não apenas a um otimismo excessivo, mas a enfocar coisas que podiam ser evitáveis se houvéssemos pensado melhor sobre elas. O exemplo que dei no capítulo 1 sobre a questão de gênero, envolvendo as vidas e os corpos das meninas e moças e a falta de sanitários limpos para elas, é um desses casos.

Mas, ao reconhecer que a multiplicidade é essencial, devemos também levar em conta os riscos que encerra. Pode nos levar a subestimar a importância do poder dominante, que tem uma dinâmica própria em qualquer situação. Assim, forças econômicas e relações de classe podem ser primordiais, como em Kenosha. Mas reconhecer isso pode também ser uma redução excessiva em outros contextos. Muitos críticos do capitalismo e de sua dinâmica de classes destrutiva estão prontos a supor que todas as questões sérias que enfrentamos – uma dinâmica crucial em torno de relações como o racismo, o sexismo, o fundamentalismo, a homofobia e muitas outras condições opressivas – são resultado direto de relações econômicas dominantes. Isso é mais que um ligeiro reducionismo e devemos resistir a essa visão (WRIGHT, 2010, p. 38; HONNETH, 2017; FRASER, 1997; EAGLETON, 2011).

Tomemos, por exemplo, a discussão do capítulo 2 sobre a maneira como a dinâmica de classes e as estratégias de conversão utilizadas até por pais de classe média com uma inclinação crítica se conjugaram com as realidades da estruturação racial de economias políticas locais, bairros e funcionários escolares. Uma compreensão de como essas histórias e relações se conjugaram para criar a realidade daquela escola poderia gerar uma discussão bem diferente e honesta sobre a mesma situação em outras escolas que tentam construir um programa bilíngue e antirracista semelhante. Pode servir pelo menos de alerta para que se fique atento ao que pode acontecer quando relações de classe interferem em prioridades de caráter progressista antirracista.

Política curricular e mobilizações democráticas

Uma das coisas que diferenciava a escola do capítulo 2 de muitas outras foi a criação de um currículo expressamente crítico. E o capítulo não está só. Nos demais da parte central do livro fica claro que as lutas em torno do currículo são essenciais para se construir uma educação democrática densa tanto em termos do conteúdo do que é ensinado e da maneira como é ensinado quanto de quem decide sobre essas questões.

A ênfase no conteúdo efetivo da escolarização é uma continuidade dos ganhos obtidos ao longo de décadas de trabalho dedicado por educadores e escritores críticos, por bibliotecários, ativistas comunitários e movimentos sociais em todos os níveis. Com efeito, um dos avanços mais significativos que se produziram em Educação foi a transformação da pergunta sobre qual conhecimento é de maior valia em outra: o conhecimento de maior valia é o de quem? Essa mudança não é um simples jogo linguístico. Se temos que ser cuidadosos em não supor que há sempre uma correspondência biunívoca entre conhecimento "legítimo" e grupos no poder, mudar o foco da questão é pedir que assumamos uma radical transformação em nossa maneira de pensar sobre as ligações entre o que importa conhecer nas instituições de ensino e, de forma mais geral, na sociedade, e as relações de dominação e subordinação existentes e as lutas contra essas relações. Isso tem implicações cruciais para o que nós escolhemos ensinar, como ensinar e quais valores e identidades sustentam essas escolhas (APPLE, 2014).

Igualmente importante, a questão também requer que uma palavra dessa última frase seja problematizada – a palavra "nós". Quem é esse "nós"? Que grupo se arroga ser o centro de si mesmo, vendo assim um outro grupo como o Outro? Essa palavra – "nós" – muitas vezes simboliza a maneira como forças e suposições ideológicas operam dentro e fora da Educação. Especialmente quando empregada por grupos dominantes, "nós" funciona como um mecanismo não apenas de inclusão, mas também – e poderosamente – de exclusão. É um verbo que se mascara de pró-nome, mais ou menos como a palavra "minoria" ou "escravo". Ninguém é uma "minoria". Alguém tem que fazer de outro uma minoria, alguém ou algum grupo tem que *minorizar* outra pessoa ou grupo, da mesma forma que ninguém pode ser plenamente conhecido como escravo. Alguém ou algum grupo tem de escravizar o outro.

Ignorar essa compreensão nos impede de ver as realidades muitas vezes feias de uma sociedade e sua história. Talvez ainda mais crucial, isso nos separa das lutas imensamente valiosas, passadas e atuais, contra os processos de desumanização sexistas, raciais e de classe. Cortar a ligação entre substantivos e verbos torna invisíveis as ações e atores, fazendo a dominação parecer normal. O que cria um espaço vazio preenchido com muita frequência por significados e identidades dominantes. A tentativa de mudar essa situação foi chave para a escola que focalizamos no capítulo 2.

Esse espaço vazio é legitimado por muitas coisas, mas uma das forças de legitimação mais poderosas é a maneira como pensamos sobre racionalidade e objetividade. As histórias de vida de pessoas reais, as realidades de nossas ligações com as maneiras como, por exemplo, é construído e mantido o processo contínuo de dominação racial – tudo isso é ocultado pela ficção de neutralidade e pelo fato de nos colocarmos acima de qualquer compromisso real de desafio contra essa dominação. O que talvez possa se ver melhor na excepcional análise de Charles Mills (1997) sobre como nossa crença no indivíduo racional, cerne da concepção habitual que temos do que seja a esfera pública, está profundamente ligada à construção de um "outro" que é irracional e sem valor pleno – o Negro, o Pardo, o Asiático, o Índio, a Mulher, e assim por diante. Concepções aceitas de racionalidade requerem a criação do irracional. Não é por acaso que o aspecto relacional desse princípio-guia de "ser uma pessoa racional" tem suas raízes na história imperial e dos julgamentos raciais.

Tais pontos podem parecer abstratos demais. Mas por trás deles há algo que é central à posição de um educador criticamente democrático. Um dos seus papéis fundamentais é articular uma visão com a realidade do educador e acadêmico crítico e plenamente engajado, alguém que se recusa a aceitar uma educação que não desafie ao mesmo tempo o "nós" irrefletido e que também ilumine o caminho para uma nova política educacional de reconhecimento e voz ativa. A tarefa é dar exemplos incorporados de pedagogias críticas e de um senso mais robusto de ação educativa socialmente informada tal como é vivida por pessoas reais, inclusive educadores e trabalhadores culturais engajados na complexa política educacional em vários níveis, mesmo quando há, como é de prever, tensões e contradições. Foi esse um dos objetivos primordiais da análise do capítulo 2 e da detalhada discussão sobre a experiência de Porto Alegre no capítulo 5.

Como observei acima, essa não é uma preocupação nova. Professores, ativistas sociais e acadêmicos de várias disciplinas passaram anos desafiando as fronteiras do espaço geralmente inexplorado que identificamos como "nós" e resistindo ao conhecimento, às perspectivas, aos pressupostos epistemológicos e às vozes aceitas que as delimitam.

Nunca existiu uma época sem resistência, aberta ou encoberta (BERREY, 2015). Especialmente em Educação, área em que as questões em torno do saber – qual conhecimento, o conhecimento de quem e como deve ser ensinado – são levadas muito a sério, sobretudo por aqueles que os grupos dominantes excluem da tão perigosa categoria definida como "nós" (APPLE, 2013; APPLE & AU, 2014; AU et al., 2016; WARMINGTON, 2014).

As questões curriculares são centrais também por uma outra razão. Por maior que seja a merecida atenção dada às agendas e políticas neoliberais, à privatização e aos programas de ensino opcionais, à cultura de exames e à padronização do aprendizado, temos que continuar assim mesmo a atentar bastante para o conteúdo efetivo do que é lecionado – e às "presenças ausentes" (MACHEREY, 2006), isto é, difusas, do que é ensinado – na escola, assim como para a experiência concreta dos estudantes, professores, diretores, conselheiros, funcionários, secretários, cozinheiros, pais, integrantes da comunidade e voluntários, todos os que vivem e trabalham nesses prédios chamados de escolas. É essencial documentar e entender essas realidades de vida para poder intervir estrategicamente e fazer conexões entre essas experiências e as possibilidades de construção e defesa de algo muito melhor. Deixar de fazer isso foi uma das razões para o fracasso na construção de uma aliança duradoura em Kenosha. O sucesso da mobilização em Jeffco mostra o poder da múltipla conexão entre professores, estudantes, pais e comunidade em torno de uma questão compartilhada.

Como vimos no capítulo sobre Kenosha e Jeffco, os alunos foram atores dos mais importantes. Sua mobilização e liderança basearam-se não apenas nas preocupações mais gerais com as teses do neoliberalismo. Foram também as mudanças curriculares radicais pretendidas pelos conservadores que os levaram a agir. Claramente, portanto, o próprio currículo pode ser e é um foco primordial das batalhas educacionais, como se pode ver também na luta da juventude afro-americana em Baltimore, que usou o Projeto Álgebra e seus fundamentos para costurar alianças e impedir a construção de uma nova prisão juvenil na cidade. Uma forma de conhecimento tida em geral como "inútil", simplesmente um saber de elite, foi relacionada às realidades dos jovens de maneira a capacitá-los a se tornar agentes de suas próprias vidas (APPLE, 2013). Isso é semelhante ao trabalho que se faz nas pedagogias hip-hop e outras formas de conectar a vida cotidiana com expressões culturais que afirmam novas identidades e resistências (EMDIN, 2010, 2016). Também fica visível nas transformações descritas no capítulo 5.

Por essas razões mesmo, vale a pena enfatizar de novo que esses exemplos da política de cultura e identidade no ensino escolar ilustram a importância das lutas curriculares tanto para os movimentos hegemônicos quanto contra-hegemônicos. É notável a carência de análises aprofundadas sobre o que é ou não ensinado, sobre a política do "conhecimento oficial" (APPLE, 2014), em tantas discussões críticas do papel do neoliberalismo na Educação. Mas, como vimos no capítulo 1, essas análises foram fundamentais nos recentes conflitos sobre política educacional nos Estados Unidos – envolvendo o tratamento dado à escravidão e aos valores conservadores nos manuais escolares texanos, os ataques aos programas letivos sobre "justiça social" e até tentativas de proibi-los no Arizona (LEVIN, 2017), as lutas por currículos "culturalmente relevantes", os debates sobre mudança e evolução climáticas e as discussões fundamentais sobre o núcleo comum de ensino em todo o país. Simplesmente não conseguiremos compreender por que tantas pessoas são convencidas a seguir a liderança ideológica dos grupos dominantes – ou a resistir e atuar contra essa liderança – se não dermos um lugar primordial às lutas sobre os significados na formação da identidade.

Os movimentos sociais – tanto progressistas quanto reacionários – surgem com frequência em torno de questões que são essenciais para a identidade das pessoas, sua cultura e história (GIUGNI et al., 1999;

APPLE, 2013; cf. tb. BINDER, 2002). Uma atenção maior a essas lutas, tanto teórica quanto histórica e empiricamente, poderia proporcionar abordagens mais lúcidas sobre as razões pelas quais vários aspectos das posições conservadoras modernizantes são considerados atraentes, assim como esclarecer de que forma têm sido e podem ser criados movimentos capazes de resistir às agendas neoliberais (APPLE, 2013).

A importância disso fica de novo bem visível no capítulo 3. A aliança formada em resposta à tomada conservadora do conselho escolar mobilizou estudantes, professores, pais e outros grupos comunitários não apenas para derrubar as decisões curriculares ultraconservadoras, mas resultou também na eleição de um conselho escolar mais progressista. As políticas neoliberais e neoconservadoras foram confrontadas com sucesso, mesmo com a maioria conservadora do conselho recebendo grande suporte financeiro e o apoio ideológico do grupo Americanos pela Prosperidade, sustentado pelos irmãos capitalistas Koch. Como ressaltamos Schirmer e eu, há importantes lições a serem aprendidas aí.

As alianças são possíveis? Democracia, interseções e movimentos religiosos

A questão das alianças que enfatizei acima é importante. É evidentemente complicada a relação entre os significados e os valores que se atribuem ao mundo socioeducacional e à identidade. Como mostramos no capítulo 2, a classe é um ponto crucial aí. Mas como observei antes, a classe muitas vezes faz interseção com outras dinâmicas, tais como o gênero ou a sexualidade e a raça (BHOPAL & PRESTON, 2012). E estas também fazem interseção com as ações relativamente autônomas que envolvem as formas e tradições religiosas. Uma das coisas que ficam patentes no capítulo sobre Porto Alegre é o papel das instituições e movimentos religiosos progressistas no apoio e geração de mobilizações e transformações contra-hegemônicas. Foi especificamente o caso do Brasil, mas sei por experiência pessoal que isso não ocorre apenas lá. Quando fui preso na Coréia do Sul, por exemplo, por falar contra a ditadura militar vigente na época, uma série de pessoas que foram presas comigo eram também profundamente religiosas, guiadas pela visão de que "Jesus passou a vida trabalhando pelos pobres e oprimidos" e que, portanto, fariam o mesmo, fossem quais fossem os riscos. É um sentimento poderoso, que a meu ver deve ser apoiado (cf. APPLE, 2013).

Não pretendo, dizendo isso, ignorar o poder crescente dos movimentos e ideologias religiosos conservadores e repressivos em muitas nações. Na verdade, escrevi sobre esses movimentos e ideologias de maneira bem crítica em *Educating the "Right" Way* e outras obras (cf., p. ex., APPLE, 2006). Temo, no entanto, que muitos ativistas e pesquisadores progressistas que lutam para construir e defender instituições e relações sociais mais densamente democráticas podem estar afastando um considerável número de pessoas de motivação religiosa. É uma limitação bem real de algumas posições críticas assumidas pela esquerda ao longo dos anos. É muito comum defensores de um igualitarismo radical desconsiderarem demais as motivações e visões religiosas (cf. WALLIS, 2010; cf. tb. STONE, 2017). O que não é mera imprudência tática, mas um esquecimento do papel histórico desempenhado por vários movimentos religiosos nas lutas contínuas por justiça social em tantas sociedades (cf., p. ex., WEST, 2002).

Ao confrontar isso, temos que prestar mais atenção numa questão mais geral. Em vez de supor que o conservadorismo religioso se baseia em grupos, numa sensibilidade totalmente direitista sobre tudo o que nos pode ser caro, seria mais prudente observar o que chamo de elementos de "bom senso" e também de mau senso na raiva das pessoas com as políticas em curso dentro e fora da Educação e como elas se convencem a seguir a visão de grupos mais neoliberais e neoconservadores (APPLE, 2006; cf. tb. HOCHSCHILD, 2016). Isso é prudente não apenas do ponto de vista teórico, mas também estrategicamente. As pessoas não são "marionetes". Elas têm razões verdadeiras para suas preocupações – e não é de forma automática que se voltam para a direita em vez de posições políticas mais progressistas. É preciso um árduo trabalho ideológico, que chamei de vasto projeto sociopedagógico, para as pessoas concordarem com soluções "direitistas". O discurso político é um elemento crucial nisso, tanto em resposta aos sentimentos religiosos quanto em outras áreas da vida social.

Mas o fato de que grupos dominantes conseguiram atrair muitas pessoas para a direita ao se ligarem à compreensão parcialmente acurada que elas têm de suas vidas cotidianas significa apenas que os progressistas têm também que fazer um trabalho muito melhor em conectarem os significados centrais da vida das pessoas e os problemas reais que elas enfrentam (HOCHSCHILD, 2016). Uma política baseada num esforço maior para compreender as realidades da vida das pessoas tem uma chance muito maior de ser ouvida atentamente em suas argumentações.

Há, naturalmente, um perigo aqui. O senso comum das pessoas pode já estar articulado em torno de uma visão racista de origem, de pressupostos inarticulados fundados em individualismo e egoísmo possessivos em vez de uma preocupação com um senso mais consistente do bem comum. Assim, se por um lado concordo que há uma necessidade definitiva de ouvir com atenção e discutir nossas diferenças ideológicas, por outro não apenas as duas partes têm que estar dispostas a fazê-lo como também não podemos fazê-lo de modo a legitimar de alguma forma coisas como a posição anti-imigrantes e outras profundamente racistas[24], a visão educacional das crianças meramente como futuros trabalhadores, os ataques ao direito das mulheres de controlar seus próprios corpos, a arrogância religiosa de

---

[24] Há uma complexa relação histórica nos Estados Unidos entre formas religiosas conservadoras e visões e posições racistas. Cf., por exemplo, Heyrman, 1997; Kintz, 1997; Noll, 2002; Gloege, 2015.

supor que "Deus só fala comigo" e coisas eticamente problemáticas como essas. O que não é fácil. Obviamente, temos que fazer esses diálogos com respeito pelas preocupações verdadeiras das pessoas e um conhecimento maior das realidades locais. Mas também precisamos perceber que o respeito deve ser de ambas as partes e que teremos que pensar com muito cuidado nos compromissos que vale a pena fazer para que o diálogo possa ir além e levar talvez a uma compreensão e ação conjuntas.

Dediquei bastante reflexão a isso e, tenho certeza de que, como muitos leitores deste livro, tentei incorporar essa compreensão a minhas ações pessoais e profissionais. Por exemplo, em *Educating the "Right" Way* (APPLE, 2006), proponho "alianças híbridas" entre visões ideológicas e religiosas geralmente muito diferentes. Um exemplo primordial em Educação nos Estados Unidos é o caso do *Canal Um*, uma estação comercial de TV retransmitida em grande número de escolas públicas e privadas. O *Canal Um* apresenta dez minutos de "notícias" seguidas de dois minutos de comerciais bem produzidos (cf. APPLE, 2014). Muitas escolas aceitam o *Canal Um* não apenas porque é habilmente propagandeado como uma "solução" para o problema real que elas enfrentam para tornar os alunos "mais informados sobre assuntos de atualidade", mas também porque a estação dá às escolas equipamentos como antenas para recepção de sinais de satélite, monitores de TV e muitas outras coisas cujo valor pode chegar a dezenas de milhares de dólares. O problema é que, como espectadores cativos, os estudantes têm que assistir os comerciais. O que leva à crescente preocupação com o uso cada vez mais intenso das escolas como locais lucrativos (cf. tb. BALL, 2009, 2012; BURCH, 2009; GUNTER et al., 2017).

Em resposta a isso, eu e outros fizemos uma aliança com grupos religiosos conservadores para tirar o *Canal Um* das escolas. Para os evangélicos conservadores, "as crianças são criadas à imagem e semelhança de Deus" e é um desrespeito a Deus comprá-las e vendê-las nas escolas como se fossem mercadorias. Quanto a mim e outros progressistas, podemos não concordar com a posição teológica específica defendida pelos conservadores religiosos, mas também estamos profundamente preocupados com a mercantilização das crianças como público cativo para os lucros empresariais. Assim, essas duas posições ideológicas em geral diametralmente opostas unem-se em torno de um projeto educacional específico, impedindo a comercialização lucrativa de crianças. Isso permitiu a retirada do *Canal Um* de uma série de distritos escolares. Mas também levou à redução de estereótipos de ambos os lados e à manutenção de um espaço aberto para o diálogo.

Em parte foi esse o caso na análise de Porto Alegre que Gandin e eu abordamos no capítulo 5. Movimentos de inspiração religiosa desempenharam um grande papel no avanço das mobilizações progressistas lá e em sua unificação. Claro, os Estados Unidos não são o Brasil. Mas se muitos progressistas nos Estados Unidos tendem automaticamente a desconfiar de grupos que encontram seu sentido em visões religiosas, a esquerda tradicional arrisca-se no processo a marginalizar motivações e tradições religiosas que poderiam sustentar alianças em torno de elementos essenciais de acordo. Tais alianças são visíveis em crescentes movimentos populistas de base em torno das ações da "Segunda-Feira Moral" estimuladas por importantes líderes religiosos como o Reverendo Benjamin Barber e outros. São visíveis também em compromissos pró-imigrantes assumidos por várias igrejas, mesquitas, sinagogas e outras instituições religiosas formais e informais e movimentos de base de vários grupos populacionais, assim como nas crescentes preocupações ecológicas de vários movimentos evangélicos. Vale muito a pena examinar se podem ser construídas alianças "híbridas" transpondo nossas diferenças para favorecer projetos progressistas específicos.

Mas – e é um mas importante –, mesmo ao levarmos isso em consideração, reconheçamos que o aumento crescente dos movimentos religiosos conservadores de caráter "populista autoritário", que ativamente defendem políticas existentes ou mais radicais ainda de democracia magra, torna bem difíceis as alianças na área educacional e outras (cf. APPLE, 1996). Esses movimentos estão entre os que avançam mais rápido na defesa de formas específicas de reforma do ensino nos Estados Unidos. Veja-se, por exemplo, o crescimento do ensino domiciliar no país, que envolve milhões de crianças (p. ex., APPLE, 2006). De certa forma, o fenômeno do aprendizado domiciliar é em parte uma reação ao tipo de destaque que se dá na mídia à "crise no ensino público". Mas também é parte de uma reação mais ampla ao domínio de valores seculares nas escolas, à sensação de que o conhecimento religioso conservador e suas visões de mundo tradicionais não recebem um peso igual nos currículos e, em inúmeros casos, à criação de comunidades ideológicas "fechadas", nas quais a cultura e o corpo do "Outro" são vistos como formas de poluição que devem ser evitadas a todo custo (APPLE, 2006; cf. tb. KINTZ, 1997). Lutas em torno da cultura, das identidades, da brancura e da sensação de ser parte dos "novos oprimidos" são elementos fundamentais da política emergente da direita em educação e especialmente da direita religiosa.

Em muitos pontos desse movimento, questões de autoridade bíblica fazem interseção com uma história antiga de medos raciais, de perda dos papéis "que Deus nos deu" como homens e mulheres e a sensação de um governo que tira nossa "liberdade" (APPLE, 1996, 2006; MacLEAN, 2017). Não é muito fácil encontrar espaço de diálogo quando confrontados com essas posições[25]. Assim, haverá perigos junto com possibilidades e qualquer tentativa de engajamento cooperativo com esses grupos deve ser abordada francamente, mantendo-se um compromisso profundo com valores antirracistas, anti-homofóbicos

---

25 Há, no entanto, uma crescente população negra de estudantes domiciliares. É um grupo pelo qual tenho muita simpatia. Desnecessário repetir as lamentáveis e dolorosas condições em que grande número de estudantes de grupos minoritários consegue de alguma forma sobreviver em inúmeras escolas.

e de justiça social que tenham uma defesa justificável. Não são coisas que se possam sacrificar ao tentar construir uma unidade mais ampla.

Isso posto, embora eu continue a acreditar que as lições de Porto Alegre são importantes e que deveríamos procurar novas formas para trabalhar com grupos de motivação religiosa, pediria mais uma vez que tenhamos cuidado em não romantizar tais possibilidades. Com um evangélico muito conservador como Secretário de Educação dos Estados Unidos, a perda de verbas das escolas públicas e a substituição do ensino público pelo privado estão em alta na agenda nacional (SMITH, 2017). Embora as evidências não sustentem uma argumentação favorável a essas políticas, deve haver efetivamente pouco apoio da direita – e da direita religiosa – para um diálogo que seja algo mais que um exercício para a legitimação ideológica da direita.

Há ainda, portanto, diferenças fundamentais entre as agendas mais amplas dos grupos envolvidos nesses debates. O diálogo entre posições ideológicas diferentes focado em elementos de bom senso é necessário e pode engendrar mais respeito e compreensão, devendo, portanto, ser tentado. Mas sejamos honestos em relação a duas coisas. Como observei acima, tal diálogo pode dar legitimidade a posições que seriam justificadamente consideradas homofóbicas, sexistas, racistas e anti-imigrantes. Além disso, tal diálogo não substitui outras coisas. Uma "cura pelo discurso" não é suficiente para alterar as condições sociais e ideológicas de dominação e subordinação que tão claramente caracterizam tantas sociedades (TEEGER, 2015). Dessa forma, não deve servir como desculpa para não nos engajarmos na tarefa demorada e muito mais a longo prazo de criar mobilizações sociais que visem fundamentalmente desafiar tais condições e relações diferenciais de poder. Precisaríamos constantemente refletir se esses diálogos e possíveis alianças híbridas, com as políticas e práticas que daí resultariam, levam ou não a caminhos mais criticamente democráticos a longo prazo.

As lutas locais importam

São árduas as questões ideológicas que discuti na seção anterior. Mas um dos dilemas mais difíceis e significativos que enfrentamos funda-se antes na realidade material. Um ponto importante de conflito, bem visível nos quatro capítulos centrais deste livro, é o dinheiro. Seria desnecessário dizer que lutas por verbas terão que ser travadas continuamente. Sabemos que a crise fiscal que enfrentamos é muitas vezes causada basicamente pela greve do capital, que se recusa a pagar a sua parte justa de impostos, a decisão das grandes empresas de colocar os lucros no exterior, a queda real dos salários, a redução dos empregos dignos e com benefícios como plano de saúde, uma economia política e um Estado racistas (LIPMAN, 2011; ROTHSTEIN, 2017), um profundo desrespeito pelo trabalho dos servidores públicos, além do esforço árduo da direita comprometida em criar um novo senso comum que define necessariamente como ruim tudo o que é público e necessariamente como bom tudo o que é privado (MAYER, 2016; MacLEAN, 2017). Os efeitos dessas tendências danosas tornaram ainda mais difícil manter uma Educação capaz de fazer todas as coisas que agora se esperam dela.

Boa parte da crítica progressista dessas realidades econômicas e educacionais tem focado o nível nacional ou estadual. O que é compreensível, dadas as diretrizes econômicas, políticas e educacionais atuais da administração nacional, a indicação de um secretário de (guerra à) Educação ultraconservador e os ataques às escolas públicas e redução de orçamento do ensino público em diversos estados. A discussão que Eleni Schirmer e eu fizemos do que acontece no Wisconsin não passa de um exemplo. No entanto, como aquele capítulo também indica, é igualmente crucial voltar nossa atenção para o nível local, em vez de concentrá-la apenas nos âmbitos mais gerais. Isso é particularmente importante quando consideramos a recente tendência de grupos de direita de dar grande atenção às disputas nos conselhos de ensino como pontos de vitórias significativas. Como vimos no capítulo 3, os Americanos pela Prosperidade e outros grupos de direita têm agressivamente ocupado o espaço de influência local (MAYER, 2016) e focado decisivamente importantes eleições de conselhos escolares como parte de sua estratégia em uma guerra de posições.

A política eleitoral, especialmente em nível local, tornou-se então ainda mais crucial que antes. Temos que admitir que isso é duro numa época em que as regras usuais de gestão foram estropiadas por Trump, pelo trumpismo e o seu legado, em que grupos conservadores bem financiados podem gastar enormes somas na manipulação de questões locais, estaduais e nacionais. Há quase um senso perverso de desfrute em cada *tweet* ultrajante, em cada comentário aviltante, em cada "Dá pra acreditar nisso!?!", em cada gesto político para a destruição do ambiente, da saúde, da moradia e da educação. É fácil demais desviar a nossa atenção para essa estranha combinação do cômico com o diabólico. Mas tudo isso está acontecendo ao mesmo tempo, de modo que não apenas as políticas nacionais em todas essas áreas estão sendo radicalmente transformadas, como também nossas instituições e relações locais.

Isso significa que também precisamos dar mais atenção ao que está por trás dessas transformações locais. Os Americanos pela Prosperidade e o ALEC (sigla em inglês para Conselho Americano de Mudança Legislativa), dentre outros grupos, estão na ponta de lança das agendas neoliberais e neoconservadoras radicais. E operam com grandes somas de dinheiro, mas também com os pés no chão. Além disso, também se envolvem na produção e disseminação de modelos legais conservadores que são enviados às legislaturas estaduais e aos governadores país a fora, coordenando esforços políticos para a aprovação dessas leis (cf. p. ex., UNDERWOOD & MEADE, 2012; ANDERSON & MONTORO DONCHIK, 2016). Igualmente importante, esses grupos dirigem programas educacionais e "acampamentos" legislativos para equipar a juventude e atuais e futuros legisladores com os tipos de habilidades midiáticas e legislativas que lhes permitam fazer pender para o seu lado a balança dos argumentos. Temos muito o que aprender com a direita a esse respeito (APPLE 2006, 2013). Assim, nossas análises e ações críticas em nível local devem ser complementadas por uma análise e ação rigorosas sobre as fontes nacionais e regionais do suporte e liderança financeiros e ideológicos que tornam essas mobilizações locais mais poderosas do que seriam sem esse apoio e direção. Aqui também podemos aprender com a direita como realizar a construção a longo prazo de movimentos – com nosso próprio treinamento legislativo, "acampamentos" para jovens ativistas, leis modelares prontas para serem adotadas, trabalho com a juventude, com professores e membros da comunidade para desenvolver e difundir instrumentos como a pesquisa sobre ação participativa (WINN & SUOTO-MANNING, 2017) que possam ser usados para interromper a "névoa epistemológica" de que tanto dependem os grupos dominantes, na construção de habilidades e grupos críticos de mídia, e assim por diante. Temos também muito que aprender com as estratégias criativas e dedicadas das alianças contra-hegemônicas, o trabalho de mídia e a construção de movimento desenvolvidos nas campanhas "As vidas dos negros importam" e no trabalho de base da "Nossa revolução" (cf., p. ex., https://ourrevolution.com/). Muitos outros grupos poderiam ser mencionados aqui. Tudo isso será fundamental na ligação dos níveis locais aos regionais e nacionais. Mas isso também requer que ensinemos ativamente uns aos outros o que funciona e o que não funciona – e que estejamos dispostos a aprender.

Pensamento internacional

Estar disposto a aprender implica rejeitar a ilusão confortadora baseada em (in)compreensões imperiais de que os Estados Unidos são por natureza "especiais" e o centro do mundo, que "nós" temos pouco a aprender com outras nações. Precisaremos, portanto, prestar muita atenção não apenas às lutas nos Estados Unidos, mas em como a democracia está sendo redefinida em outros países. Isso torna os capítulos sobre o Brasil e a China ainda mais importantes. No Brasil, atualmente, cresce o poder da direita, com políticos direitistas e ativistas religiosos conservadores tendo ganhado as eleições municipais em São Paulo e no Rio de Janeiro (PHILIPS, 2017). O apoio a posições direitistas de "livre mercado" é estimulado lá por muito dinheiro e assessoramento de fundações de direita dos Estados Unidos. O Movimento Brasil Livre e os Estudantes pela Liberdade, por exemplo, representam aspectos-chave dessas tendências. Eles são impulsionados por grupos de direita exteriores tais como a Rede Atlas, constituída por movimentos evangélicos conservadores com base nos Estados Unidos, e uma série de organizações ligadas aos Irmãos Koch. As implicações disso para Porto Alegre são preocupantes. Precisamos observar atentamente como atuam os movimentos econômicos e religiosos conservadores para estabelecer e manter identidades hegemônicas que sustentam agendas neoliberais e neoconservadoras mundo afora, mesmo em comunidades muito pobres. O sucesso deles pode nos ensinar, repito, alguma coisa sobre como se conectar à vida cotidiana das pessoas e como organizar um projeto sociopedagógico que rompa com o senso comum de direita.

Não precisamos apenas aprender essas coisas com a direita. As lutas contínuas para garantir a força de conquistas como o Orçamento Participativo e a Escola Cidadã em Porto Alegre são agora ainda mais cruciais, no Brasil e em outros lugares. Elas permitem apontar exemplos poderosos que podem servir de modelos para uma educação crítica e um conjunto de relações entre o Estado e a comunidade que ilustram os princípios da democracia densa.

Certas questões específicas vêm à frente nesse ponto. O que fizeram os educadores, ativistas comunitários, jovens e funcionários públicos progressistas em Porto Alegre para defender os ganhos obtidos? Como estão atuando esses grupos em defesa daquelas conquistas, dado o ressurgimento atual da direita? Que estratégicas específicas são empregadas? Que compromissos tiveram que ser feitos? Todas as perguntas que deram fundamento a este *A luta pela democracia na Educação* precisam ser feitas. Respondê-las pode nos dar lições a todos. A contínua pesquisa educacional politicamente engajada e de longo prazo é mais importante que nunca.

Empreender análises profundas sobre outras nações influentes além do Brasil é essencial também para o projeto de democracia densa. Embora a China seja muito diferente do Brasil em vários aspectos, sua combinação de um Estado muito forte com uma economia cada vez mais empresarial é um modelo que pode ser seguido por muitas nações, especialmente dada a crescente influência econômica chinesa em todo o mundo. Esse sistema "híbrido" pode causar um forte efeito sobre as maneiras como se praticam versões neoliberais de democracia. Mecanismos que permitem a famílias afluentes um sistema (formal ou informal) de "democracia como opção", junto com um maior controle ideológico do que é ensinado, podem pelo menos temporariamente parecer a governos de outros países uma maneira sábia de resolver as questões de legitimação do Estado em muitos casos. É um modelo que pode deixar muitos progressistas bem incomodados, e com razão, mas cuja possível influência não pode ser ignorada.

Há outras razões para que nos Estados Unidos, no Reino Unido e em outros lugares prestemos mais atenção às lutas pela democracia na Educação em países como a China. Nossas próprias decisões educacionais têm efeitos reais sobre outras nações. Assim, o capítulo que examina como se desenvolveram e funcionam agora as políticas chinesas é muito importante para a argumentação que fizemos neste livro. A ideia de que democracia envolve a escolha individualizada do consumidor no mercado, cada vez mais influente aqui nos Estados Unidos, difundiu-se internacionalmente de modo exponencial. Quando essa ideia é recontextualizada em uma nação diferente e com forte tradição estatal, passa por mediações e formas de uso complexas (cf. WONG, 2002; LIM & APPLE, 2016). Pode servir para dar legitimação a órgãos governamentais. Pode diminuir a pressão exercida sobre o Estado por novos segmentos emergentes de classe. Pode ajudar a criar novas desigualdades, mesmo quando o governo corretamente não quer que isso aconteça. Pode ajudar a manter uma névoa epistemológica fazendo essas desigualdades oficialmente invisíveis. E ao mesmo tempo pode criar, através de programas curriculares, vínculos econômicos entre escolas chinesas e empresas norte-americanas. E tudo isso está ocorrendo simultaneamente. Esses efeitos ocultos precisam ser revelados e submetidos a exame.

A questão das consequências imprevistas e dos efeitos negativos ocultos perpassa várias das nossas análises. Os capítulos sobre a escola antirracista e sobre as políticas educacionais chinesas podem parecer díspares, mas dizem respeito a algo que os aproxima. Ambos descrevem situações em que pais afluentes de classe média usam seu capital econômico, social e cultural acumulado como parte de uma estratégia de conversão para assegurar que seus filhos levem vantagem na competição para progredir. É um lembrete sobre a importância crucial de duas coisas. Primeiro, mesmo se focamos necessariamente a interseção de fatores, a classe é uma dinâmica essencial para uma profunda compreensão crítica da política educacional e do papel do Estado em nível local, regional e nacional. Segundo, um modelo de duas classes – "classe dirigente/dominante *versus* classe trabalhadora" – é insuficiente para entender plenamente como funciona a educação na estratificação racial e de classe. As ações relativamente autônomas da nova classe média podem servir de barreira estratégica que torne ainda mais difíceis o florescimento e a sobrevivência de conquistas educacionais realmente progressistas nos Estados Unidos (POSEY-MADDOX, 2014; cf. tb. WEIS et al., 2014; BERNSTEIN, 1977)[26]. Na China, as classes média e média alta com mobilidade ascendente encontram espaços na política contraditória do Estado para defender e ampliar os seus ganhos.

---

[26] A estrutura da dinâmica de classes é também crucial nas comunidades de cor e outras comunidades oprimidas. Cf. Rollock, Gillborn, Vincent e Ball, 2015.

Vale a pena levantar a respeito certas questões que em parte parecem heresias. Isso sempre tem que ser fonte de uma maior desigualdade? A história das lutas pelos "direitos da pessoa" acima dos "direitos de propriedade" nos Estados Unidos produziu, ao mesmo tempo, reformas "cosméticas" que não desafiaram o poder hegemônico geral e muito mais transformações profundas na política e na economia quando o discurso sobre os direitos individuais foi assumido por grupos femininos e antirracistas mais engajados (APPLE, 2014). Isso teria implicações para países com Estados fortes? Haveria no movimento pela "opção" potenciais inexplorados capazes de abrir espaços para o aumento das verbas educacionais? Será que esse movimento não pressionaria o Estado a buscar uma igualdade maior e ter mais voz no currículo? Dadas as reais complexidades da China e de outros países asiáticos, é difícil prever o que acontecerá. Responder a essas indagações e examinar as possibilidades e perigos envolvidos vai exigir uma compreensão mais sutil e diversificada, sensível às especificidades e multiplicidades da China e do continente como um todo (LIM & APPLE, 2016).

Seja qual for o país analisado, no final isso nos torna mais analíticos e uma questão política é vista de maneira mais crítica. Em cada país se torna crucial um julgamento mais sutil e profundo do potencial das alternativas emergentes às políticas e práticas neoliberais, neoconservadoras, populistas autoritárias e aos novos modelos de gestão. Estamos indo na direção certa em vez de pegar o caminho da direita? Quem somos "nós" os que tomamos esse ou aquele rumo? Estamos construindo uma aliança mais inclusiva que combina politicamente a redistribuição, o reconhecimento e a representação? Haverá – e tem que haver – discordâncias, debates que são o motor de uma maior democratização. Critérios ponderados, no entanto, já existem para julgar os efeitos e o potencial de planos mais radicais para a Educação, o Estado, a economia e a sociedade civil. Como disse em outro trabalho (APPLE, 2016), talvez um dos melhores lugares para começar é pela análise bem detalhada desses critérios em um livro de Erik Olin Wright, *Envisioning Real Utopias* (WRIGHT, 2010). Se a análise de Wright não é tão poderosa como poderia ser em questões de raça e gênero, é ainda assim uma importante contribuição para o desenvolvimento de alternativas crítico-democráticas mais abertas. Sua discussão de como avaliar os processos e efeitos de projetos culturais, políticos e econômicos mais radicais é bem acolhida ao debate sobre a eficácia das respostas que damos à questão "o que deve ser feito", se elas de fato produzem interrupções duradouras das formas dominantes.

Difícil não quer dizer impossível

Fazer tais avaliações é um processo coletivo que, se for bem feito, incorpora um compromisso participativo e deliberativo com a democracia igualitária radical. Ao fazer essas análises e levantar essas questões, é importante lembrar constantemente que existe uma opressão sistemática. Ela exige transformações fundamentais das estruturas e práticas institucionais em níveis nacional, regional e local de um Estado racista e racializante (cf., p. ex., JOSEPH, 2016; cf. tb. ROTHSTEIN, 2017), assim como da natureza sexista e de gênero da política estatal (FRASER, 2013) e da economia – e é o sistema de trabalho remunerado ou não que continua a criar desigualdades duradouras.

Reconhecer e ser honesto quanto ao sistema mais amplo de dominação pode, no entanto, tornar bem fácil levantar as mãos para o céu em desespero e negligenciar o papel da escola na sustentação dessas estruturas opressivas – e, o que é muito grave, minimizar a importância da dedicação de todos os que trabalham tão duro por uma melhor compreensão dessas estruturas e processos e para a sua interrupção. Há coisas que podem e deveriam ser feitas em Educação. Isso fica claro nos capítulos 2 e 5 em nossa análise do currículo, da pedagogia, das relações comunitárias e dos padrões funcionais em escolas abertamente comprometidas com um conjunto de valores socioculturais crítico-democráticos densos.

Perdoem-me as metáforas militares, mas o que estamos advogando é o que Antonio Gramsci (1971) denominou "guerra de posições", como já mencionei antes. Trata-se de um conjunto de ações contra-hegemônicas em que *tudo* conta. A ação criticamente democrática é importante em todas as esferas, em Educação, no sistema de saúde, na vida comunitária, na família e no trabalho, remunerado ou não. Importa agir contra as relações de dominação envolvendo gênero, sexualidade, raça, classe, capacidade, idade, degradação ambiental – tudo isso conta. A tarefa, então, é trabalhar duro para interligar essas ações umas às outras e construir alianças que superem nossas diferenças de modo a formarmos uma frente mais ampla e de mútua sustentação. Assim, as questões locais importam e não apenas as questões nacionais e regionais. Como diz Nancy Fraser, que citamos acima, a política do reconhecimento e da representação conta tanto quanto uma política redistributiva (FRASER, 1997, 2013).

Isso não é novo. Na verdade, é exatamente o que a direita vem fazendo há décadas. É o que torna tão importante a discussão que fizemos no capítulo 3 sobre a política eleitoral em Kenosha e Jeffco, ou seja, no nível do distrito. A direita claramente reconhece a importância de ganhar em diversos níveis e então conectar essas vitórias umas às outras. As batalhas que travou ali envolveram várias questões – o encolhimento do Estado, a redução de impostos sobre os mais afluentes, a destruição do poder sindical, o ataque aos programas curriculares progressistas, a privatização, a transformação das escolas em fontes de lucro e muito mais.

Ao mesmo tempo, nos dois sistemas de ensino, em Jeffco e Kenosha, não apenas foram levantadas diversas questões em conjunto, como a direita sabia que as lutas tinham que ser travadas em locais diversos e com diversas estratégias – em comícios e reuniões públicas, em campanhas de porta em porta, atraindo simpatizantes para as urnas e, de forma profunda, nos veículos de comunicação. Foi também extremamente criativa em sua política linguística, abrindo caminho para as pessoas aderirem à aliança que propunha mesmo quando não concordavam com todas as posições da direita.

O que Jeffco mostrou foi um contraexemplo em que a juventude assumiu importantes papéis de liderança e em que as mobilizações contra a direita, em apoio aos professores e a um currículo mais rico, foram mais variadas. Foram criados caminhos de adesão a essa aliança com apelo ao senso de justiça das pessoas, em apoio aos estudantes organizados que se preocupavam claramente com a educação que recebiam, e obtidas importantes vitórias também na maneira como a mensagem foi apresentada na mídia. Não se tratou, portanto, "apenas" dos professores, dos direitos dos trabalhadores e "contribuintes" – que *são* importantes, claro. Mas Jeffco demonstrou taticamente a necessidade de um senso mais aguçado de dinâmica e estratégias políticas.

O que precisamos, então, é de uma política tanto vertical quanto horizontal. Verticalmente, há que se engajar em cada nível em ações significativas, visando interligar esses níveis como partes de um movimento mais amplo de construção e defesa de formas críticas de deliberação democrática. Horizontalmente, em cada nível há múltiplas dinâmicas de poder que precisam ser consideradas, com ações substantivas em apoio dos movimentos e em busca de alianças em torno de políticas de redistribuição, reconhecimento e representação. Classe, gênero, sexualidade, raça, capacidade, idade, degradação ambiental e outras formas de "diferença" são encaradas, então, não como divisivas, como impedimentos, mas como recursos que devem ser mobilizados conjuntamente pelo trabalho árduo sempre que possível.

Pensando a longo prazo

Há outras lições importantes a aprender em muitos dos capítulos centrais deste livro. Mas uma que se destaca é que as vitórias podem ser temporárias. Para firmá-las é necessário que não sejam interrompidos o trabalho prático árduo e as mobilizações a longo prazo que as produziram. Ataques da direita, crises fiscais, iniciativas de gestão, pressões para privatizar e se curvar ao mercado, estratégias de ascensão de classe – nada disso cessa no dia em que declaramos nossa "vitória" em uma escola, em um conflito curricular, em uma campanha eleitoral, em uma batalha fiscal, nessa ou naquela arena política. É exatamente o oposto que ocorre. A direita *aprende* com cada uma de suas campanhas. Ela amplia o seu discurso para se dar conta do que funcionou ou não, de modo que mais grupos encontrem "respostas" nas suas propostas de liderança. Ela sempre se envolve em longo prazo (cf. HALL, 2016).

A história de Porto Alegre é, quanto a isso, instrutiva. Décadas de ativismo social e educacional de base levou a mudanças no Estado e em suas diretrizes e práticas políticas, econômicas, culturais e educacionais. O que produziu transformações realmente fundamentais na vida cotidiana das escolas e na relação da escola com sua comunidade. O desenvolvimento do projeto Escola Cidadã e do Orçamento Participativo criou um modelo denso de reformas socioeducacionais democráticas não apenas para o Brasil, mas para o mundo inteiro.

As forças conservadoras, porém, não descansaram no Brasil. Têm tentado constantemente limitar a esfera das reformas de Porto Alegre, torná-las mais "seguras", mais retóricas que práticas em escolas e comunidades concretas. Mas as políticas e práticas de democracia densa conseguiram durar em muitos espaços por causa do árduo e incessante trabalho dos professores, dos ativistas comunitários e de movimentos sociais. É uma dinâmica contínua, que nunca para.

Coisas semelhantes precisam ser ditas sobre Jeffco. A coalizão construída entre estudantes, professores e ativistas comunitários foi crucial para restaurar um currículo necessário e para mudar o conselho de ensino. Mas a direita aprendeu as lições dessa derrota e está a aplicá-las em disputas semelhantes Estados Unidos a fora. A vitória progressista em Jeffco será temporária se não observarmos o que a direita está fazendo agora em outras partes do país e, a partir daí, desenvolvermos táticas para confrontá-la antes que retorne a Jeffco e outros lugares. Claro, precisamos celebrar os ganhos que obtemos. A alegria é uma emoção que deve ser cultivada. Mas, ao mesmo tempo, não podemos descansar.

Vejamos, por exemplo, o caso da escola bilíngue do capítulo 2. A escola em questão continua sendo uma das nossas favoritas, pelo currículo e práticas pedagógicas e por seus contínuos esforços em incorporar políticas antirracistas e crítico-democráticas. Aí não foi apenas a direita que representou uma ameaça, embora a crise fiscal causada pela fuga de capitais e a neoliberalização das políticas educacionais que se seguiu tenham sido e sejam claramente pressões importantes sobre a escola, assim como tiveram um poderoso efeito em Kenosha. Foi uma diferente dinâmica de classe que emergiu, demonstrando a complexidade da política racial e de classe que existe na vida de uma escola com orientação crítica. Seria surpresa se tais dilemas não ocorressem. E seria também surpresa se a direita não procurasse explorar essas tensões. Precisamos pensar atentamente sobre essas dinâmicas em cada escola que tenta construir formas densas de democracia e desenvolver estratégias participativas e deliberativas para lidarmos honestamente com elas.

Ao dizer essas coisas e apontar essas lições, nosso objetivo decididamente *não* é aumentar o cinismo. Nem provocar dúvida sobre a importância dos valores "densos" da democracia crítica e as políticas e práticas que deles derivam. Ao contrário, estamos pedindo aos educadores e comunidades que sejam honestos sobre o que pode ocorrer e efetivamente ocorre – que enfrentem as complexas realidades e relações de poder no mundo real. O que significa que pensamos simultaneamente no passado e no futuro. O que aconteceu no passado quando essas políticas e práticas de democracia densa foram incrementadas? E o que deve ser feito a longo prazo para defender essas políticas e práticas se grupos de classe média com mobilidade ascendente ocuparem o espaço da reforma para seus propósitos particulares e, de modo igualmente importante, quando a direita incorporada em grupos como os Americanos pela Prosperidade reagir, como certamente acontecerá (MAYER, 2016; McLEAN, 2017).

Ampliando nossas responsabilidades

Ao longo de todo este capítulo, e abertamente no último parágrafo da seção anterior, levanto a questão sobre "o que deve ser feito". No capítulo 1, apontei três das tarefas do educador profundamente comprometido com a construção e a defesa de formas mais densas de democracia crítica. Por causa disso, nesta seção do capítulo derradeiro quero perguntar se educadores críticos nas faculdades e universidades são parte do que chamo de "nós" e quais são nossas responsabilidades. Baseando-me no que disse em *Can Education Change Society?* (APPLE, 2013), quero defender um papel ainda mais ativo da parte dos educadores como eu e muitos outros que podem estar lendo este livro. Deixem-me enumerar uma gama mais ampla de tarefas em que deveriam engajar-se educadores democráticos críticos, em sua condição de "intelectuais públicos", para apoiar e participar desses movimentos transformadores.

Nesse processo, sou a favor de uma política que chamo de *unidade descentralizada* – um "nós" ampliado, muito mais inclusivo e substancial – e de uma expansão dos grupos que podem atuar como nossos mestres em táticas de interrupção de estruturas dominantes (cf., p. ex., FRASER, 1997; HONNETH, 2016). Essa expansão é ainda mais crucial hoje se quisermos participar mais plenamente da construção de respostas para a questão "o que deve ser feito?"

Essa gama ampliada de tarefas baseia-se no que Michael Burawoy chamou de "sociologia pública orgânica", argumentando que esse modelo fornece elementos-chave de como devemos pensar em lidar com uma política de interrupção. Nas palavras dele, mas também parcialmente repetindo Gramsci,

> segundo essa visão, o sociólogo crítico (e, na minha opinião, o educador crítico, que chamo de *acadêmico/ativista crítico*) trabalha em íntima conexão com um público visível, denso, ativo, local e muitas vezes contrário. [Ele ou ela trabalha] com um movimento sindical, uma associação de moradores, congregações de fé, grupos que defendem direitos dos imigrantes, organizações de direitos humanos. Entre o público e o sociólogo público há um diálogo, um processo de educação mútua [...] O projeto dessas sociologias públicas [orgânicas] é tornar visível o invisível, tornar público o privado, validar essas conexões orgânicas como parte de nossa vida sociológica (BURAWOY, 2005, p. 265).

Em geral, há nove tarefas que a análise crítica (e o analista crítico) em educação deve empreender ao criar e defender essas conexões orgânicas:

1) Tem que "dar testemunho da negatividade". Isto é, uma de suas funções primordiais é iluminar as formas com que a política e prática educacionais estão ligadas às relações de exploração e dominação – e às lutas contra essas relações – na sociedade em geral.

2) Ao empreender tais análises críticas, deve também apontar as contradições e *espaços de ação possível*. Assim, seu objetivo é examinar criticamente as realidades correntes com um arcabouço conceitual/político que destaque os espaços nos quais ações mais progressistas e contra-hegemônicas podem ter e têm lugar. É um passo absolutamente crucial, pois do contrário nossa pesquisa pode simplesmente levar ao cinismo ou ao desespero.

3) Às vezes isso também requer uma ampliação do que se considera "pesquisa". O que quero dizer com isso é agir como "secretários" críticos dos grupos e movimentos sociais hoje engajados em desafiar as relações existentes de desigualdade de poder (APPLE, 2012; cf. tb. APPLE & BEANE, 2007; APPLE et al., 2009). Vale a pena

ressaltar alguns exemplos desse tipo de trabalho. O primeiro é o da "Comunidade de Pesquisa Excelência para Todos" (Crea, na sigla em inglês), centro interdisciplinar da Universidade de Barcelona. É um modelo de como construir uma agenda de pesquisa e criar então políticas e programas para empoderar os que são econômica e culturalmente marginalizados em nossas sociedades (cf. SOLER, 2011). O segundo é o trabalho profundamente engajado que Kathleen Lynch e seus colegas e alunos realizam na Escola de Política, Trabalho e Justiça Sociais do University College de Dublin. Embora alguns dos seus programas contra-hegemônicos tenham estado sob ataque recentemente, também ocuparam o centro da pesquisa e da ação não apenas contra a pobreza e a desigualdade, mas dos movimentos pela igualdade (cf. LYNCH et al., 2009; LYNCH et al., 2012). Há evidentemente muitos outros programas que nos dão esperanças. Por exemplo, enfocando o papel das artes na promoção da comunidade e da justiça social, o projeto finlandês ArtsEqual reunindo uma série de pesquisadores documentou importantes vitórias concretas na luta contra-hegemônica, ampliando bastante a compreensão de quem somos "nós" (cf., p. ex., KALLIO, 2015; LAES, 2017). Mas, insisto, documentar essas vitórias exige ainda que continuemos a não ser românticos, que tenhamos plena consciência de que não somos os únicos atores nesse terreno e que não está de antemão garantido que uma visão "densa" de democracia irá prevalecer. Com efeito, essa é uma das razões pela qual escrevemos este livro. Assim, como argumentei no capítulo 1, precisamos entender melhor o que de fato acontece quando ideias muito diferentes sobre democracia entram em confronto nas escolas e comunidades. É importante portanto, repito, levar muito a sério que esta é uma época em que concepções, compromissos e pressupostos ideológicos de direita estão poderosamente em ação, com bom financiamento, e constituem cada vez mais elementos nucleares do senso comum dominante em inúmeras nações. Num contexto social desses, respostas retóricas simplesmente não são suficientes. Certas questões tornam-se ainda mais essenciais. Quando se obtêm vitórias, essas formas mais densas de educação democrática crítica continuam fiéis aos valores e princípios que lhes deram origem? São formas duradouras? O que é de fato essa "democracia"? Quais forças a desafiam? Que compromissos tiveram que ser feitos? E o que podemos aprender com esses conflitos e compromissos? Tais questões são complicadas, mas documentar as respostas que são dadas em cada caso é de grande importância neste exato momento, algo que eu e meus colegas continuamos a fazer, aqui neste livro e em outros lugares (cf. tb. LIM & APPLE, 2016; GUNTER et al., 2017).

4) Quando Gramsci (1971) argumentou que uma das tarefas de uma educação realmente contra-hegemônica não é descartar o "conhecimento da elite" mas reconstruir a sua forma e conteúdo de modo que sirva a necessidades sociais autenticamente progressistas, forneceu uma chave para outro papel que os intelectuais "públicos" e "orgânicos" devem desempenhar. Não devemos, assim, nos comprometer em um processo que pode ser chamado de "suicídio intelectual". Isto é, sérias competências intelectuais (e pedagógicas) são exigidas ao se tratar das histórias e debates sobre questões epistemológicas, políticas e educacionais que justifiquem o que importa conhecer e o que conta para uma educação socialmente justa e eficaz. Não são questões simples e inconsequentes e foram bem desenvolvidas as competências práticas e intelectuais/políticas para lidar com elas. Mas essas competências podem atrofiar se não forem usadas. Podemos retribuir o que recebemos utilizando-as para ajudar as comunidades a pensar sobre isso, aprendendo com essas mesmas comunidades e nos envolvendo nos diálogos mutuamente pedagógicos que possibilitam decisões para favorecer, a curto e longo prazos, o interesse dos despossuídos.

5) Nesse processo, o trabalho crítico tem a tarefa de manter vivas as tradições (no plural) progressistas e radicais. Diante dos ataques orquestrados contra as "memórias coletivas" da diferença e dos movimentos de crítica social, ataques que tornam cada vez mais difícil defender a legitimidade acadêmica e social de diversas abordagens críticas que se mostraram bastante valiosas no confronto das narrativas e relações dominantes, é absolutamente crucial que essas tradições permaneçam vivas e se renovem, quando necessário, com a crítica a suas lacunas e limitações conceituais, empíricas, políticas e históricas. Isso significa não apenas manter vivas as tradições teóricas, empíricas, históricas e políticas mas, o que é muito importante, ampliá-las e (justificadamente) criticá-las. Isso também envolve manter vivos os sonhos, as visões utópicas e "reformas não reformistas" que são parte integrante dessas tradições radicais (APPLE et al., 2009; APPLE et al., 2010).

6) Manter vivas essas tradições e também criticá-las de forma justificada, quando não se adequam às realidades correntes, só se pode conseguir se perguntarmos "para quem as mantemos vivas" e "como e de que forma podem ser disponibilizadas". Tudo que mencionei acima nesta taxonomia de tarefas requer o reaprendizado ou o desenvolvimento e uso de diversas ou novas competências de trabalho em níveis múltiplos e com grupos variados. Assim, competências jornalísticas e de mídia, acadêmicas e populares, e a habilidade de falar a públicos distintos são cada vez mais essenciais (APPLE, 2006; BOLER, 2008; DEL GANDIO, 2008; DEL GANDIO & NOCELLA II, 2014). Isso exige que a gente aprenda a falar em diferentes registros e a dizer coisas importantes de maneira a não impor ao ouvinte ou leitor todo o trabalho.

7) Educadores críticos precisam também agir em conjunto com os movimentos sociais progressistas que eles apoiam em seu trabalho ou em movimentos contra as políticas e pressupostos de direita que eles analisam de forma crítica. Essa é outra razão pela qual

o trabalho acadêmico em educação crítica implica tornar-se um intelectual "público" ou "orgânico". Deve-se participar e pôr sua competência à disposição de movimentos que visem transformar as políticas de redistribuição, de reconhecimento e de representação. O que também implica aprender com esses movimentos (ANYON, 2014; cf. tb. BOURDIEU, 2003; EAGLETON, 2011).

8) A partir dos pontos destacados no parágrafo anterior, o ativista/acadêmico crítico tem outro papel a desempenhar. Precisa agir como um mentor profundamente engajado, como alguém que demonstra em sua própria vida o que significa ser *ao mesmo tempo* um excelente pesquisador e integrante comprometido de uma sociedade marcada por profundas desigualdades. Ele ou ela precisa mostrar como mesclar esses dois papéis de maneiras que podem ser tensas, mas que ainda assim incorporem o duplo compromisso de um estudo de ponta socialmente engajado e de participação em movimentos contra a dominação (cf. WINN & SOUTO-MANNING, 2017). O que também requer que tente colocar-se constantemente em posição de aprender com os outros como fazer isso. Obviamente essa postura deve estar ainda integrada de forma plena no trabalho docente.

9) Por fim, para aqueles de nós que têm a sorte de exercer funções remuneradas, a participação significa igualmente utilizar esse privilégio de ser ao mesmo tempo acadêmico e ativista. Isto é, cada um de nós precisa lançar mão do privilégio pessoal para abrir espaços em faculdades, universidades e outras instituições para aqueles que estão fora delas, os que agora não têm voz nos espaços "profissionais" a que temos acesso por ocupar uma posição privilegiada. Isso ocorreu, por exemplo, no programa "ativista residente" do Centro Havens para Justiça Social, da Universidade de Wisconsin, onde ativistas engajados em diversos movimentos (ecológico, de direitos indígenas, por moradia, sindicais, contra a discriminação racial, pela educação, artísticos, e assim por diante) foram chamados a

lecionar e fazer, dessa maneira, a ligação do trabalho acadêmico com a ação organizada contra as relações dominantes. Podem ser vistos outros exemplos em uma série de programas de estudo sobre as mulheres, os indígenas, os aborígenes e nações primitivas que têm historicamente enviado ativistas a participar de programas educacionais e de gestão em departamentos universitários voltados para suas questões específicas.

Esta lista, naturalmente, é apenas inicial e precisa ser constantemente ampliada. E nenhuma das atividades será fácil. Todas envolvem riscos pessoais e acadêmicos à medida que o que entendemos por "nós" se torna um conjunto maior e mais inclusivo e em que continuam as batalhas por formas alternativas de socialização e a construção de condições institucionais que as apoiam, ampliando os espaços que interrompem a dominação.

A esperança como recurso

Raymond Williams nos lembra que criar e defender uma democracia plenamente participativa requer a produção das condições que possibilitem a todas as pessoas efetivamente participar de forma plena (WILLIAMS, 1989). É exatamente essa participação mais "plena" – e o que isso de fato significa com todas as suas contradições – que constitui uma das bases principais das histórias que contamos neste livro, *A luta pela democracia na Educação*. Mas, olhando em redor, é mais do que evidente que essas condições são mais que difíceis de construir e manter. As condições econômicas vividas por tantas pessoas, os índices racistas de encarceramento, a falta de verbas para centros de saúde absolutamente necessários às mulheres pobres e de cor, a destruição das comunidades, a perda de redes de segurança, os ataques ao trabalho remunerado ou não, a redução de orçamento para a Educação em todos os níveis – e a lista não para –, tudo isso é real e verdadeiramente danoso, só podendo ser descrito como uma desgraça nacional.

Há muito a fazer, portanto, e muitos lugares onde é preciso atuar. E um crescente reconhecimento de que mudanças realmente radicais são essenciais em nossas estruturas, políticas e senso comum. A tarefa parece grande demais. O que pode ser desanimador e até nos deixar paralisados. Mas temos que começar em algum lugar. Precisamos resistir à suposição bastante generalizada de que a Educação é um epifenômeno, que só pode mudar depois que a "sociedade" for transformada. As instituições educacionais e as pessoas que nelas trabalham são partes fundamentais da sociedade. As lutas no ensino são essenciais na guerra de posições que se trava (APPLE, 2013). Chantal Mouffe acerta na mosca ao afirmar que "agora precisamos primeiro restaurar a democracia para podermos depois radicalizá-la" (citada em JUDAS, 2016, sem menção de página). A restauração da democracia é onde podemos começar na Educação.

Como disse antes, isso não vai ser fácil – e não apenas nos exemplos que focamos, como os dos Estados Unidos e do Brasil. O caso da China, por exemplo, apresenta-se muito mais complexo nessa busca da "democracia" em Educação. Mas mesmo quando o governo se preocupa abertamente em tornar o acesso e o orçamento igualitários, certos grupos de pais voltam-se para os espaços abertos pelas contradições das políticas oficiais para poderem praticar uma democracia de opção de consumo. Como o capítulo 4 tão claramente documenta, os efeitos ocultos dessas ações privilegiam frações de classe específicas e criam também um novo papel internacional para certas escolas que as amarra a agendas neoliberais planetárias.

Apesar do que sabemos sobre isso e sobre as tensões e contradições visíveis em todas as histórias que examinamos na parte central deste livro, continuamos a lutar pela democracia densa dentro e fora das instituições educacionais que parecem tão importantes ao projeto de empoderamento social para nós e para milhões de pessoas em todo

o mundo. Erik Olin Wright faz uma das melhores declarações sobre a importância desse trabalho e compromisso contínuos:
> O melhor que podemos fazer, então, é tratar a luta pelo avanço nos caminhos do empoderamento social como um processo experimental em que testamos seguidamente os limites da possibilidade e tentamos, da melhor maneira possível, criar novas instituições que por si mesmas ampliarão esses limites. Ao fazê-lo, não só visualizamos utopias reais como contribuímos para torná-las reais (2010, p. 373).

Na sua argumentação detalhada em prol do que chama de "utopias reais", Wright nos lembra que as "[i]nstituições sociais podem ser traçadas de modo a eliminar formas de opressão que frustram as aspirações humanas de viver vidas plenas e cheias de sentido. A tarefa central das políticas emancipatórias é criar tais instituições sociais" (2010, p. 6).

Minha posição e a dos outros coautores deste livro pode ser talvez caracterizada como um otimismo sem quaisquer ilusões. Assim, podemos ficar, e muitas vezes ficamos, desapontados com os resultados dos esforços para construir uma política libertadora na e através da Educação. Mas nos recusamos a cair na desilusão. Raymond Williams mais uma vez nos dá sábias palavras: "Devemos falar em esperança, contanto que isso não signifique a supressão do perigo" (WILLIAMS, 1989, p. 322). E ele prossegue:
> A balança de forças e oportunidades só começa a mudar com uma crença e insistência partilhadas de que há alternativas práticas. Uma vez desafiadas as inevitabilidades, podemos começar a reunir nossos recursos para uma trajetória de esperança. Se não há respostas fáceis, há pelo menos respostas difíceis disponíveis a serem descobertas, e são estas que podemos agora aprender a dar e partilhar. Desde o início tem sido esse o sentido e o impulso da longa revolução (WILLIAMS, 1983, p. 268-269).

A luta pela democracia na Educação é parte essencial desse desafio às inevitabilidades. Vamos continuar.

Referências

ANDERSON, G. & MONTORO DONCHIK, L. (2016). Privatizing schooling and policy making: The American Legislative Exchange Council and new political and discursive strategies of education governance. In: *Educational Policy*, 30 (2), p. 322-364.

ANYON, J. (2014). *Radical Possibilities*. Nova York: Routledge.

APPLE, M.W. (2016). Piketty, social criticism, and critical education. In: *British Journal of Sociology of Education*, 37 (6), p. 879-883.

_____ (2014). *Official Knowledge*. 3. ed. Nova York: Routledge.

_____ (2013). *Can Education Change Society?* Nova York: Routledge.

_____ (2012). *Education and Power*. Nova York: Routledge [rev. classic ed.].

_____ (2006). *Educating the "Right" Way* – Markets, Standards, God, and Inequality. 2. ed. Nova York: Routledge.

_____ (1996). *Cultural Politics and Education*. Nova York: Teachers College Press.

APPLE, M.W. & BEANE, J.A. (2007). *Democratic Schools* – Lessons in Powerful Education. 2. ed. Portsmouth, NH: Heinemann.

APPLE, M.W. & AU, W. (eds.) (2014). *Critical Education*. Vol. I-IV. Nova York: Routledge Major Works.

APPLE, M.W.; AU, W. & GANDIN, L.A. (eds.) (2009). *The Routledge International Handbook of the Sociology of Education*. Nova York: Routledge.

APPLE, M.W.; BALL, S. & GANDIN, L.A. (eds.) (2010). *The Routledge International Handbook of the Sociology of Education*. Nova York: Routledge.

AU, W.; BROWN, A. & CALDERON, D. (2016). *Reclaiming the Multicultural Roots of U.S. Curriculum* – Communities of Color and Official Knowledge in Education. Nova York: Teachers College Press.

BALL, S. (2012). *Global Education Inc.* Nova York: Routledge.

_____ (2007). *Education plc.* Nova York: Routledge.

BERNSTEIN, B. (1977). *Class, Codes and Control*. Vol. III. 2. ed. Londres: Routledge & Kegan Paul.

BERREY, S. (2015). *The Jim Crow Routine*. Chapel Hill, NC: University of North Carolina Press.

BINDER, A. (2002). *Contentious Curricular*. Princeton, NJ: Princeton University Press.

BHOPAL, K. & PRESTON, J. (eds.) (2012). *Intersectionality and "Race" in Education*. Nova York: Routledge.

BOLER, M. (ed.) (2008). *Digital Media and Democracy*. Cambridge, MA: MIT Press.

BOURDIEU, P. (2003). *Firing Back* – Against the Tirany of Market 2. Nova York: Verso.

BURAWOY, M. (2005). For public sociology. In: *British Journal of Sociology*, 56 (2), p. 259-294.

BURCH, P. (2009). *Hidden Markets*. Nova York: Routledge.

DEL GANDIO, J. (2008). *Rhetoric for Radicals*. Gabriola Island, BC, Canadá: New Society Publishers.

DEL GANDIO, J. & NOCELLA II, A. (eds.) (2014). *Educating for Action*. Gabriola Island, BC, Canadá: New Society Publishers.

DEWEY, J. (1938). *Experience and Education*. Nova York: Kappa Delta Pi.

EAGLETON, T. (2011). *Why Marx Was Right*. New Haven: Yale University Press.

EMDIN, C. (2016). *For White Folks Who Teach in the Hood* – And the Rest of Ya-all Too. Boston: Beacon Press.

_____ (2010). *Urban Science Education for the Hip-Hop Generation*. Nova York: Sense Publishers.

FONER, E. (1997). *The Story of American Freedom*. Nova York: Norton.

FRASER, N. (2013). *Fortunes of Feminism*. Nova York: Verso.

_____ (1997). *Justice Interruptus*. Nova York: Routledge.

GIUGNI, M., McADAM, D. & TILLY, C. (eds.) (1999). *How Social Movements Matter*. Mineápolis: University of Minneapolis Press.

GLOEGE, T. (2015). *Guaranteed Pure*. Chapel Hill, NC: University of North Carolina Press.

GRAMSCI, A. (1971). *Selections from the Prison Notebooks*. Nova York: International Publishers.

GUNTER, H.; HALL, D. & APPLE, M.W. (eds.) (2017). *Corporate Elites and the Reform of Public Education*. Bristol: Policy Press.

HALL, S. (2016). Lecture 7: Domination and hegemony. In: SLACK, J.D. & GROSSBERG, L. (eds.). *Cultural Studies 1983* – A Theoretical History. Durham, NC: Duke University Press, p. 155-179.

HEYRMAN, C.L. (1997). *Southern Cross*. Nova York: Knopf.

HOCHSCHILD, A.R. (2016). *Strangers in Their Own Land* – Anger and Mourning in the American Right. Nova York: The New Press.

HONNETH, A. (2017). *The Idea of Socialism*. Cambridge, Inglaterra: Polity Press.

HONNETH, A. (2016). *The Idea of Socialism* – Towards a Renewal. Cambridge, IN: Polity Press.

JOSEPH, P. (2016). The Radical Democracy of the Movement for Black Lives. In: *Black Perspectives* (18-set.) [Disponível em www.aaihs.org/joseph-the-radical-democracy-of-the-movement-for-black-lives/ – Acesso em 06/06/2017].

JUDAS, J. (2016). Rethinking populism. In: *Dissent* (jun.) [Disponível em www.dissentmagazine.org/article/rethinking-populism-laclau-mouffe-podemos – Acesso em 20/07/2017].

KALLIO, A. (2015). *Navigating (Um)popular Music in the Classroom*. Helsinki: The Sibelius Academy/University of the Arts.

KINTZ, L. (1997). *Between Jesus and the Market*. Durham, NC: Duke University Press.

LAES, T. (2017). *The (Im)possibility of Inclusion*. Helsinki: The Sibelius Academy/University of the Arts.

LEVIN, S. (2017). Arizona Republicans move to ban social justice courses and events at schools. In: *The Guardian* (13-jan.) [Disponível em www.theguardian.com/us-news/2017/jan/13/arizona-schools-social-justice-courses-ban-bill – Acesso em 20/01/2017].

LIM, L. & APPLE, M.W. (eds.) (2016). *The Strong State and Curriculum Reform*. Nova York: Routledge.

LIPMAN, P. (2011). *The New Political Reform of Urban Education*. Nova York: Routledge.

LYNCH, K.; BAKER, J. & LYONS, M. (2009). *Affective Equality*. Nova York: Palgrave Macmillan.

LYNCH, K.; GRUMMEL, B. & DEVINE, D. (2012). *New Managerialism in Education*. Nova York: Palgrave Macmillan.

MACHEREY, P. (2006). *A Theory of Literary Production*. Nova York: Routledge Classics.

MacLEAN, N. (2017). *Democracy in Chains*. Nova York: Viking.

MILLS, C. (1997). *The Racial Contract*. Ithaca, NY: Cornell University Press.

MAYER, J. (2016). *Dark Money*. Nova York: Doubleday.

NOLL, M. (2002). *America's God*. Nova York: Oxford University Press.

PHILLIPS, D. (2017). Brazil's right on the rise as anger grows over scandal and corruption. In: *The Guardian* (26-jul.) [Disponível em www.theguardian.com/world/2017/jul/26/brazil-rightwing-dilma-roussef-lula – Acesso em 26/07/2017].

POSEY-MADDOX, L. (2014). *When Middle-Class Parents Choose Urban Schools* – Class, Race, and the Challenge of Equity in Public Schools. Chicago: University of Chicago Press.

ROLLOCK, N.; GILLBORN, D.; VINCENT, C. & BALL, S. (2015). *The Colour of Class* – The Educational Strategies of the Black Middle Classes. Nova York: Routledge.

ROTHSTEIN, R. (2017). *The Color of Law*. Nova York: Liveright.

SCHROYER, T. (1973). *The Critique of Domination*. Nova York: George Braziller.

SMITH, D. (2017). Betsy DeVos: Trump's illiberal ally seen as most dangerous education chief ever. In: *The Guardian* (26-jul.) [Disponível em www.theguardian.com/us-news/2017/jul/26/betsy-devos-education-secretary-trump – Acesso em 26/07/2017].

SOLER, M. (ed.) (2011). Education for Social Exclusion. Edição especial de *International Studies in Sociology of Education*, 21, p. 1-90.

STEDMAN-JONES, G. (2016). *Karl Marx* – Greatness and Illusion. Cambridge, MA: Harvard University Press.

STONE, L. (2017). "Mainline" churches are emptying. The political effects could be huge. In: *Vox* (14-jul.) [Disponível em www.vox.com/the-big-idea/2017/7/14/15959682/evangelical-mainline-voting-patterns-trump – Acesso em 17/07/2017].

TEEGER, C. (2015). "Both sides of the story": History education in post-apartheid South Africa. In: *American Sociological Review*, 80 (6), p. 1.175-1.200.

UNDERWOOD, J.K. & MEAD, J.F. (2012). A smart Alec threatens public education. In: *Phi Delta Kappa*, 93 (6), p. 51-55.

WALLIS, J. (2010). *Living God Politics*. Nova York: Harper-Collins.

WARMINGTON, P. (2014). *Black British Intellectuals and Education* – Multiculturalism's Hidden History. Nova York: Routledge.

WEIS, L.; CIPOLLONE, K. & JENKINS, H. (2014). *Class Warfare* – Class, Race, and College Admissions in Top-Tier Secondary Schools. Chicago: University of Chicago Press.

WEST, C. (2002). *Prophecy Deliverance.* Louisville, KY: Westminster John Knox Press.

WILLIAMS, R. (1989). *Resources of Hope.* Nova York: Verso.

_____ (1985). *Keywords.* Nova York: Oxford University Press.

_____ (1983). *The Year 2000.* Nova York: Pantheon.

WINN, M. & SOUTO-MANNING, M. (eds.) (2017). Disrupting Inequality through Education Research. In: *Review of Research in Education*, 41. Washington, DC/Thousand Oaks, CA: American Educational Research Association /Sage Publishing.

WITTGENSTEIN, L. (1963). *Philosophical Investigations.* Oxford: Blackwell.

WONG, T.-K. (2002). *Hegemonies Compared.* Nova York: Routledge.

WRIGHT, E.O. (2010). *Envisioning Real Utopias.* Nova York: Verso.

Os autores

Assaf Meshulam é professor-assistente de Educação na Universidade Bem Gurion. Dedica-se à pesquisa de fundo sobre escolas críticas multiculturais nos Estados Unidos e em outros países e sobre as tensões e dinâmicas históricas de suas políticas e práticas.

Eleni Schirmer é pesquisadora e ativista sindical na Universidade de Wisconsin, Madison. Analisou o papel dos movimentos conservadores na política educacional e os efeitos desses movimentos sobre professores, alunos e currículos. Trabalha atualmente sobre a história e realidade das associações de professores pela justiça social.

Luís Armando Gandin é professor de Sociologia da Educação na Universidade Federal do Rio Grande do Sul, em Porto Alegre. É bastante conhecido internacionalmente por suas análises de política educacional e sobre como a Educação tem sido usada para a transformação social na América Latina e em outras partes do mundo.

Michael W. Apple é professor de Estudos de Política Educacional, Currículo e Instrução na Universidade de Wisconsin, Madison, e professor emérito de Educação na Universidade Rowan. Tem inúmeros trabalhos sobre a relação entre cultura e poder em Educação e sobre os limites e possibilidades de uma educação socialmente transformadora. Foi indicado como um dos 50 autores mais significativos do século XX no campo da Educação.

Shuning Liu é professora-assistente de Estudos Curriculares na Ball State University. Sua pesquisa enfoca o papel da educação internacional na formação das elites sociais, na política curricular e na política educacional chinesa em geral.

# Índice remissivo

Acadêmico/ativista crítico 232, 255, 259
Ações da "Segunda-feira Moral" 239
Acordo Geral sobre Comércio e Serviços (Gats) 150
Administração popular 180, 190-193, 195-200, 206-220
Agenda antirracista 43
Alec (American Legislative Exchange Council – Conselho Americano de Mudança Legislativa) 243
Alfabetização étnica 52
Alianças híbridas 238, 241
Americans for Prosperity (Americanos pela Prosperidade) 80, 90-94, 97, 107, 108, 235, 243, 254
Apple, M.W. 171, 194
Articulação 126, 147, 149-153, 167, 169, 191

Assembleia Constituinte 196-197, 206
Associações de professores 16, 269
Atividades extracurriculares 41, 136, 216
Atlas Network (Rede Atlas) 245
"Autoconstituição" democrática 28
Autoritários populistas (movimentos religiosos conservadores) 15, 31, 76, 239, 248
Avaliação (exames/provas) culturas de 233

Barber, B. 239
Bilingual Education Act (Lei do Ensino Bilíngue, 1968) 44
Black Lives Matter (As vidas negras importam) 244

Bourdieu, P. 24, 60, 126, 135-136, 166, 259
Bradley Foundation (Fundação Bradley) 91
Brasil
direita no 15, 23, 73
golpe militar no 181
governo do 61
greves no 183, 185
o Estado como aprendiz no 34
cf. tb. Partido dos Trabalhadores; Porto Alegre 180, 185, 187-192, 198, 208, 212-214
Brown *vs.* Conselho de Ensino 42-43
Burawoy, M. 254-255

Can Education Change Society? (Apple) 14, 16, 19, 254
Capital
cultural 60, 136-138, 140, 159-160
econômico 33, 126, 137, 139, 140, 154, 158, 160, 247
social 138-139, 156, 160
Capitalismo 21, 25, 74-76, 82, 229
Casa em área de captação escolar 140
CDOs (Títulos de dívida assegurados) 81, 82, 84
Channel One (Canal Um) 238-239

China
democracia na 126
investimento em educação na 85
lições a aprender com a 235
mercados educacionais na 127, 149, 166
mudança de classe social na 128
opção escolar na 126-128, 135-136, 145, 166-167, 169
reforma do ensino na 129
sistema educacional de exames na 128
sistema escolar modelo na 176
Ciclos de formação 199, 210
Clarke, J. 83, 149, 168
Classe
escolas-modelo e 143
estratégias de mudança (ascensão) de 59-60, 252
na China 86
opção escolar e 90
Clinton, H. 95
Cohen, J. 28-29, 193
Colas, J. 91
Colocação Avançada (CA) 148
Competição 107, 124, 132, 137-138, 151, 156, 220, 247
Complexos temáticos 202-203, 205, 213
Comunidade de Pesquisa Excelência para Todos (Crea) 256

Comunidades Eclesiais de Base (CEBs) 183-185, 187-188
Concepções de racionalidade 232
Condado de
　Douglas (Colorado) 97-99, 102
　Jefferson (Colorado) 79, 80, 94-95, 98, 100, 108, 113
Conhecimento oficial 17-18, 20, 22, 67, 105, 203, 234
Consciência sociopolítica 46
Conscientização 46
Conselho do Orçamento Participativo (COP) 194
Conselho Político Popular da China (CPPC) 165
Conselhos escolares 41, 89, 113, 209-210, 243
　cf. tb. Condado de Jefferson; Kenosha
Cooperação Externa em Gestão Escolar (CEGE)
　política chinesa de 151-153, 164-165
Counts, G. 228
CPERS (Centro dos Professores do Estado do Rio Grande do Sul) 185-187
Crises econômicas 74, 81, 114
Curricular
　controle 94
　desafio 65
　desenvolvimento 50, 53, 164
　mudança 106, 114, 233
　planejamento 53
　política 49, 212, 230, 270
Currículos multiculturais 67

Dahlberg, L. 27
Decisão do Comitê Central do Partido Comunista Chinês sobre a Reforma do Sistema Educacional 129
Democracia
　capitalismo e 74-75
　como conceito contestado 123
　condições de mapeamento da 180
　deliberativa 28, 193, 228
　densa *vs.* magra 15-16, 24, 26, 33, 73, 124, 126, 166, 227, 240
　forte 30
　ideias diferentes de 24, 124, 246
　participativa 187, 218, 228
　radical 26-27, 29, 188, 197
　restaurando a 261
　robusta 15, 24
　significado de 73
Democratização do
　acesso 196-199, 208, 215
　conhecimento 196, 201
Descentralização na China 128-129
Desenvolvimento profissional 219
Desigualdade
　de gênero 47
　racial 42, 56, 61

DeVos, B. 78, 266
Dewey, J. 36, 264
Dinheiro
  desafios do 131
  hegemonia, poder e 74
  introdução ao 73
  reforma da educação e o 88
Diretrizes Nacionais para Reforma e Desenvolvimento Educacionais a Médio e Longo Prazos 2010-2020 (Ministério da Educação da China 2010) 151-153, 173
Diretrizes para a Reforma e Desenvolvimento da Educação na China 129
Diversidade no ensino fundamental
  estudo de caso sobre 177
Diversificação de financiamento da educação 129, 150
Dunne, M. 129, 132

Educação
  contra-hegemônica 19-20, 40, 66-68, 244, 255-257
  multicultural antirracista 56, 67
  secundária na China 127, 175
Educating the "Right" Way (Apple) 15-16, 35, 236, 238
Emenda 66 (Colorado) 95-98
Ensino
  antirracista 41, 43
  contexto histórico-social do 204
  domiciliar 24
  educação antirracista multicultural e 50-52
  estratégias de mudança de classe e 24
  fundamental 199
  introdução ao 151
  pano de fundo do 40
  raça e 41
  resumo do 41
Envisioning Real Utopias (Wright) 249
Envolvimento dos pais 49, 137
Escola Cidadã 180, 187, 189, 195-197, 199-201, 203, 205-208, 214, 218, 245, 252
Escolas
  anarquistas 19
  convertidas 132, 142
  democráticas 45-46
  dominicais socialistas 19-20
  -modelo 128, 131-133, 135-137, 141, 143, 155, 156, 163, 167
  secundárias com foco internacional 144
  secundárias vocacionais (profissionalizantes) 144
Espaços de ação possível 255
Estado
  e conhecimento oficial 17, 20
Estudantes pela Liberdade 245
Estudos de caso 23

Exame
 de admissão à escola secundária (*zhongkao*) 133, 144-145
 de admissão ao ensino médio (Elementar II) 133
 vestibular 158
Expansão das responsabilidades 254
"Experiência educacional" 56

Fellman, J. 104
Fogaça, J. 212-213
Ford, J. 105
Formação no emprego 216
Forum de delegados 17-18, 30, 54, 64-65
Fraser, N. 17-18, 30, 54, 64-65, 74-75, 80, 109, 126, 167, 229, 249-250, 254
Freire, P. 10, 28, 36, 46, 211-213
Fung, A. 28, 29, 193

Gestão de Qualidade Total (TQM) 183
Governança (gestão) democratização da 196, 206
Gramsci, A. 77-78, 110, 189, 191, 250, 255, 257
Grande recessão 75, 76
Grupos de progressão 200
Guangxi 138
Guerra de posições 78, 80, 114, 243, 250, 261

Hall, S. 42, 126, 143, 166, 169, 252
Hancock. M. 84-88
Harvey, D. 25, 125, 134
Hegemonia 74, 77, 110
Hujik, M. 82-83
Hypolito, A.L.M. 186

Igualitarismo
 democrático radical 26
 robusto 32
Imigração 22
Índices de conclusão escolar disparidade nos 141
Individualismo possessivo 26
Instituições participativo-deliberativas 28
Internacionalização 125, 149-151, 153
Investimento em educação 81
Irmãos Koch 78, 90, 235, 245

Juventude Estudantil Católica (JEC) 183
Juventude Operária Católica (JOC) 184
Juventude Universitária Católica (JUC) 183

Keck, M.E. 183-184, 188-189
Kenosha (Wisconsin) 79-91, 93-94, 108-110, 113-114, 229, 233, 253

Kowarick, L. 184, 187-188
Kunich, G. 93

Laboratório de aprendizagem 200, 210
Lacroix, K. 92-93
Ladson-Billings, G. 28, 42, 46, 50, 55, 58
Legitimação 61, 143, 153-154, 162, 231, 241, 246
Lei do Ensino Obrigatório da República Popular da China 128, 130-131
Lei dos Direitos do Contribuinte 96, 251
Lei Estadual 10 de Wisconsin (ato de Reforma Orçamentária) 88
Liu, S. 123, 129, 132, 148-149, 152, 161, 270
Lula (Luiz Inácio Lula da Silva)
Lutas locais 16, 242
Lynch, K. 256

Maioria americana 93
Marquetização (mercantilização) 128, 130, 162, 227
McMinimee, D. 102-103
Médias de notas
disparidade nas 141
Meneguello, R. 188
Mentor intelectual 98, 259

Mercados
mundiais de educação 235
Mercantilização 25-26, 39, 55-56, 130, 161, 239
Mills, C. 24, 30, 42, 232
Mobilidade social ascendente 33, 35, 133, 162, 247, 254
Mobilizações democráticas 230
Modernização conservadora 31, 123
Mok, K.H. 129, 130, 168
Mouffe, C. 30, 261
Movimento Brasil Livre 245
Movimento Custo de Vida 183
Movimentos
religiosos 15, 181, 235-236
sociais 16, 23, 27, 66, 74, 105, 109, 111, 113, 179-180, 182-184, 187-189, 206
Mudança de classe
estratégia de 24
social 128, 134, 154
Multiculturalismo crítico 40

Negatividade
dando testemunho da 255
Nenhuma Criança Deixada para Trás (NCLB) 55
Neoliberalismo
definição de 125, 233-234
Névoa epistemológica 126, 165, 244, 247

Newkirk, J. 98, 103
Nieto, S. 51
Noack, D. 81-84
Nossa revolução 244
Nova Reforma Curricular da Educação Básica Chinesa 151, 153
Novos movimentos sociais 180, 182, 188

Obama, B. 79, 91, 95, 97
Objetivos do Curso de Estudo Virgínia 20
Opção escolar
 programa de 139, 141-142, 144, 146, 158
 cf. tb. Taxas de opção escolar
Opiniões do Serviço de Retificação do Conselho de Estado e do Ministério da Educação sobre Novas Restrições à Cobrança de Taxas Arbitrárias 146
Orçamento Participativo (OP) 180, 190-196, 212, 214, 215
Organização Internacional do Comércio (OIT) 150
"Outra" 47

Pagamento por desempenho 105, 114, 186
Partido dos Trabalhadores 180, 185, 187-192, 198, 208, 212-214

Pensamento
 a longo prazo 251
 coletivo 30
 internacional 244
Pesquisa
 ampliando a 254
Plano de Transformação (Kenosha) 85
Política
 das três restrições 146
 de reforma e abertura 147
 horizontal 251
 salarial 98, 105, 217
 vertical 251
Porto Alegre
 condições da democracia em 179
 democratização da gestão em 196
 democratização do acesso em 197
 democratização do conhecimento em 201
 democratização no sistema escolar de 207
 desafios 208
 introdução à experiência de 193, 212, 214, 218-219, 232
 lições a aprender com 218
 o Estado como aprendiz em 193
 orçamento participativo em 190-196, 212, 214-215
 política atual em 17, 212
 resumo da experiência de 161

Prédios escolares 215
"Presenças ausentes" 233
Programa
    bilíngue 40, 55, 56, 59, 61-62, 64, 230
    de comprovação escolar (*voucher*) de 91
Projeto Álgebra (Algebra Project) 234
Propriedade
    subtema da 204
Protestos estudantis 22, 44, 107-108

Qin, H. 127, 131

Raça
    em Kenosha 79
    estudo de caso de escola elementar e a 177
Reay, D. 61, 65
Reforma do ensino na China 151
Rethinking Schools 22
Revolução prolongada 34, 362

Santos, B.S. 191-195
Schirmer, E. 23, 73, 78-79, 235, 242, 269
School Choice in China (Wu) 134, 141, 143
Secretaria Municipal de Educação (SME) 195, 198, 200

Segregação 41-44, 62
Seleção negativa 18
Senso comum 15, 24, 31, 59-61, 73, 77-79, 91-93, 96, 114, 153, 189, 203
Shen, J. 142, 144, 148
Sindicalismo trabalhista 180, 188
Sistema educacional de exames 179
Sociologia pública orgânica 254
Stevenson, C. 98-100
Stifel, Nicolaus and Company 82
Subtema(s)
    da organização social 204
    do êxodo rural 204

Talentos internacionais 149-151, 153
Taube, J. 93
Taxas de
    cofundação 145
    opção escolar 146, 167; cf. tb. Opção escolar
Teitelbaum, K. 19
Telles 184
Temas geradores 213
Teologia da Libertação 182
Tradições de trabalho radical e progressista 109
Tributação 95, 195
Tsang, M.C. 127, 129, 131

Unidade descentralizada 254
Utopia 68, 179, 219-220, 221, 249

Wade, D. 93
Walker, S. 79-80, 87-88, 90, 92
Wei Hu 165
Wilkinson, M. 209
Williams, J. 27, 98, 103, 105, 106
Williams, R. 34, 123, 223, 260, 262
Wirch, B. 88-89
Wisconsin Institute for Law and Liberty (Instituto pela Lei e Liberdade – Will, "vontade" na sigla em inglês) 91
Witt, K. 98, 103-105
Wong, Y. 39, 130, 246
Wright, E.O. 24-28, 179, 193, 221, 229, 249, 262
Wu, X. 127-129, 131, 134-145, 156
Wu, Y. 133
Wu, Z. 142

Yang, D. 133, 146
Yuan, Z.G. 131

Zhang, X. 130, 132, 134, 156
Zhankeng 136-138
Zhongkao; cf. Exame de Admissão à Escola Secundária 133, 144, 155-157
Zinn, H. 22
Žižek! 219
Žižek, S. 219

CULTURAL

Administração
Antropologia
Biografias
Comunicação
Dinâmicas e Jogos
Ecologia e Meio Ambiente
Educação e Pedagogia
Filosofia
História
Letras e Literatura
Obras de referência
Política
Psicologia
Saúde e Nutrição
Serviço Social e Trabalho
Sociologia

CATEQUÉTICO PASTORAL

Catequese
　Geral
　Crisma
　Primeira Eucaristia

　Pastoral
　　Geral
　　Sacramental
　　Familiar
　　Social
　　Ensino Religioso Escolar

TEOLÓGICO ESPIRITUAL

Biografias
Devocionários
Espiritualidade e Mística
Espiritualidade Mariana
Franciscanismo
Autoconhecimento
Liturgia
Obras de referência
Sagrada Escritura e Livros Apócrifos

Teologia
　Bíblica
　Histórica
　Prática
　Sistemática

VOZES NOBILIS

Uma linha editorial especial, com importantes autores, alto valor agregado e qualidade superior.

REVISTAS

Concilium
Estudos Bíblicos
Grande Sinal
REB (Revista Eclesiástica Brasileira)

VOZES DE BOLSO

Obras clássicas de Ciências Humanas em formato de bolso.

PRODUTOS SAZONAIS

Folhinha do Sagrado Coração de Jesus
Calendário de mesa do Sagrado Coração de Jesus
Agenda do Sagrado Coração de Jesus
Almanaque Santo Antônio
Agendinha
Diário Vozes
Meditações para o dia a dia
Encontro diário com Deus
Guia Litúrgico

CADASTRE-SE
www.vozes.com.br

EDITORA VOZES LTDA.
Rua Frei Luís, 100 – Centro – Cep 25689-900 – Petrópolis, RJ
Tel.: (24) 2233-9000 – Fax: (24) 2231-4676 – E-mail: vendas@vozes.com.br

UNIDADES NO BRASIL: Belo Horizonte, MG – Brasília, DF – Campinas, SP – Cuiabá, MT
Curitiba, PR – Fortaleza, CE – Goiânia, GO – Juiz de Fora, MG
Manaus, AM – Petrópolis, RJ – Porto Alegre, RS – Recife, PE – Rio de Janeiro, RJ
Salvador, BA – São Paulo, SP